Invitation to Commerce

商学入門

石川和男［著］
Ishikawa Kazuo

中央経済社

はしがき

2020年，世界は，新型コロナウイルス感染症に襲われた。現在もまだその感染拡大に苦しんでいる。そのため思うように外出ができず，以前は当たり前のように購入していた食品や日用品などの必需品入手に悩むこともあった。ただ「コロナ前」から，われわれの購入方法は変化していた。1990年代半ばにインターネットが商用化され，それを経由した商品購買が，次第に拡大した。それがコロナ禍でより一般化したようである。

半世紀前，消費者は駅前のいわゆる商店街の小売店舗を回り，その日の食事に必要な商品を購入していた。しかし，共働き家庭や一人世帯の増加などにより，これらに対応する実店舗も増えた。必要な商品が揃う店舗や，買い物時間を節約してくれる店舗の出現・拡大などにより，変化は続いている。

また消費者が商品やサービスを購入する際には，現金で支払うのが一般的であった。しかし，現在の生活では，現金で支払う場面は減少し，電子マネーやクレジットカードによる支払いが増えている。このように消費者の生活を少しみただけでも，買い方の変化を認識できる。それは見方をかえれば売り方の変化でもある。

拙著『基礎からの商業と流通』を上梓した2004年以降もわれわれの行う取引は変化している。そこで本書は，商業や流通をよりわかりやすく，より身近に感じられるように重要箇所を明確にした。その他の分野や事象は，読者が自ら調べて，学べるように配慮した。

本書は，商学のエッセンスを半期間（2単位）でも学ぶことができ，半期間2回のセメスターあるいは1年間を通しての4単位としてもじっくりと学ぶこともできる。そして，マーケティング論や流通論，商業学（論）への興味がより湧く架け橋となることを強く期待している。

筆者が大学の教壇に立つようになって2020年でちょうど四半世紀が経過した。前任校では，商学概論，流通論，マーケティング論，現任校では，商学基礎（商学総論），マーケティングを主に担当している。また他にも非常勤講師として，同分野の科目を担当させてもらっている。とくに商学概論・商学基礎は，おそらく70回以上担当しただろう。その中で強調すべきことや受講生が理解しにくいことなども反映させたいと思い，今回はタイトルとともに内容も改めることとした。

教員としては，大学に入学したばかりの学生や低年次の学生に，いかに商学や商業，さらに流通やマーケティングに興味を持ってもらえるかを常に考えてきたつもりである。それはある程度，興味や関心を持って入学したにもかかわらず，専門導入科目で学ぶ意欲をなくしてしまうと，その後の勉学がつまらないものとなってしまうからである。

そのため，身近な取引に関する事象に目を向け，日頃，何の不思議もなく行っている取引について，さまざまな角度から観察することができるように配慮した。筆者独自の視点も時折顔を出すこともあるが，われわれ消費者が日常生活を送る上で，知識として持っていれば，有益なことばかりであると確信している。

筆者が商学を研究することを仕事とできるのは，多くの方々のお陰である。学部ゼミナールに入れていただいた中央大学教授三浦俊彦先生，大学院生として指導いただいた中央大学名誉教授林田博光先生，中央大学名誉教授故及川良治先生，東北大学名誉教授大滝精一先生には感謝しかない。また本務校の先生方，学会や研究活動で日頃お世話になっている他大学の先生方や企業などの方々には多くの刺激を受けている。そして今回も㈱中央経済社編集長の納見伸之氏には大変お世話になった。記してお礼申し上げたい。

さらに日頃素朴な疑問をぶつけてくれる学生には，多くの刺激をもらっている。前著の出版前後に誕生した真友子・晃右は，いつの間にか高校生になった。月日の経つのが早いことを感じるとともに，常にサポートしてくれる妻峰花，父文彬・母妙子には感謝してもしきれない。ありがとう。

2021年７月11日　両親に感謝の誕生日に

石川 和男

目　次

第4章　商的流通　49

第5章　物的流通機能　65

第6章　情報流通機能　81

第13章　消費者と商業・流通　193

第14章　社会と商業・流通　209

第1章 商人の活動とその展開

はじめに

われわれは，日々に商品を購入して生活している。この生活が当然となっているため，商品が生産者から消費者にわたるまでの経路を考えることは少ない。しかし，生産者から消費者間において多様な活動が行われることによって，われわれはモノに溢れた生活を送ることができる。そこであらためて食料など生活に必要なモノを，消費者自らが獲得しなければならなかった時代から振り返る。

本章では，モノの入手が不便であった時代から現代においてはいかにそれが容易になったかについて，商人の活動の生成から展開，拡大を概観する。そこでは，貨幣がモノとの交換を飛躍的に向上させ，現在ではより多くのモノが入手できる時代となったことを確認する。また貨幣の媒介だけでなく，商人の活動が生産者と消費者をつなぐ役割を果たしていることについて，歴史的経緯を捉えて取り上げる。

第１節　取引（商業）の発生

⑴　商業の発生以前

地球上に現代人と同じ部類に属する新人類（現生人類）が誕生したのは，約20万年前といわれる。そうした人類は，自然にある植物の採集や動物を狩猟して生命をつないでいた。この生活は，自然環境の変化による影響を受けやすく，不安定であった。人類は，そのような不自由な生活の中から植物を自ら栽培（生産）し，野生の動物を家畜化することで生活を安定化させていった。また居住場所を移動する生活から，次第に一定場所に居住するようになった。こうした変化は，地球上の地域においてはかなりの時間差があった。

他方，人類は狩猟・採集の時代から植物を採集し，動物を捕らえるための道具を使用した。そして植物を栽培し，収穫するために必要な道具をつくるようになった。一定場所に居住し，植物を栽培し，家畜を飼育するようになっても，その初期の生産性は低く，血縁中心の集団による自給自足生活は，現在に比べると大きな不便があった。こうした集団内の生活では，次第に役割分担がされるようになった。これが初期の分業であった。分業により，作業効率や生産効率が上昇すると，集団内だけでは消費しきれないほどの生産物が生産されるようになった。また生産物を保管する倉庫もつくられるようになった。

こうした生活の変化は，現在の時間の流れに比べると非常にゆっくりとしたものであった。ただこうした生活の変化の中にも，分業の発生や生産物の保管など注目すべき事象があった。

(2) 交換の発生

生産活動が，集団内の性別や年齢などで分業化されることにより，生産効率が上昇し，集団内だけでは消費しきれない生産物が生産されるようになった。消費しきれない生産物は，加工することで保存期間が長くなった。またそれを保存する倉庫にもさまざまな工夫が凝らされるようになった。ただそれでも消費しきれない余剰生産物が発生した。こうした余剰生産物は，多くの集団によってその量に違いがあったり，種類が異なったりしていた。そこで各集団内での余剰生産物を他の集団と交換することが徐々に始まった。

初期の交換は，無言交換（沈黙交換）であった。それは共通の言葉を持たず，コミュニケーションの手段がなかったためである。そのため，集団内で発生した余剰生産物がある場所に置かれ，別の集団がそれを自らの集団に持ち帰り，その集団で発生した余剰生産物をその場所に置き，最初に置いた集団がそれを自らの集団に持ち帰ることによって無言交換が行われた。

無言交換が積み重ねられることにより，交換を行う集団同士の信頼関係が生まれた。そして，次第にコミュニケーションのある交換へと発展していった。他方，余剰生産物の交換だけではなく，他の集団での生産物をより必要とするようになった。そこで，自らの集団内での余剰生産物，つまり消費しきれずに余剰となった生産物ではなく，交換の目的物がより魅力的であったため，生産物を意図的に余剰させるようになった。こうして生産活動は，集団の生活を維持するための生産だけでなく，交換を目的とする生産活動へと変化した。

(3)　物々交換

モノとモノを交換することは，通常，物々交換といわれる。物々交換は，現代の社会でも行われる。われわれの子どもの頃を振り返ってみると，物々交換をしたことを思い出すかもしれない。当時の物々交換でも複数の条件が成立して行われていたことがわかる。

そこで，物々交換の条件について考える。物々交換では，まず交換する者同士の欲求が同時に一致しなければならない。また交換対象物の量や価値が一致しなければならない。そして交換当事者は，互いに騙し合うことなく，暴力でもなく，平和的に交換を遂行しなければならない。したがって，われわれが現在物々交換をする際にもこれらの条件が揃っていることを確認できる。

(4)　貨幣の登場

１）貨幣の形成

先に取り上げた物々交換の条件は，整えることが非常に難しい。そこでヒトは，まず「あるモノ」と交換し，さらにその「あるモノ」とまた別のモノを交換することを考えた。この「あるモノ」のことを一般に貨幣という。物々交換は，モノとモノを直接交換するため，直接交換である。しかし，貨幣を介した交換は，交換が２段階となるため，間接交換となる。

当初，この「あるモノ」はまさしくモノであった。石や木片，米穀や布，家畜などの農産物が，物品貨幣として使用された。それが次第に物品貨幣に代わり，同じ形や大きさのモノが製造されるようになり，鋳造貨幣となった。さらにわが国では，社会で必要とされる貨幣の量が増加してくると，鋳造が追いつかず，海外から輸入された時期もあった。

２）貨幣の役割

世の中で交換されるモノの量が増えてくるに従い，使用される貨幣の量も増加した。こうして貨幣は，モノとモノを交換する際に媒介の役割を果たすようになった。また貨幣は，人々の間を往来するために通貨と呼ばれることもある。さらに貨幣は，①交換を終了させるための手段（決済機能）以外にも，②生産物の価値を客観的に測定する測定単位や価値尺度としても使用され，③価値や富を蓄積するための機能を果たすようにもなった。貨幣は，③の機能を果たす

写真１-１／**吉野ヶ里遺跡**

ようになったことで，貧富の差が発生するようになった。

こうして貨幣の登場により，物々交換から貨幣経済へと移行し，モノの移転が量的に増加するようになった。ただ貨幣経済への移行以前から，貧富の差や身分の差が存在したことは，わが国の弥生時代の遺跡などからもわかっている（**写真１-１**）。

⑸　売買対象としての商品

物々交換によって交換されるモノは，次第に貨幣を媒介として購入するモノへと変化した。われわれは日常生活において，貨幣によってモノを購入している。こうした貨幣によって購入するモノを一般に商品という。そのため商品は，貨幣による交換の目的物である。われわれが日々労働をし，貨幣を得ようとするのは，何かしらの商品を購入するためである。言い換えれば，商品は貨幣と交換されるモノである。

商品とよく混同されて使用される言葉に製品がある。製品は，単に生産者（製造業者）の生産物である。しかし，製品は商品と置き換えられることもある。それは製造活動が，その製造物（製品）を販売するため（貨幣と交換するため）だからである。そのため生産者は，自ら製造したモノを製品と呼んでも，商品と呼んでも差し支えがない。ただわれわれが貨幣と交換に入手しようとするモノは商品である。つまり商品は，売買対象となる。

さらに商品は，売買対象物であるため，物理的形態があるモノ以外にも存在する。われわれは貨幣を支払い，かたちのないコトを購入している。このコトは用役と呼ばれたり，サービスと呼ばれたりする。こうしたサービスも商品である。現在では，かたちがあるモノを商品として購入するよりも，かたちのないコトを購入することが多くなった。

第2節　商業の生成と展開

(1)　当事者同士の交換

ある個人と別の個人，ある集団と別の集団の間などにおけるモノの交換は，物々交換である。さらにあるモノを欲している者に貨幣と交換することによって手渡す場合がある。これは現在の社会では一般的に行われている。われわれはそのモノの生産者に貨幣を支払うことによって，自らのモノとしている。ただ現在の生活では，消費者が生産者に対し，直接貨幣を支払うことで自らのモノとしていることは稀である。

現在，われわれが商品を購入する際には，生産者ではないヒトや集団（まとめて機関という）から購入する場合が一般的である。こうした機関は，もちろん生産者ではなく，われわれと同じ消費者でもない。この機関が商人である。商人は，商品の生産も消費もしない。われわれの生活ではこうした商人から商品を購入することが一般的であるため，商人はわれわれだけではなく，生産者に対して果たす役割も大きいことがわかる。それではこうした商品の媒介をする商人はいつ頃現れたのであろうか。

(2)　商人の登場

先にあげたように，物々交換はその条件を整えるのが難しい。しかし多くのヒトが，価値を認める「あるモノ（貨幣）」を媒介とするようになり，交換されるモノ（商品）の量が飛躍的に増えた。貨幣と商品との交換は売買取引である。現在もこうした貨幣と商品との交換，つまり生産者（売り手）と消費者（買い手）間での取引は継続して行われている。ただわれわれは，生産者と直接に売買するのではなく，生産者とは異なる機関と取引することのほうが多い。

現在では，生産者が生産した商品を，消費者に対して直接販売することが難しくなった。それは生産者と消費者間に物理的距離があるためである。この場合，生産者も消費者にお互いに近づこうと努力するが，それには限界がある。こうした困難を解決するのが商人である。商人が出現した頃には，物々交換の媒介をしていたが，次第に貨幣を媒介とするようになり，その活動範囲が拡大するにつれ，商品はより広い範囲へ拡散するようになった。

(3) 市（市場）の成立

物々交換を拡大させるには，単に交換の当事者が偶発的に行うだけでなく，場所や時間を決め，そこに多くの参加者がいることが期待される。当初の市は，物々交換の場であり，人々の交流の場であった。市において，次第に貨幣が使用されるようになり，月に何度かの市が開催される場所や時間が決定すると，市を巡回するヒトが出現した。市において商品を並べ，商品を販売する（売買の媒介をする）ヒトは，市人（いちびと）と呼ばれた。さらに市人の取り扱う商品の専門化が進んだ。市人は，次第に商人と呼ばれるようになった。

取引される商品が増え，各地で市が頻繁に開催されるようになると，商人は各地の市を巡回する巡回商人となった。こうして市を中心として巡回商人の活動が活発になると，商品や貨幣の動きもより活発になった。商人の活動範囲が拡大することにより，これまである地方（地域）では生産されなかったモノが商品として移動するようになった。

このように商品や貨幣の動きの促進には，商人の貢献が大きかった。巡回商人の中には，商品の売買を行うため，それに適した場所を選択し，定住する者も現れるようになった。こうして商人がある場所に定住し，商人の集積である商人町が各地で形成された。そこでは，商人は単に商品売買の媒介だけではなく，さまざまな機能を担当するようになった。

(4) 商人による販売相手の変化

1）小売と卸売

現在，消費者はスーパーマーケット（スーパー）やコンビニエンスストア（コンビニ），ドラッグストアなどでさまざまな商品を購入している。こうした機関が消費者に対して行う販売活動を小売という。つまり，消費者に対して販売する活動が小売である。もちろん，こうした機関から商品を購入するのは消費者だけでなく，企業や公的機関なども商品の種類は異なることはあるが購入している。こうした企業や公的機関などの非消費者である機関に対して販売する活動を卸売という。

消費者に対する販売を小売，消費者以外に対する販売は卸売であるため，生産者が商人に対して行う販売活動は卸売である。そして商人が，生産者から購入した（仕入れた）商品を消費者に対して販売する活動が小売である。それでは，消費者が日常購入している商品はどこで生産され，何人の商人の手を経て，消費者の手元に届いているのだろうか。それは何段階にも分かれていることが多く，小売活動だけではなく，卸売活動が複数回行われていることも容易に想像できる。

２）卸売中心の経済

わが国では，卸売活動は中世から活発になったとされる。われわれが日本史で学んだ「問（とい）」「座（ざ）」「問丸（といまる）」「問屋」は，卸売活動を行う商人，つまり卸売商人であった。こうした卸売活動を行う商人（卸売商人）の規模は，中世や近世，近代には一般的に消費者に販売する商人（小売商人）の規模より大きかった。わが国の近世では「そうは問屋が卸さない」といわれたように，卸売商人の機嫌を損ねると商品を購入する（仕入れる）ことが難しかった。

わが国において，近世が「問屋経済」といわれたように，卸売商人が経済活動の中心に位置していた。ただ卸売という呼称は，近代以降になってからであり，当時は消費者以外を販売相手とする商人については多様な呼称があった。多様な呼称の存在は，それだけ広く卸売活動が行われていたことを示すものである。これについては第10章で取り上げる。

第３節　商人による商業の発達

(1)　商業活動の活発化

１）商品による取引仲介

モノとモノとの交換は物々交換である。商品と貨幣との交換は，通常，売買取引といわれる。ただ消費者が生産者から直接購入し，商品と貨幣を交換していることについては，売買が行われていることに間違いないが，通常は商業とは呼ばない。それはその売買取引（交換）の間に商人が介在していないためである。商人は生産者から商品を仕入れ，それを消費者あるいは企業や公的機関などの消費者以外に販売する。その際，当然，仕入れた価格を上回る価格で販売する。商人による販売価格と仕入価格との差額は，「利益」や「儲け」といわれる。商業は，商人が商品を仕入れ，それを販売することで利益を得ている側面がある。つまり，商人が介在して行う売買取引が商業である。

こうして商人が，商品を仕入れ，それを他に販売する活動が活発化することにより，商業活動もさらに盛んになった。その中で商人が果たした役割は大きかった。これは現在の社会でもそれほど大きな違いはない。それではただ単に商人は，生産者や他の商人から商品を仕入れ，販売してきただけであろうか。われわれがスーパーやコンビニで目にするのは，単にレジで会計作業を行っている光景だけでなく，店舗内や店舗の外で多くの作業を行っている姿である。またわれわれは，大きな倉庫内の作業やそれを輸送する光景なども時々目にする。現在，こうした活動が行われているが，商業活動が活発になった中世や近世にも商人の活動は多岐にわたっていた。

2）商人の機能分化

わが国では，14世紀中頃に京の人口が急増し，近郊の農村だけでは農産物，とくに米の調達をすることが難しくなった。そこで遠隔地の農村に米の生産を依存するようになった。当然，遠隔地の農村における米の生産者が，直接，京に米を運搬することはできなかった。そこで京における米の供給は，堺や兵庫，大津の専門の米穀商人を通じて行うようになった。

14世紀後半から15世紀にかけては，米の取引を円滑化させるため，京の米商人によって米場が組織されるようになった。ここでも米の生産者から米を買い取って京まで運搬する商人，そして消費者に米を販売する商人に分かれていた。その後，米以外にも魚，塩などの卸売市場が生成した。

⑵　商人活動の多様化

1）商人機能の多様化

生産者と消費者が直接取引できない場合，商人がその取引を仲介する。生産者と消費者が，距離的に離れている場合，商人がその距離を埋めなければならない。このような商人は，商品の供給者である生産者とその需要者である消費者や使用者を距離的に結びつけるだけではなく，さまざまな役割を果たした。言い換えると，商人は商業を行うためにさまざまな機能を遂行していた。

それでは商人が行っていたのはどのような機能であっただろうか。まず，商品輸送がある。そして輸送に付随する機能では，保管も必要になる。ときには生産者に対して金銭の貸付をしたり，商品の需要者にはその支払いを待ったり（猶予）することもあった。さらに商品の輸送中や保管中に何らかの事故が起こった場合には，商人が発生した損失を負う（危険負担）ことも多かった。こうした活動は，金融機能として取り上げることができよう。

商人には，商業活動によって貨幣が集中したため，その貨幣を貸し付ける両替も行った。他方，商品の訴求点を需要者に説明したり，推奨したりする販売促進，あるいはプロモーションと呼ばれる機能も遂行した。つまり商人は，商品を売買するためにさまざまな努力や活動を重ねてきた。

２）専門業者の誕生

こうした取引のために発生するさまざまな機能の遂行は，商人だけが行なうものではなかった。ただ商人は，商業活動から派生したさまざまな機能を遂行していた。商人が中世や近世にかけて行った機能は，近代が近づくにつれ，それぞれ専門業種として独立した事業者が出現するようになった。わが国では，産業を分類するために「日本標準産業分類」が示されている。現在，大分類としての産業に区分されている産業も，その源流をたどると商人が担っていた機能であることが多い。

⑶　交通の発達

１）大消費地の誕生

江戸幕府は，17世紀半ば近くになると参勤交代により，大名らの藩邸を江戸に置かせ，家臣を常駐させた。家臣らは江戸では生産活動をせず，消費活動のみであったため，江戸が大消費地となった。

そして18世紀初頭には，江戸は世界初の「100万都市」となった。そのため，各地から江戸に向けて，さまざまな物資が輸送された。また江戸－大坂を結ぶ街道が整備された。各藩からの物資は「天下の台所」と呼ばれた大坂に集められた。大坂は，物資移動の要所となり，商人の活動が活発であった。現在も大阪といえば，「商都」「商人のまち」というイメージが浮かぶのはそのためであろう。

2）輸送網の発達と整備

近世以前は，わが国では瀬戸内海や日本海の一部にしか海上輸送網がなかった。しかし，近世には，参勤交代などにより物資の移動量が飛躍的に増え，水上と陸上ともに交通の利便性が向上した。太平洋側にも海運網が整備され，貨幣が日常的に使用され，商品の移動が増加した。江戸－大坂間では，年貢米，木綿，酒，油，醤油，酢などの日常品・日常食が輸送された。17世紀には，堺や大坂の商人によって，菱垣廻船（ひがきかいせん）や樽廻船（たるかいせん）と呼ばれた定期船が，江戸－大坂間を往来するようになった。

江戸幕府は，物資の流れをよくするために，江戸・日本橋を起点とする陸上交通網（東海道・中山道・日光街道・甲州街道・奥州街道など）を整備した。また東北地方の太平洋岸から銚子までの東回り航路，東北や北陸から日本海，下関，瀬戸内海を経由して大坂までの西廻り航路など海上交通網も整備した。こうして近世には，ヒトや商品を運ぶ陸上・水上輸送が発達した。交通の要所となったのは，現在も経済拠点だけではなく，さまざまな物事に影響を与える枢要な場所である場合が多い。

3）通信活動の誕生

近世以前には，通信では商業に関係した活動は行われていなかった。しかし，17世紀半ば以降になると，幕府が許可し，「町飛脚」と呼ばれた商業用の通信事業者が誕生した。町飛脚は，江戸－京・大坂を６日から10日で結んだとされる。こうして商品の移動だけではなく，情報の移動（伝達）も商業レベルで行われるようになった。

(4) 特定商人の活躍

現在でも「○○商人」として，わが国の地名だけではなく，世界各地の地名で呼称される商人は多い。わが国で最も有名な商人は近江商人であろう（**写真1-2**）。近江は京に隣接し，北陸，東山，東海の３街道の入口であった。近江商人は，鎌倉時代に現れ，室町時代にはその活動範囲を拡大させた。近江商人の中でも保内商人は，牛馬を使用し，行商（商品を消費者のところへ運び販売をすること）をしていた。また八幡商人と呼ばれ，海外貿易に乗り出した商人もいた。

中世から近世にかけては，伊勢商人の活躍もみられた。伊勢商人は伊勢神宮

写真１-２／近江商人の衣装

の領地からの年貢物輸送に携わり，航路開発事業にも進出した。彼らは，松坂の特産物であった木綿を取引していたため，呉服商に転身する商人もいた。なかでも三井高利（みついたかとし）は，1673年に江戸本町に越後屋呉服店を開業した。

越後屋呉服店は，当時としては画期的な店頭売りや「現銀掛け値なし」という販売方針を掲げた。また薄利多売の営業方針に加え，「引き札」と称されたチラシ広告を配布し，呉服地の切り売り，小切れの販売，店員の専門化なども行った。他方，世界初の百貨店とされるフランスのボン・マルシェ（Le Bon Marché）は，19世紀半ばに「正札販売（しょうふだはんばい）」政策を採用したとされる。しかし，わが国ではそれよりも200年以上前にこうした販売政策を採用していたことは注目されよう。

第４節　商人の組織化

(1)　商人の組織化

１）生産規模の拡大

生産者と消費者間での売買取引の仲介は，当初は個人の商人が行っていた。しかし，次第に商人のネットワークが拡大するようになると，商人の家族や血縁を中心とした事業へと展開した。この経緯は，仲介をしていた商品の種類や需要によってその規模は異なっていた。また商人だけではなく，生産者も個人や家族を中心とした事業から，次第にその規模を拡大させた。こうした状況はさまざまな事業分野でもみられた。

世界で最初に起こった産業革命として，しばしばイギリスの事例が取り上げられる。イギリスでは，当初，家内制手工業から始まり，工場制手工業，そして工場制機械工業へとその規模を拡大させていった。ただあまり取り上げられることはないが，生産規模の拡大により，生産された商品が増えるとその販売をどのように拡大したかについては興味深い。

生産者が大規模化し，自ら生産した製品（商品）を販売するには，生産とは異なる別のノウハウが必要となる。それを生産者が自ら行うためには，やはりノウハウを獲得しなければならない。それができなければ商人（商業者）の力を借りることになる。

2）商人組織の形成

生産量の増大により，生産者自らがその販売を行えなかったため，商人がそれを担当することになった。またその量が増大すると，個人商人の活動では行うことが難しくなり，グループ化（組織化）された商人集団が行わなければならなくなった。当初商人の集団は，商人家族であったが，次第に同種商品を取り扱う同業者の組合（グループ）が担当するようになった。さらに複数の商人による組織化によって，商業組織が形成されるようになった。

これまで組織という言葉を定義せずに使用してきたが，組織という言葉にはさまざまな意味がある。一般的には共通目標を達成するため，計画的に調整される人々の行動である。より明確には，バーナード（Bernard C.I.）が定義した，①共通の目的を持っていること（組織目的），②相互に協力する意思を持っていること（貢献意欲），③円滑なコミュニケーションが取れること（情報共有），である。したがって，特定商品販売のために商人組織が形成されることもある。現在では，個人商人は少なく，その形態は異なるが，組織化された商人組織が行うことが一般的である。

⑵ 近世の豪商

1）豪商の誕生

近世のわが国では，儒教に由来する「士農工商」という身分制度があった。各地で城を中心とした町が形成され（城下町），城下町では武士，工人（手工業者），商人の居住場所が明確に区分された。各々が居住した場所は，現在でもその地名に名残があることもある。また商人が取り扱う商品も区分されるようになり，特定商品を扱う商人も中世，近世を通して存在していた。近世には特定商品を扱った「豪商」と呼ばれた卸売商人が活躍した。

近世初期には，京の角倉了以や茶屋四郎次郎，摂津の末吉孫左衛門・平野藤次郎，博多の大賀宗九，長崎の末次平蔵・荒木宗太郎，堺の今井宗薫らは，貿易許可（朱印状）を得て，朱印船貿易を行った。彼らは，朱印状（朱印を押した書状で，戦国時代以後，将軍や武将が所領安堵・海外渡航許可などの際に発行した公文書）や糸割符制度（中国産の生糸を，一部の商人が独占的に輸入可能とした制度）など幕府からの特権を活用した。全国的に商品が行き届きにくく，市場が不安定であったため，彼らは巨利を得ることができた。

２）新興商人の誕生

元禄期には新興商人が現れた。とくに紀伊国屋文左衛門，奈良屋茂左衛門らは，幕府の材木商・町人として蓄財し，鉱山事業も手がけた。また河村瑞賢は，西廻り航路・東廻り航路を整備し，やはり材木を扱った（**写真１-３**）。他方，近代では，呉服と両替商を営んだ三井家，酒造・廻船・両替・掛屋の鴻池家，銅の製錬と鉱山開発を行った住友家は，財閥へと成長した。こうした近世の豪商は，蔵元や両替商，呉服商，米商，木綿問屋，油問屋，海運業などを営んで

写真１-３／河村瑞賢像

いることが多かった。

このように近世に現れた豪商は，取扱商品と事業範囲の拡大において，それぞれ特徴がある。時代が下ることにより，先にあげた新しい産業分野が誕生したが，祖業は売買取引の仲介にあった。つまり商業であった。今日も残る企業グループは，中世後期から近世初期にかけて商人として事業を開始し，それを拡大・成長させていった特徴を持つ企業が多いことは非常に興味深い。

(3) 近代の商業の発展

1）商人の事業分野拡大

わが国では，近代（明治時代）になると，富国強兵と殖産興業政策により，工業生産が盛んになった。「糸（糸偏(いとへん)）」産業の成長は目覚ましかった。商業分野でも糸偏産業において生産された製品（商品）の取引に携わった商人が多く現れた。近世後期にその兆しがあったが，輸送方法が発達し，大量商品の移動も可能となり，江戸－京・大坂間の商品移動だけでなく，多様な商品の生産地と消費地を結ぶネットワークが形成された。

江戸幕府は，鎖国政策によって，対外貿易を長崎・出島に制限した。しかし，幕末に開国し，近代になると貿易が盛んになった。先にあげた糸偏産業において製造された製品（商品）は，海外に輸出された。他方，海外の商品も次第に輸入されるようになった。こうした輸出入活動の中心には商人がいた。商人は，組織（会社）として取引の仲介をするだけでなく，多くの事業分野にも乗り出した。現在，総合商社と呼ばれる卸売業は，その事業活動の幅の広さを示すものとなっている。

2）商業補助機能の専門業者化

近代になると，商業を行うために必要な機能である輸送，保管，金融，危険負担などの分野においては専門業者が現れた。輸送は近世にすでに菱垣廻船や樽廻船などの定期航路が一般的になっていたが，1880年代には北海道海運会社，大坂商船会社，日本郵船会社が設立された。また1872年には東京－横浜間に鉄道が開通し，1889年には東海道線も開通した。他方，1882年には倉庫証券を発行する近代的な倉庫業者として深川倉庫が設立された。

また近世には，両替商が存在し，諸藩が発行した藩札を交換する業務を行っていた。そして預金，貸付，江戸－大阪間の為替（遠く離れた者の間で金銭上の債権・債務の決済あるいは金銭の移動について現金を輸送せずに行う仕組み）業務も行っていた。1872年には国立銀行条例が制定され，翌年以降に第一国立銀行，三井銀行などが設立され，銀行制度の基礎が確立された。そして1882年には中央銀行である日本銀行が設立された。

これまで商人活動の一部として行われていた保険制度が導入され，1879年に東京海上保険会社，1881年に明治生命保険会社が設立され，ヨーロッパ並みの商業の仕組みが整備されていった。こうして中世や近世において，商人の売買取引活動に関連して行われた活動は，次第に独立した専門業者の出現と拡大により，産業化していった。

おわりに

本章では，交換や取引の発生時点に遡ってその展開を考えた。また物々交換による不便性から貨幣が誕生し，それによって交換（売買取引）がめざましく発展したことにふれた。売り手（生産者）と買い手（消費者）という当事者間での交換から，その間に商人が介在するようになった。さらに市が成立し，商人も卸売商人と小売商人へと分化した過程を取り上げた。

商業活動は，商人が介在するようになって開始されたが，商業活動が活発化し，生産地から消費地へと商品が次第に拡散されるようになった。さらに商人は，多様な活動を担当したが，各々の活動を専門とする業者が現れるようになり，その活動が進化したことにも言及した。そして，商人が個人での活動から複数の商人が集合した集団での活動へと展開するようになり，現在へと至る流れについて取り上げた。

第2章

商業・流通・マーケティング

はじめに

「商い(あきな)」や「商業」,「流通」や「マーケティング」に持つイメージは，人それぞれだろう。多くの人が商いに持つイメージは，おそらく商いを行うヒトである商人や，その活動を思い浮かべるのではないだろうか。商業もそれを行うヒト（商業者）のイメージが浮かぶかもしれない。ただ流通やマーケティングには，その活動を行うヒトのイメージはなかなか浮かばないかもしれない。

商いや商業は，それを行うヒトのイメージがすぐに浮かぶのは，個人レベルの活動の歴史が長いことにあろう。他方，流通やマーケティングは，商いや商業よりも新しいというイメージがあるかもしれない。本章では，商い，商業，流通，マーケティングについて，商学部や経営学部など「実学」を扱う学部での学問や活動のイメージにふれ，これらの相違点やその存在意義を取り上げる。

第1節　商人学としての商学

(1)　商学という学問の形成

商学という学問は，わが国で独特に形成されてきた面がある。それは海外の研究者に商学の説明をしても，なかなか理解されないことでもわかる。他方，経営やマーケティングなどは，言葉だけで理解される。それはおそらく近代になって明確に形成されてきたからだろう。商学という学問が形成されたのは，20世紀初めといわれる。経営学の学問的誕生は，テイラー（Taylor, F. W.）による『科学的管理の原則』，シェーア（Schar, J. F.）の『一般商事経営学』が商学という学問の発生とされる（加護野（1997））。これらはどちらも1911年に出版された。

おそらく経営学や商学は，それまでにも実践だけでなく，断片的な研究が存在していた。ただ学問として体系化されたのは，どちらも20世紀初めであった。つまり，商学と経営学はどちらも同時期に体系化され，20世紀にその研究が深められ，今日に至っている。こうした学問の発生時期は，しばしば研究者によって論争となる。ただ学問としての誕生は，体系書が出版され，それをめぐり多くの議論が交わされたため，20世紀初頭とするのがよいだろう。

(2) 商学の範疇

1）商（い）の起源

商学とは，文字通りに解すると「商（い）」を研究する学問である。商の言葉の意味にはいくつかの説がある。秋に収穫物や織物などを「なう（する，行う）」交換が頻繁に行われ，貨幣を媒介として商品と交換する売買を源流とするのが１つである。そこでは商学は，財貨および用役の交換活動を観察し，記録して何らかの原理を見出し，これを表現する科学である。つまり，人間活動を社会的協力とみなし，その一面の交換活動を素材とし，交換活動に関係づけ，記述または原理のかたちで表現する実践的科学である（桐田（1961））。

また「商」は，衡平を基礎とし，それを志向する人間およびその集団の相互交流，相互交換関係であり，商学はその原理を科学的に究明することを目的とするというのも１つである。ここでは商の本質は取引であり，その関係を解明しようとする商組織論，取引過程を解明しようとする商取引論，取引対象により商品取引論，資本取引論，用役取引論が想定された（荒川（2002））。

2）商人商学

これまでの商学に関する代表的学説は，交換や売買取引活動に焦点を当て，商学を説明しているものが多い。しかし，活動を出発点とせず，商人は一般人とどこが異質かを出発点とすべきともされる。この立場では，商人が商学の中心であり，商人の学として商学の構築を目指すものである。

商人が商学の出発点となると，商学は非商人である一般人の世界とは異なる商人固有の世界が研究対象となる（林（1999））。つまり商学は，商人学であり，「商人に関する学問」「商人自身のための学問」となる。こうした規定はフランスのサバリー（Savary, J.）が始祖であり，それをドイツのルドヴィッチ

(Ludovici, C. G.）が継承した。こうして商学を商人の学として構築しようとする試みが開始された。

ルドヴィッチは，商学を商人学のような実践的性格の強い学問に位置づけようとした。しかしその後，商人の存在は軽視されるようになった。それに代わり，商あるいは商活動に対する関心が強調された。これは研究者の関心が，商ないし商活動へ移行し，本来であれば商学は，商人や商人世界を理解し，方向付ける本来の精神から変化した（林（1999)）。こうして，商人商学は現在も傍流に置かれたままとなっている。

(3)　商人の定義

１）商人の定義

われわれが，商人といわれて思い浮ぶのは，小売商人であろう。ただ商人は広狭に定義される。広義には，わが国の商法が規定する商人とほぼ一致する。しかし商法は，銀行業者や保険業者などの金融業者は除外している。前章で取り上げたように，商人の金融活動は，かつては大きな位置を占めていたため，広義の商人には銀行業者や保険業者も含められよう。そのため，広義の商人は，自己の経済的危険において営利を目的とし行動する者と位置づけられる。

一方，狭義の商人は，有形財取引に携わる卸売商人（卸売商・卸売業者)，小売商人（小売商・小売業者)，サービス商人（サービス業者）である。また補助商人として，物流業者，通信業者，調査業者，広告業者，販売促進業者，金融業者などがある（林（1999)）。こうした定義から，広義の商人には補助商人に分類される商人が含まれていることがわかる。

また商人の定義では，商人は商品を自ら消費せず，利益を得て再販売することを目的とし，継続的・専業的に商取引を行う者とする言説もある（鈴木(2004)）。ここでは狭義の商人定義のように，利潤目的により商品を仕入れ，それを個人や組織，消費者に再販売することに焦点を置いている。さらに単発的に販売活動（行為）を行うのではなく，商人が生活手段として営んでいる仕事である生業として継続的に行うことが強調されている。他方，個人が不要となったモノを単発的に販売する活動は商業ではなく，その個人はもちろん商人ではない。

2）研究者の関心移行

かつては，こうした商人の定義や商人とはこうあるべきという議論があった。しかし，アメリカ（合衆国）を中心として，巨大組織を前提とする経営学やマーケティング論が優勢となった。また商学自身も時代の流れの中において，その建学精神や初心を自ら放棄するような商学自体の内部的原因もあり，急速に議論は終息した（林（1999））。とくに研究者の関心が，経営学やマーケティング論，流通論へと移行したことが大きい。

第2節　商業・流通・マーケティングの接点

(1)　商業学の関心向上

1）商学と商業学（論）

商学と商業学（論）は，区別されることはあるが，明確に意図を持って区別している研究者は少ない。したがって，商学と商業学は頻繁に混同され，意識，無意識を問わず，その相違について言及されることは少なかった。商学は，交換を中心概念とし，商業学は売買取引を中心とする。したがって，商業学は商学に包含される。

かつて商学部を設置していた大学では，商学部に配置される学科として，商学部商業学科のような形態が一般的であった。これから考えると，商学が広い傘であり，その中に商業が包含される。

こうした商学と商業学の位置関係についても，あまり議論されない。ただ商学部の中に商業学科を設置，あるいはそのカリキュラムを考慮したのは，商学あるいはその周辺学問の研究者であることに間違いない。あるいは当時の文部省において，設置基準を考慮した官僚の認識が影響しているかもしれない。したがって，商学の傘に入るものとして商業学を捉えている。ただ商いと商業という活動を中心とした側面はここでは考慮していない。

2）商業教育の起源

わが国では，近世において士農工商という身分制が存在した。城下町では，その身分や職業によって居住地も区画され，設定されていた。現在もその地名が城下町では残っているところが多い。身分制の中では，商人は最下層に位置づけられた。しかし近世には，そうした位置づけをされた商人にも，石田梅岩（いしだばいがん）をはじめ，新井白石（あらいはくせき），荻生徂徠（おぎゅうそらい），佐藤信淵（さとうのぶひろ）らは，商業とはこうあるべきとする商業論や商人とはこうあるべきとする商人道を説いた。彼らが執筆した書籍の中の言葉は，現在でも重く，時折引用されることもある。

ただ近世には，体系化された商業教育は行われなかった。そのため，体系化された商業教育は，近代になり，しばらく時間が経過した後にようやく開始された。わが国で商業学という言葉が最初に使用されたのは，1872年に制定された学制においてであった。学制による商業学校は実現しなかったため，ここでの商業学の意図や内容は詳らかでない。

３）商業教育の構成

わが国で最初の商業学校は1884年にそれを名乗り，1887年に高等商業学校となった現在の一橋大学である。その学課表には「商事慣習」という名称があった。これは，1890年には学課改正により，「商事要綱」に改称された。そして1896年に「商業学」に改められた。わが国で教育機関における教育課程で，商業学の文字が現れたのはこれが最初であった（尾崎（1967））。

19世紀末における商業学は，商業通論と銀行・保険・海運・鉄道・倉庫・取引所の各論により構成された。商業通論は最下級で履修が課せられ，会社組織，売買慣習，手形・小切手の実務，売買により生じる銀行・保険・会社・運送事業者との間における取引実務の解説を主な内容としていた。各論もほぼ同じ傾向があり，銀行・保険会社など各組織の立場から業務上の取引や契約実務が中心に説明された（上田（1930））。

体系立った商業教育には，その前提となる学問体系が必要である。しかし，当時はそうした体系化は行われていない。わが国は開国後，海外との取引である貿易によっていかに経済を豊かにするか（富国強兵）に腐心した。そのため，実務を叩き込むことが優先された。こうした背景もあり，しばしば，商学や商業学は，実学とされ，商学部は実学を学ぶ学部に位置づけられる面がある。まさに当時の課題解決の学問としての商業学であった。

⑵　商業概念とその変遷

商業概念も各研究者や時代により，変化した。わが国の商業学者として，活躍した福田敬太郎（ふくだけいたろう）と向井鹿松（むかいしかまつ）による商業概念について取り上げたい。

1）福田敬太郎の商業概念

福田は，商業概念は固定的なものではなく，時代や場所により変化するものとした。その理由は，商業が歴史的概念であるため，いくつかの説により説明している（福田（1953），福田（1973））。その変遷は，①交換即商業説（商業の原始状態において，個々の商取引と体系的な商行為を経営する商業の間に区別がない時代），②再販売購入説（商行為を専門に業務とする商人の活動が隆盛し，商業の最古のかたちと考える商人商業の時代），③売買営業説（再販売のために商品を購入し，これを他種類の商品に加工・変形または改造するようになった時代），④配給組織説（配給機能が商業の国民経済における機能であった時代），としている。

商業概念の変遷は，取引対象を有形商品に限定し，営利を目的とする企業に限定している。そのため，無形財であるいわゆるサービスや非営利組織などの活動が活発になった社会では適当でないことも示唆した（福田（1973））。そのため，いわゆるサービス取引も商業の中に位置づけようとした考えがあったかもしれない。

2）向井鹿松の商業概念

向井は，経済組織内部での社会労働の組織を4段階に分け，各時代の交換形式を示す商業の定義を分類し，商業概念の変遷を示した（向井（1963））。そこでは，①交換即商業説（日常生活必需品の生産で分業が行われていない時代―中世から19世紀中頃―），②再販売購入説（分業が広範囲，かつ1つの仕事の細部にまで行われる時代―産業革命，19世紀後半から第一次世界大戦まで―），③配給組織体説（組織統合が広く行われるようになった時代―第一次世界大戦後―），④機能統合を示すためのマーケティング概念（機能統合，工業の商機能吸収の時代―第二次世界大戦前後から），に区分している。

向井も福田とほぼ同様の言葉で商業の変遷を示したが，商活動の形態変遷と時代の区切りとなる時期を商業にも適用し，区分したところに違いがある。

(3) 商学と商業学の相違

1）商学と商業学の関係

先にあげたように，商学部に商業学科を配置する教育機関は多くあったが，商業学部の中に商学科は配置されていない。この面からは，商業が商学に包含

図表２-１ **商（学）と商業（学・論）の関係**

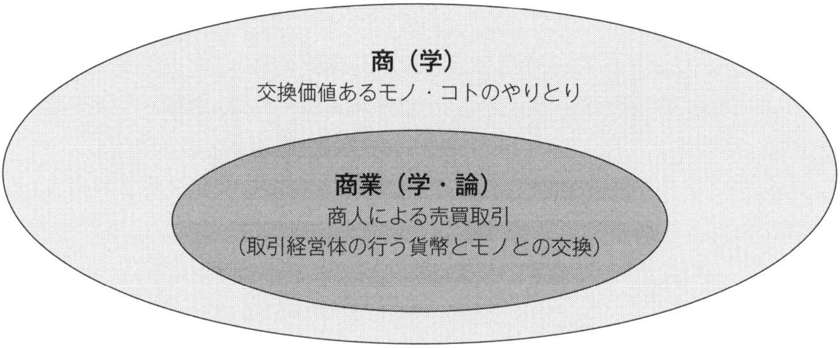

されている構図が浮かぶ。その関係を示したのが**図表２-１**である。

商業学の捉え方は，20世紀の初め，商学・商業研究の第一人者とされた上田貞次郎が「わが国商業学の現在はあたかも萩・ききやう咲き乱るる秋の野のごとく，甲は乙にそむき，丙は丁に添わずして，各部おのが向き向きの色を添えている（上田（1930）７）」と嘆いていることからもわかるように，当時においても商業学の捉え方が多様であったことを示している。

商業学は，最近かなり減少したが，商科大学や商学部，商業学科では中心となる個別科学という認識があった。そして商学と商業学の相違は，商学とは交換，取引を含み，商業学は取引を中心に体系化される（黒田（2000））。ただ前節で取り上げたように，商学は一般人（非商人）とは異なる商人世界を中心にその商人が行う交換・売買取引を中心に研究する学問である。

２）取引の意味

取引は，生産者と商人，商人同士や商人と消費者や産業用使用者との間での売買行為，営利を目的とする経済行為である。通常，取引当事者相互の利益となる交換条件で物事を処理する意味でも使用される。そのため，取引ではそうした行為の過程が重視される。取引は当事者間での交換であり，少なくとも２者が存在し，合意された条件や時期，場所を含んでいる（Kotler & Armstrong（2001））。

また取引は，生産者や消費者間でも行われる。ただ商業学は，取引を専門機能とする取引経営体の研究である（荒川（2002））。商学は商人世界を中心とし，人間や集団の相互交流，相互交換関係を広く包含する。しかし商業学は，その中でも取引経営体の行う貨幣と商品の交換を意味する取引，商業者や商人と呼ばれる個人や組織の行う取引が研究対象であるため，やはり商業学は商学に包含されよう。

第3節　マーケティングの形成と隣接分野との関係

(1)　マーケティングの形成と隆盛

1）マーケティングの形成

たいていの大学の商学部や経営学部では，これまで「商業」がつく科目が並んでいたが，次第に「流通」や「マーケティング」がつく科目へと変更されている。そこでは，商業の発展系が流通やマーケティングであるのかという疑問が湧く。それとも流通やマーケティングが，商業を包含する「商」のような範囲を持った活動や学問なのだろうか。そのため，マーケティング（論）と商（学）や商業（学・論）との関係についても考えなければならない。

マーケティングが誕生したとされるのはアメリカである。ヨーロッパからの貧しい移民で成立した同国は，19世紀はまさに夢の地であった。多くの移民は，農業に勤しみ，土地を開拓し，農地を拡大し，家畜を飼育し，大規模な農業従事者となっていった。またカリフォルニアで金鉱脈が発見されると，ゴールドラッシュが起こった。マーケティング活動が誕生したのは，こうした活動が一段落した後であった。肥沃な土地を求め，西へ西へと向かった西漸運動が終焉し，1861年に起こった南北戦争後は，農業生産だけではなく，工業生産も次第に拡大した。

農業の生産効率が上昇し，農産物が過剰となり，それを吸収する市場が次第に消失した。そこで農業生産者は，いかに余剰農産物を市場に吸収させるかという問題に直面し，農産物を加工した製品を製造し，市場範囲の拡大努力を継続した。ここでは社会的な余剰生産物の市場問題という極めてマクロ的な色彩が強いものであった。つまり生産と消費の懸隔をいかに架橋するかという流通論の視点があった。そのため，この時期のマーケティングを社会経済的マーケティング（マクロ・マーケティング）とすることもある。

2）マーケティングの隆盛

工業生産品の生産量が増加すると，余剰生産物の市場問題と同様，社会的対応が迫られるようになった。ここでは工業製品を生産する個別生産者（製造業者）がいかに市場対応するかという課題の面が強かった。それは社会的問題とする視点ではなく，個別企業の問題を解決する視点がより濃厚になった。そこで個別企業視点によるマーケティング（ミクロ・マーケティング）が誕生した。

したがってマーケティングは，誕生当初はマクロ・マーケティングとして社会経済的視点からのアプローチをする流通論による研究視点が色濃かった。しかし，工業製品を中心とした個別生産者の対市場対応の色彩がより濃くなり，ミクロ・マーケティングの視点が中心となった。この傾向は，第一次世界大戦，そして第二次世界大戦以降になるとより強くなり，マーケティングといえば，個別企業の視点によるミクロ・マーケティングが中心となった。

第二次世界大戦後は，個別企業，とくに製造業を中心とした市場対応の面がより強くなり，マーケティング要素として製品（product），価格（price），流通（place），広告・販売促進（promotion）の頭文字をとった4Psをうまく管理し（マーケティング・ミックス），市場に対応するマーケティング・マネジメント（経営者視点のマーケティング）が隆盛するようになった。現在マーケティングといえば，4Psといわれるように個別企業の経営では相変わらず重要な位置を占めている。

⑵　マーケティング（論）と商（学）・商業（学・論）・流通（論）

1）マーケティングの中心課題

前項でみたように，マーケティングの形成過程では，売り手や買い手という関係や売買取引とは異なる現象を見出せる。そのため，マーケティングの形成には，生産者による市場への働きかけの面が強い。また商学が非商人とは異なる商人について研究することを中心とすると，やはりその範疇は若干異なる。さらに次章で取り上げる流通が，生産と消費の懸隔を社会的に架橋するという面では，生成時のマーケティングにはその傾向が強かったが，大規模生産者による工業製品による市場対応の面では，相違している（石川（2020））。

つまりマーケティングは，いかに市場対応するかが中心課題であり，売り手と買い手の対等性，結果的に取引をすることになるが，その前提となる過程を重視する面では，商業ともやや異なる。またマーケティングの生成時には流通論の視点が色濃かったが，現在では個別企業による市場対応が前面に出ている。このようにみると，学問としてのマーケティング論，商学，商業学，流通論はそれぞれ焦点を当てる部分がやや異なっていることがわかる。

ただ全く異なっているというのではなく，視点の相違である。そのため，商学部や経営学部などでは，これらの科目が配置され，多様な分析が行われている。またそれぞれの角度から研究する研究者も視座が異なっているだけであり，研究手法（アプローチ）が異なっているかもしれないが，真理に迫ろうとする姿勢に変わりはない。

2）商学とマーケティング論の関係

商学とマーケティング論の関係では，商学が商人世界を中心とし，マーケティング論はいかに市場対応するかを中心とする。ここでは商人が行う対市場活動もあるが，生産者が行う市場活動が強調される面が強い。さらにマーケティングはその概念が拡張され，営利活動のみを行う主体だけでなく，非営利活動を行う主体も含めて考えるようになった。商学では，売買活動の玄人である商人を対象とするが，マーケティングは玄人のみを対象とするものでもない。そしてマーケティングでは，経済的成果だけではなく，その他の成果も重視するようになった。

商業学は，商人や商業者と呼ばれる取引経営体の行う貨幣と商品の交換である取引の研究が中心である。そのため，取引という営利目的の活動は，マーケティング活動とは重なる部分も多い。ただ非営利組織が行う活動には，営利を目的とせず，対象（顧客）の満足を最重視する活動も多い。

3）流通論とマーケティング論の関係

流通論とマーケティング論の関係は，マーケティング活動の生成時には，社会経済的視点による流通論の研究視点とはほぼ同様であった。しかし，時代の流れとともに，マーケティング活動の主体が生産者となり，大きく変化した。マーケティング活動が，個別企業や営利を目的としない組織，個人なども対象市場とし，それらへの対応を重視するようになった。そのため現在では，流通論とマーケティング論の対象が相違したといえる。

また流通は，国などのようにある限定された地域でとらえられることが多い。

最近は，国際流通やグローバル流通の言葉も聞かれるが，生産と消費の懸隔ではかなり「境」を意識することが多い。しかしマーケティング論では，かなり以前からこうした地域による境界は流通論ほど重要ではない。むしろさまざまにとらえられる市場が前提となっている。

４）多様なアプローチ

現在でもその嫌いはあるが，商学部や経営学部などでは，当該学部に所属する研究者の意向により，カリキュラムが構成されてきた。したがって，これらの学部のある大学の各々のカリキュラムを比較すると，基本科目は配置されているが，それ以外の科目は研究者による学問の視座やアプローチが異なっているため，配置されている科目，されていない科目がある。

19世紀の終わりにわが国で最初の商業学校が開設されて以降，その科目表（カリキュラム）が参考にされ，拡散した。また商業学校において商業学関連科目を教授していた研究者が他校にも出講していたことが影響している。しかし，時間が経過し，研究者の配置やその研究アプローチにより，相違が生じた。それは批判されるべきことではなく，多様なアプローチにより，多くの知識が創造される面がある。ただ商学部や経営学部としての全体図を描写しなければ，時流に阿った単に技術や情報のみを享受するものとなってしまう。

第４節　商業・流通の存在意義

⑴「商（い）」のイメージ

これまで商や商業や流通に関する概念を取り上げてきた。商業活動や流通活動により，商品の移動や物質的生活が豊かになることは，ある程度は理解されても，やはり明確に説明される必要があろう。一方，「闇商い」，「商業主義」や「商業広告」，「悪徳商法」や「開運商法」など「商（い）」がつく言葉を並べると，主にネガティブなイメージが湧く。ただ「流通」となると流通業界や流通効率，流通革命など，どちらかといえば，ネガティブなイメージよりもどことなく経済寄りのポジティブなイメージとなる。

こうした商あるいは商業と流通という言葉から連想する言葉を並べると，やはりその歴史の長い前者のほうが，ネガティブなイメージがつきまとうかもし

図表2-2 商業学の視点と流通論の視点

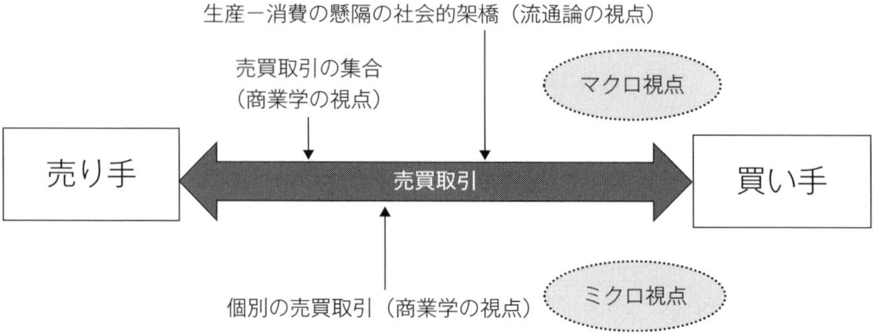

れない。それは歴史の長さが関係している面もある。古くからの活動で現在も残っている活動を観察すると商や商業などと同様，プラスとマイナスの両面がある。ここではマイナス面にはふれず，プラス面の商業や流通の存在意義を取り上げる。

われわれが物事を観察する際には，その視点の相違により，物事が異なってみえることが多い。典型的には，同じ現象でも鳥瞰的に見るか近視眼的に見るかで全く異なる。**図表2-2**にあるように，売り手と買い手間での取引を社会経済的視点（マクロ視点）と，個別企業や個別商人の視点（ミクロ視点）で観察する際には，やはり異なった見え方となる。こうした視点を意識しながら，商業や流通の意義を考えることも重要である。

(2) 商業・流通の社会的意義

生産段階と消費段階の間に商業あるいは流通段階が入ることにより，通常は流通システム全体での流通費用（消費者費用に営利チャネル費用を加算したもの。消費者費用は消費者が自ら商業・流通機能を遂行する場合，負担する交通など貨幣で支出する費用，時間や疲労などの費用。営利チャネル費用は営利チャネルでの機能行為を負担するための費用。営利チャネルとは所有権，危険負担，情報伝達，物流にかかる費用）が節約される（田村（2001））。

そのため，商業や流通という中間流通機能の社会的意義を説明するため，取引総数単純化の原理（取引総数最小化の原理），不確実性プールの原理（集中貯蔵の原理），情報縮約・整合の原理，が取り上げられてきた。

図表2-3　流通業者（商業者）の介在による取引数の減少

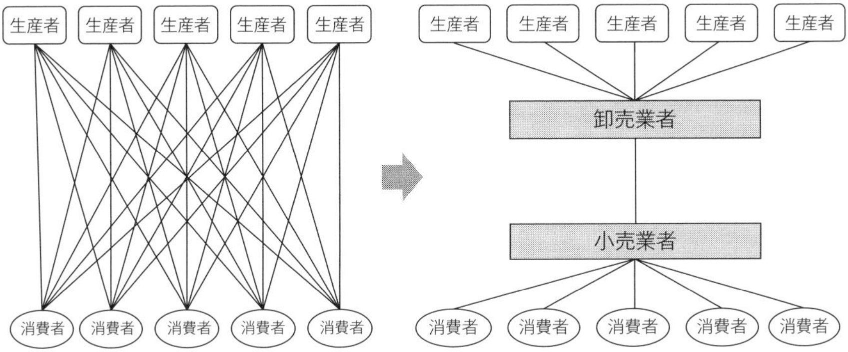

1）取引総数単純化の原理

取引総数単純化の原理は，マーガレット・ホール（Hall,M.）が提示した。この原理は，生産者と消費者が直接取引（直接流通）をするよりも，生産者と消費者間に商人（商業者・流通業者）が介在したほうが，社会全体の取引数は減少し，それによって流通費用が節約されるというものである。**図表2-3**のように異なる商品を生産する生産者５人と同数の消費者が取引をする場合，５×５＝25（回）の取引が発生する。しかし，生産者と消費者の間に商人が介在し，生産者すべて取引をし，消費者すべてと取引をするならば，それぞれ５×１＝５（回）の取引回数となり，全体では10回の取引となる。

また商人が１人だけではなく，もう１人別の商人が介在しても商人同士の取引が１回加わるだけであり，全体では11回の取引となる。この場合，生産者と取引をする商人は卸売商人（卸売業者）であり，消費者と取引をする商人は小売商人（小売業者）である。このように生産者と消費者間に商人が介在したほうが，社会的にみた場合の取引回数が減少している。ここで気をつけなければならないのは，取引回数は減少するが，流通費用は減少しているかどうかは不明なことである。

2）不確実性プールの原理

不確実性プールの原理は，商人（商業者・流通業者）が商品を集中して貯蔵することによって，社会全体での商品貯蔵数量が減少し，結果として流通費用

図表2-4 不確実性プールの原理

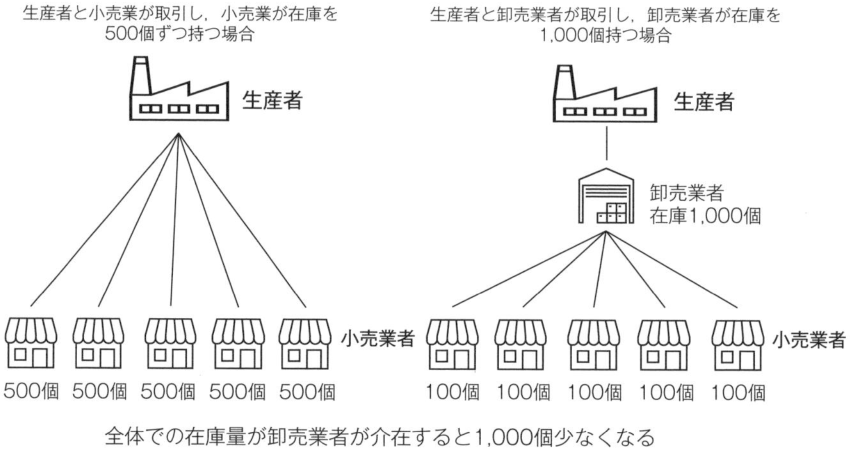

の節約につながるというものである。生産者と消費者が直接取引する場合，生産者は消費者の需要に応えるため，需要以上の在庫を抱えることがある。それは，生産者が予測する以上に多くの需要があるかもしれないという期待や，多く生産し，在庫を多く持つという不安（在庫には多額の費用がかかり，処分をする場合にも費用が発生する）を同時に持つことになる。

一方，消費者はすぐに商品を購入できなければ困ったり，価格が上昇したりするという不安を常に持つことになる。しかし，生産者と消費者間に商人が介在することにより，生産者と消費者はさまざまな不安からは完全には解放されないものの，不安を少なくすることが可能となる（**図表2-4**）。近年は，コンビニエンスストア（コンビニ）などは店舗でほとんど在庫を持たず，卸売業者などの供給業者が在庫負担をすることにより，小売商人の不安を供給業者が負担していることもある。したがって，この原理では供給業者が介在する意義が強い面がある。

3）情報縮約・整合の原理

商人は，多くの生産者が生産した商品を仕入れ，消費者や産業用使用者に販売（再販売）している。この過程において，商人は生産者から商品情報を入手し，消費者や産業用使用者からは商品を消費し，使用した感想など，やはり多くの情報を入手する。この過程では，商人は多様な情報を縮約し，生産者や消費者・産業用使用者の両者からの情報を整理し，商品を仕入れ，販売する活動を日々に繰り返している。

こうして商人が商品の情報などを更新する過程において，商人が行う品揃えは，常に両者を意識したものとなっている。つまり，商人の品揃えは，情報整合の結果である。このように商人は，これまで川上や川下からの情報を縮約・整合するという役割を長い間果たしてきた。ただ最近では，ICT（情報通信技術）の発達により，生産者が自ら消費者に関する情報を取得し，消費者が自ら情報を検索するなどして取得している面が増えている。

おわりに

本章では，商人学としての商学について，その位置づけを確認した。また商学の範疇や商業学（論）との相違部分，さらに商人の定義についてふれた。とくに商業・流通・マーケティングは，商学部や経営学部においては中心的科目として位置づけられているが，この関係について取り上げ，それぞれの概念やその相違にもふれた。

また最近では，マーケティングを冠した科目が増加しているが，マーケティング活動の形成と変遷に言及し，研究分野としてのマーケティング論と商学・商業論，流通論との関係にもふれた。そして，本書の目的の１つでもある商業や流通が存在する意義について，その根本部分を現在のわれわれの生活から取り上げた。

第3章

流通機能と流通機構

はじめに

消費者は，自ら消費・使用している商品について誰が生産したかを知ることは少ない。われわれは商品が生産から手元に至る仕組み（システム）がわからなくても，商品を入手，消費できる。かつてヒトは，自ら必要なモノは自ら生産した。現在では，お金さえ支払えばという条件はあるが，必要なモノはほぼ入手できる。それは流通が機能し，生産者とその消費者間における隔たり（懸隔）が，橋渡し（架橋）されているためである。

本章では，生産者と消費者の間にある懸隔，その懸隔を架橋する機能である流通機能，架橋のために生産と消費間で移動する取引要素についてふれる。また取引要素を移転させる流通フローや，流通業者に要請される機能は，時代によって変化する。そこで流通システムが変化し，垂直分化や水平分化が起こった背景についても取り上げる。

第1節　生産と消費の懸隔

(1)　生産者と消費者間における懸隔の発生

自給自足の時代には，血縁を中心とした集団内では，ヒトは生産者であり，消費者であった。つまり，生産者＝消費者であった。そして次第に近隣の集団との物々交換が始まると，生産者≠消費者というモノも生まれてくるようになった。こうしてあるモノの生産者と消費者が異なることによって，さまざまな懸隔が発生するようになった。

これらの懸隔については，論者により若干異なることもある。本書では，生産者と消費者における懸隔について，①所有権，②空間（場所），③時間，④品質・数量，そして⑤情報によるものに区分している。

図表3-1 流通によるさまざまな懸隔の架橋

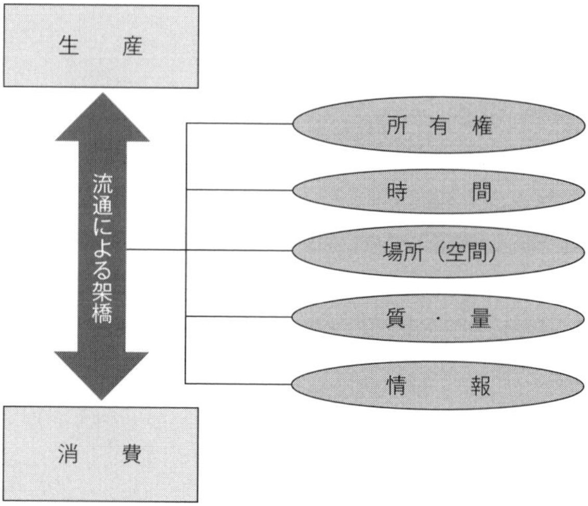

生産者と消費者という言い方は，生産と消費という経済における重要部門に基づいている。つまり，経済学的視点に基づいている。経済学的視点に基づくのは，社会経済全体での生産，消費について意識しているためである。したがって，これから5つの懸隔を取り上げるが，その際には「社会的には……」という視点で考えることが必要である（**図表3-1**）。

(2) 所有権の懸隔

自給自足の時代には，所有権の懸隔は発生しなかった。それは生産したモノは，生産者が所有権を有しているが，生産者自らが消費したためである。しかし，物々交換が行われるようになると，ある生産者が生産したモノの所有権は，他の生産者が生産したモノと交換する場合，その所有権は他に移転することになる。そして所有権移転は，貨幣を媒介としてモノとの交換が行われるようになると，以前と比べてその量や範囲が拡大するなど，飛躍的に増加するようになった。

このように生産者と消費者間において，所有権が移転することによって，消費者はそのモノを消費することができる。したがって消費者は，あるモノを消費しようとすれば，その所有権を入手しなければならない。そこでは，生産と消費の間で所有権を移転させることが重要となる。消費者は日常，商品を購入しているが，その活動は貨幣を支払うことで所有権を得ていることに他ならない。日常，われわれは貨幣を支払うことで商品を入手するが，その際には所有権を入手していることはほとんど意識していない。

⑶　空間（場所）の懸隔

自給自足の時代，また物々交換が中心であった時代にも，あるモノが生産された場所と消費される場所は異なっていた。ただ自給自足，物々交換の時代には，その場所は，現在と比較すると非常に近隣であった。しかし現在では，われわれが消費するモノをみると，生産された場所が海外であることが多い。

わが国の食糧自給率は，カロリーベースでは40%に満たない。つまり，われわれが消費している食糧の60%以上は，海外で生産されていることを示している。また日頃身につけている衣料品も，そのタグを確認するとmade in Chinaやmade in Vietnamであることが珍しくない。つまり，衣料品の生産地も海外である。このように現在では，生産された場所と消費，使用される場所が遠く離れている場合が多い。

⑷　時間の懸隔

自給自足の時代，また物々交換の時代でも，あるモノが生産され，消費されるまでには時間差があった。それはさまざまな保存方法が工夫され，できる限り長く保存し，食料などは冬場の枯渇に備え，多く保存されたためである。つまり，生産と消費における時間の懸隔は，あるモノが生産された時間と消費・使用される時間の間に差があることである。

われわれの食生活を振り返ると，あるモノが生産され，冷蔵や冷凍，さらには加工が施されているため，生産された時間と消費する時間がかなり異なっている場合が多い。わが国では，地震などの災害に備え，各家庭では保存食を用意することが多くなった。それらの消費期限をみると，２年以上保存できる白米や３年以上保存のできるビスケット，同じく７年以上保存できる飲料水などもある。このように消費期限を長く延長できるようになったのは，冷蔵・冷凍庫だけでなく，保存技術の発達によるところが大きい。そのため，現在では時間の懸隔がより拡大している。

⑸ 品質と数量の懸隔

消費者が消費・使用するモノに期待する品質と，生産者がその期待に応え，生産する品質は，一致することが望ましい。ただ実際には，消費者が期待する品質と，生産者が生産（達成）可能な品質は異なる場合が多い。これを品質の懸隔という。農産物の品質は，天候や気温の影響を受けて変化するため，農業生産者の努力だけでは達成不可能なことが多い。一方で消費者は，天候や気温にかかわらず，農産物に対しても同一品質を求めることが多い。そのために生産者が生産可能な品質と消費者が求める品質において懸隔が生じることになる。

また社会全体では，生産量と消費量が一致することは望ましい。これは一致すると廃棄されるモノが理論上はなくなるためである。しかし，すべてを注文生産としない限りは，生産量と消費量が一致することはない。つまり，生産者がモノを生産する量と，消費者が消費する量が異なる場合が一般的である。こうして生産量と消費量において懸隔が発生する。

⑹ 情報の懸隔

自給自足の時代には，生産者が自ら生産したモノの生産に関する情報などは，自らが消費者となっても有していた。それは生産者＝消費者であるため，生産者として有する情報と消費者として有する情報量が同量・同等であったためである。しかし，物々交換が始まると，生産者と消費者は別人格となり，生産者が有する情報量と消費者が有する情報量は，同量・同等ではなくなった。つまり，生産者と消費者が別人格となったため，情報の非対称性が発生することとなった。これを情報の懸隔という。

現在，われわれが消費・使用しているモノを少しみただけでも，その生産者が有している情報と消費者が有している情報の質や量には差があることに気づく。こうした情報の懸隔は，第13章で取り上げるさまざまな消費者問題を引き起こす原因ともなる。そのため，生産者が有する情報量と消費者が有する情報量を近づける努力をしなければならない。

第２節　流通の社会的機能

(1)　流通概念

１）生産と消費の懸隔を社会的視座から観察

ヒトの生活は，自給自足，物々交換の時代を経て，貨幣経済の時代へと変遷した。先の２つの時代には，生産者と消費者間における先にあげた５つの懸隔は，存在しなかったか，あるいはそれほど大きくはなかった。しかし，現在の社会では，これら５つの懸隔は非常に大きなものとなっている。

そこで，これらの懸隔を架橋することが求められるようになった。ここにおいて，社会的に必要とされた仕事（機能）が流通である。流通は，さまざまな懸隔を社会的に架橋することである。ここで重要となるのは，「社会的に」という部分である。前節では，生産と消費という社会経済学的視点から懸隔を捉える必要性に言及した。つまり流通は，個人の課題としてではなく，社会的に５つの懸隔を架橋することによって，われわれの生活を向上させることに貢献しているという視点から考えることが重要である。

２）流通の重要性

流通の重要性は，過去から現在までの人間の生活を振り返るとわかる。わが国は世界有数の長寿国である。それは現在の平均寿命をみれば一目瞭然である。男性は80歳を超え，女性は90歳近くになった。しかし，19世紀末には男性は43歳，女性は44歳であった。第二次世界大戦直後の1947年には男性は50歳，女性は54歳であった。わが国における平均寿命伸長の背景には，食生活が豊かになったことと医薬品を含めた医療サービスの充実があった。

食生活では，東京では経済的負担さえ厭わなければ，世界中の料理を食べることができる。また国民皆保険制度により，医療サービスが低価格で受けられ，医薬品は第二次世界大戦前に比べて，非常に低価格で入手しやすくなった。こうした現象をみるだけでも，生産と消費（使用）における懸隔は，流通によってかなりの部分が解決されていることがわかる。まさしく平均寿命の伸長には，流通が果たしてきた役割の大きさが感じられよう。

(2) 流通と商業の相違

1）商業の発展の先

第1章では，商人の介在により，商業が生成し，発達したことを取り上げた。他方，かつては商学部や経営学部，経済学部では，「商業」が付された講義科目が多く並んでいた時代があった。商業学，商業経済論，商業政策論，商業経営論などである。現在の商学部などでこうした科目がカリキュラムとして残っている大学は少ない。多くは「流通」や「マーケティング」を付した科目へと変更されている。それでは，流通やマーケティングは商業の発展したものなのだろうか。

商業とマーケティングとの相違は，前章でも取り上げたが，流通と商業の相違について強調しておかなければならない。商業は前章でも取り上げたように，商人が商品を販売することによって利益を得ることを目的とする事業である。つまり，自給自足や物々交換の時代には存在しなかった活動である。さらに生産者が消費者に直接販売する行為（活動）は，商業とはみなされない。したがって，生産と消費の懸隔を直接橋渡しすることは流通ではあるが，商業とはされない（石井（2003））。

2）流通の観察視座

生産者が消費者に直接販売することを商業としないとする議論には多くの批判もあろう。生産者が利潤を得て消費者に販売する活動（行為）は，商業ではないのかがその批判の最たるものだろう。これは商業者（商人）を介さないため，直接流通と呼ばれる。他方，生産者と消費者間に商人が介在することがある。この場合は，間接流通と呼ばれる。つまり，流通には直接流通と間接流通があるが，商業ではそうした区別をすることはほとんどない。基本的に商人は，生産者と消費者，あるいは生産者と企業や公的機関などの仲介をする機能を果たす機関（人格）である。

他方，商業は売買取引としても観察できる。こうした売買取引にはミクロレベルである個人的・個別企業によるものから，マクロレベルである社会的視点によって観察する視座もある。ただ流通については，前項で示したように「社会的な」という部分に焦点が置かれる。つまりマクロレベルでの観察視座のみとなる。

３）商業と流通の視座の相違

われわれがスーパーマーケット（スーパー）で商品を購入する活動は，商業と流通という視点では，やはり異なった観察となる。つまり商業の視点では，スーパーという商人（小売商人）が生産者や卸売商人など他の商人から仕入れ，その商品に利潤を付加し，消費者に販売するというものである。流通の視点では，スーパーという流通業者（小売業者）が，生産と消費の懸隔の一部を架橋するというものになる。世の中には，このように同一のモノや現象を観察していても，その視座の相違のために異なった観察となることが多い。商業や流通，そしてマーケティングなどの相違はその典型といえよう。

⑶　流通の社会的機能

１）流通機能研究の開始

流通は，所有権，空間（場所），時間，品質・数量，情報の懸隔を社会的に橋渡し（架橋）することである。こうした懸隔の架橋には，さまざまな仕事（機能）が必要となる。これを流通機能という。流通機能に関する研究は，ショー（Shaw, A. W.）が開始したといわれている。彼は，商業や流通研究に機能概念を導入した。1912年に発表した論文では，商人機能として，危険負担，財貨輸送，経営金融，販売（財に関するアイデアの伝達），収集・取り揃え，出荷を指摘した（Shaw（1951））。

ショーが示した商人機能は，ウェルド（Weld, D. H.）が修正した。そして商人機能を全体の流通過程に適用した。そこでは，これらの機能は商人だけが行うのではなく，生産者や消費者もその機能の一部を担当しているとした（Weld（1920））。つまり商人機能とされたものは，商人だけが唯一行う機能ではなく，その他の売買に関係している機関が行う可能性について言及した。

２）流通機能研究の形成

流通機能研究では，クラーク（Clark, F. E.）が流通では商品や担当機関にかかわらず，必要な全機能が遂行されなければならないとした。それが商人（流通業者）の存在意義や流通費用，特定の制度や方法の発達であるとした（尾崎（1993））。クラークによる流通機能の分類は，①交換機能（需要創造（販売），収集（購買）），②物的供給機能（輸送，保管），③補助的または促進的機能（金融，危険負担，標準化，市場情報）であった。こうした分類については批判などもあったが，生産者から消費者にいたる流通過程における機能を整理し，経済における不可欠性と特質性を明確にした。

このように生産と消費の間に存在する懸隔を架橋するための機能が研究対象となり，その後も多くの研究者が，流通機能についての研究成果を多く発表することになった。他方，流通機能といわれるが，果たしてこの機能は，商人，あるいは流通業者が担当しなければならないのかという問題も浮上した。これは，ウェルドの視点とも重なる部分がある。つまり，生産と消費を架橋するために行われる機能は，生産者や消費者が遂行することもあり，商人や流通業者だけが必ず遂行する機能ではないという面からの問題である。

第３節　流通フローと取引要素

(1)　流通フロー

生産と消費の間におけるさまざまな懸隔を社会的に架橋する流通は，生産者と消費者間において，所有権，貨幣，モノそれ自体，情報という諸要素（取引要素）が移転することで遂行される。そのため流通では，こうした諸要素の移転（流れ）が起こる。これらをまとめて流通フローという（**図表3-2**）。

１）取引要素の移転

流通の中心は，先にも取り上げた通り，所有権移転である。それは生産者から消費者に至るまでに所有権の移転が起こり，あるいはそれを前提として，他の貨幣やモノそれ自体，情報が移転するためである。所有権移転について，反対の流れとして貨幣の流れが起こる。所有権移転を商的流通（商流）といい，貨幣の流れのことを資金流という。

モノそれ自体の物理的移転は物的流通（物流）といい，情報移転は情報流通（情報流）という。こうした商流・資金流，物流，情報流が流通フローの主要素である。他方，流通フローをより円滑にさせるため，流通フローの主要素とはならないが，補助的流通あるいは助成的流通と呼ばれる流通がある。

補助的流通は，直接・間接に流通機能を補完する。商品あるいは流通業者に資金を融通する流通金融，あるいは流通過程において発生するさまざまな経済的損失を埋め合わせる（補塡する）役割である危険負担がある。

図表3-2　モノの流通フロー

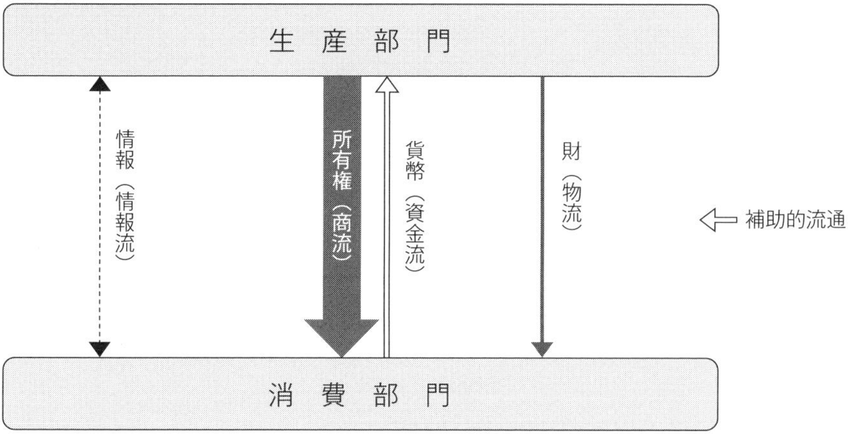

（出所）鈴木（2004）6頁（一部改）

2）産業の源流

第1章では，流通フローの主要素や流通フローを補助する要素は，商業の初期段階では，商人が主に担当していたことを取り上げた。つまり，かつての商人は，単に生産者や他の商人から商品を仕入れ，それを販売することにのみ関わっていただけでなく，所有権移転によって派生するさまざまな仕事（機能）を果たしていた。

こうした機能は，時代が下るにしたがって，各専門の仕事あるいは産業として独立し，より専門性を高めた。そのため，商人が長い間行っていた取引（仲介）に関わった多様な仕事から現在の各産業が成立しているといってよい。

(2)　流通フローにおける流通機能

流通フローでは，所有権，モノそれ自体，情報が主に移転する。さらにそれらをより円滑にするため，流通補助機能が働いている。前節では，生産と消費における懸隔として，所有権，空間（場所），時間，品質・数量，情報の懸隔を取り上げた。これら5つの懸隔は，流通フローにより架橋される。

所有権の懸隔は，所有権移転（商流）機能によって架橋される。所有権移転の際に発生する経済的危険は，危険負担機能によって架橋される。空間と時間の懸隔を架橋するためには，モノの物理的移転と保管である物流機能によって架橋される。さらに品質・数量と情報の懸隔は，情報伝達機能によって架橋される。ただこれらの懸隔は，それぞれの懸隔のみを取り上げた流通機能によって架橋されるのではなく，他の懸隔の架橋にも影響している。

また流通フローは，自然に発生するのではなく，これを発生させるためには複数の活動が必要となる。そこでは，流通活動を担当する個人や組織などの機関も必要になる。卸売商人（卸売業者）や小売商人（小売業者）と呼ばれる流通業者は，流通機関の代表である。ただ生産者も，モノそれ自体（商品）を販売先に輸送（運搬）したり，消費者も購入した商品を自らの家庭に持ち帰ったりする。そのため，生産者や消費者も物流機能の一部を担当している。そこでは，流通フローの編成や各流通機関での活動（機能）分担の問題もある（田村(2001)）。

第4節　流通機関と流通チャネル

(1)　流通機関

前節では，とくに説明をせず，流通機関という言葉を使用した。そのため，ここで明確に流通機関を定義しておきたい。機関とは一般に「ある働きをするための仕掛け・仕組み」である。また「ある目的を達成するために設けられた組織」であり，法律上は法人のために意思決定や行為をする1または複数者である。そのため，個人も機関であり，複数人はもちろん機関といえる。流通機関という場合，個人で流通機能を遂行する個人を含めた組織である。

経済において流通領域を流通部門と呼ぶとき，流通部門は流通活動担当者（流通機能遂行者）とその活動の範囲から構成される。とくに流通活動担当者は，流通機関と呼ばれる（田村（2001））。通常，流通機関は卸売業者と小売業者を指す。生産が終了し，製品が商品となって流通過程に入る。そこで消費に至る部分が流通部門である。また生産者や消費者も先にあげたように流通機能を一部担当する場合もあるため，流通部門の構成者に含められることもある。

(2)　流通機構

消費者が消費・使用する商品は，生産者が生産し，商品として卸売業者，小売業者と呼ばれる流通機関の手を経て，消費者の手に渡る。このように商品流

図表3-3　流通機構（システム）の全体図

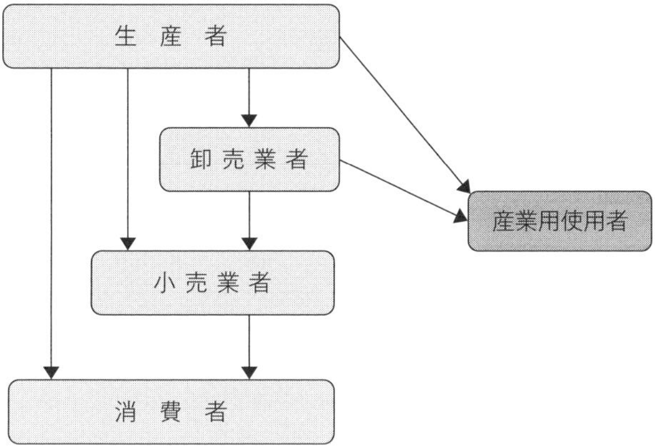

通に関わる各機関やその所有権移転を中心とした流れ全体として眺める場合，流通機構という（**図表3-3**）。

流通機構では，それを構成する卸売業者や小売業者の事業所が，流通機構を構成する要素となる。そこでは各要素間の関係やその要素を取り巻く環境にも注目する必要がある。また各要素が関係し，全体としてまとまった機能を遂行する集合体としてみることもできる。その場合，流通構造あるいは流通システムと呼ぶこともある。近年，特定の製品（商品）の流通システムが取り上げられることが多い。ある商品の価格が相対的に高いかどうかについて取り上げられるとき，生産者，卸売業者，そして小売業者に至るさまざまな取引関係が取り上げられ，各要素やその過程における流通コストなどの問題に言及されることもある。

それらの問題解決も，特定の構成要素だけではなく，流通機構全体として取り組むことが試行される。このように流通機構では，取引要素だけでなく，全体を構成するシステムに言及されることがよくある。そもそもシステムとは日本語では「系」である。系とはつながりである。つながりというとわかりやすいが，生産と消費間での懸隔が，流通機関やさまざまな機能によってつながりを持ち，その連鎖により，最終的に消費者などの生活の用を足すために貢献するための仕組みでもある。

図表3-4 **消費財の直接流通と間接流通**

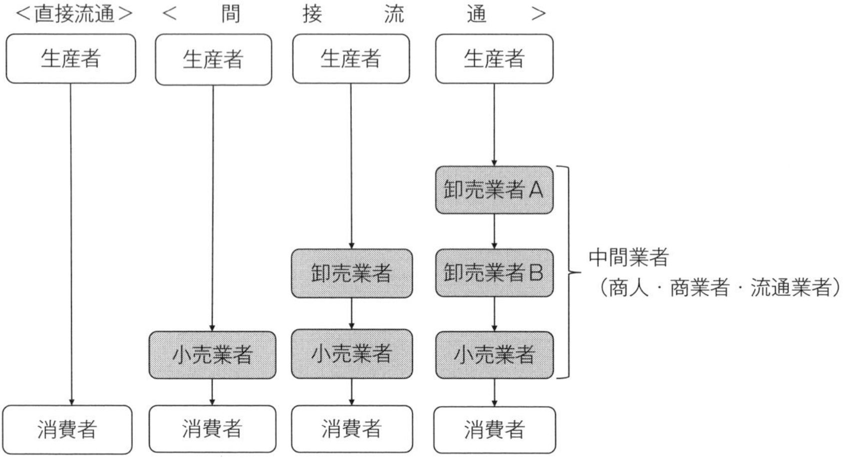

⑶　直接流通と間接流通

1）直接流通

流通機構において，生産者と消費者が直接取引する場合を直接流通という。一方，生産者と消費者間に流通業者が介在する場合を間接流通という。直接流通の場合，生産者もしくは消費者が，流通機能をすべてあるいは分担して担当したり，物流などを専門業者に依存したりする場合がある。

間接流通の場合，流通業者が担当する場合がほとんどであるが，生産者や消費者もそれらの機能を担当することがある。また直接流通と同様，専門業者に一部を依存する場合もある（**図表3-4**）。

現在では，生産者が消費者に直接販売する直接流通が目立つようになってきた。一昔前には，消費者が生産者である農家から直接野菜や果物を取り寄せることは行われていた。しかし現在では，農家だけではなく，多様な生産者が直接流通を行うことが増えた。この背景には，ICT（情報通信技術）の発展が目覚ましく，また全体の流通コストが低下してきたことが影響している。さらに直接流通を促進させるために物流などの専門業者が事業を拡大したり，その他さまざまな流通補助機能が支援したりしている面もある。

２）間接流通

間接流通によるある製品（商品）の流通機構では，生産者は単数，消費者に直接販売する小売業者ももちろん単数である。しかし，卸売業者については，単数の場合だけではなく，複数介在する場合もある。わが国では，海外諸国に比べて，流通機構では卸売業者が介在する数が多いことが指摘されてきた。こうした比較は，最近ではあまり行われていない。第11章で取り上げる農産物分野などでは，その形態や機能は，多様であるが卸売業者の介在が相変わらず多いことが確認できる。

⑷　流通経路（流通チャネル）

１）流通チャネル

生産者によって生産されたモノ（製品・商品）の多くは，卸売業者や小売業者という流通業者の手を経て，消費者に届けられる。このような商品の移動経路について，社会的視座からみた場合，流通経路（チャネル）という。

流通チャネルには，広義と狭義両方の意味がある。広義の流通チャネルは，所有権移転である商流チャネル，モノの物理的移転である物流チャネル，情報移転である情報チャネル，貨幣移転である資金流チャネルの全体をいう。一方，狭義の流通チャネルは，商流チャネルのみを指している（兼村（2000））。

つまり，狭義の流通チャネルは，流通機能や流通フローの中心である所有権移転による連鎖で関連づけられたチャネルである。この点でも生産と消費の懸隔を架橋する流通では，所有権の位置が非常に重要であることがわかる。

２）マーケティング・チャネル

流通チャネルとしばしば混同される言葉にマーケティング・チャネルがある。マーケティング・チャネルという場合，特定の企業が生産した製品（商品）が消費者の手元に届くまでのチャネルを指している。

つまりマーケティング・チャネルという場合の主語は，パナソニックやソニー，資生堂や花王などである。一方，流通チャネルというときには，家電製品や化粧品，食品など一般名詞が主語となる。そのため，「パナソニックのマーケティング・チャネル」「資生堂のマーケティング・チャネル」，「家電製品の流通チャネル」「化粧品の流通チャネル」という言い方が一般的である。

図表3-5 垂直分化と水平分化

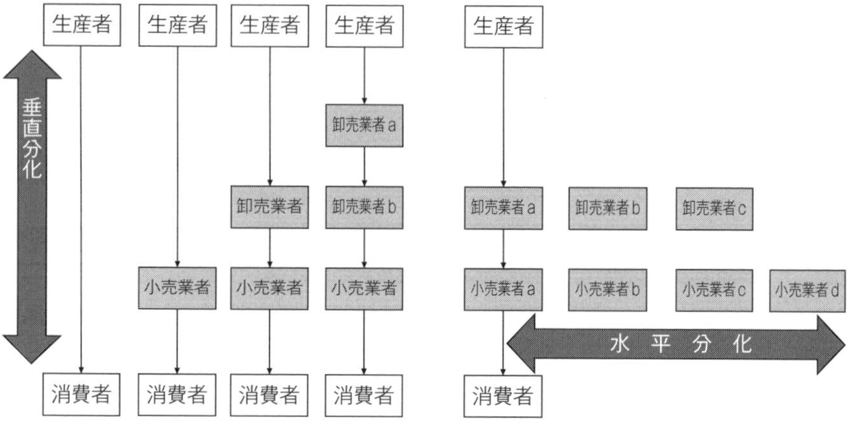

(5) 流通チャネルにおける垂直分化と水平分化

1）垂直分化

物々交換は，交換当事者間におけるモノの交換であった。それが次第にモノと貨幣の交換へと代わり，さらに当事者間だけではなく，生産者と消費者の間に商人（流通業者）が介在するようになった。これらの展開をヨコの流れではなく，タテの流れとしてみると，あるモノの流通においては，タテに分化が進んでいることがわかる。これを垂直分化という。

つまり垂直分化は，流通機構（システム）において，直接流通から間接流通へと変化する中，間接流通においてさらに介在する流通機関が増加し，分化が進んでいく状況である。その背景には，流通における懸隔がより大きくなり，場所の懸隔が拡大すると，一卸売機関だけでは対応が難しくなったことがある。そこで次第に複数の卸売機関が介在するようになり，垂直分化が進んでいった。ただ最近では，長く延びすぎた流通チャネルを短くしようとする圧力があり，卸売段階が短縮されている場合もしばしばみられるようになった（**図表3-5**）。

２）水平分化

一方，卸売商人（卸売業者）あるいは小売商人（小売業者）は，生産者あるいは自らよりも前段階に位置する流通業者から商品を仕入れ，それを自らよりも後段階に位置する流通業者あるいは消費者に販売する。その場合，卸売業者は，多くの生産者と取引をして多様な商品を品揃えすることを志向する。これにより，卸売業者の商品の品揃えも増えることになった。

小売業者も多くの生産者や卸売業者と取引をすることにより，商品を品揃えする。しかし，種類の異なるさまざまな商品を品揃えし，それを管理し，販売するには多くのコストが発生する。そこで特定の商品分野に限定し，品揃えをしようとする流通業者へと分化することで水平分化が起こる。

つまり垂直分化は，流通段階がさまざまな事情によってタテへの分化である。一方，水平分化は取扱商品の専門性により，卸売段階，あるいは小売段階におけるヨコへの分化である。流通チャネルにおいては，こうした分化がしばしば起こる。ただ流通チャネルが分化するだけではなく，分化とは逆方向である集約も起こる。これには，社会のさまざまな事象が影響している。流通業者においては，品揃えの幅の広さと商品の取扱を含めた専門性が水平分化には影響していることが多い。

おわりに

本章では，生産者と消費者が別人格となり，さまざまな懸隔が発生したため，まずそれらの懸隔を中心に取り上げた。そして，これらの懸隔を社会的に架橋する役割として流通が存在していることに言及した。また流通の社会的機能について，流通概念にふれ，流通と商業の相違についても第２章に引き続いてふれた。

流通においては，流通フローが必要であり，その中で取引要素が移転する（流れる）ことを取り上げ，各取引要素のフローに必要な流通機能について説明した。その上で流通の仕組みとしての流通システムに言及し，その全体の構図やその構図が変化，変形するパターンについてもふれた。そして，各時代や社会の要請により変化する流通のかたちを取り上げた。

第4章 商的流通

はじめに

われわれが商品を購入する際，その「所有権」を意識することはほとんどない。コンビニエンスストア（コンビニ）で飲料を購入した際にその所有権を得たとか，移転したなど，その都度，認識しないだろう。ただわれわれは，商品の所有権を得たからこそ，消費したり使用したりできる。流通の視点では，モノの所有権移転が非常に重要である。そのため，所有権の視点からその移転を観察すると，流通現象は把握しやすい。

本章では，所有権移転である商的流通（商流）を取り上げる。所有権は，生産者から卸売業者や小売業者，消費者へ，あるいは生産者，卸売業者から産業用使用者へと移転する。現在では，小売店舗（実店舗）で貨幣を支払うだけでなく，電子商取引（EC）によることも増えた。他方，所有権を得ずに使用する場面も増えている。そこで使用権を得てモノを使用するリースなどについても取り上げる。

第1節　所有権移転

(1)　流通機能の中核としての所有権移転

1）所有権移転の重要性

流通フローにおいて，商品の所有権が貨幣と交換に移転することを商的流通（商流）という。流通機能では，所有権を移転させる機能を所有権移転機能あるいは商流機能というときもある。生産と消費の懸隔を社会的に架橋する流通では，所有権移転が重要である。したがって，流通事象を観察する際には，所有権の動きを注視すると，流通の全体像がみえてくる。

所有権移転は，商品の対価として，それに見合った貨幣を支払うことにより，遂行される。つまり，売り手が所有していた商品の所有権は，取引によって買い手へと移転する。これまでにも取り上げてきたが，所有権移転は流通機能の中核であり，他の流通機能は所有権移転に付随して発生する。また所有権移転機能は，需給結合（接合）機能，取引流通機能といわれるときもある。

2）市場の種類

売り手と買い手が集まり，商品が売買される具体的な場所あるいは抽象的空間を市場という。市場は取引対象により，生産物市場，労働市場，債券市場，外国為替市場などがある。また取引契約と実行の間に時間差が生じることもある。それによって，直物市場と先物市場に分かれる。

さらに流通段階においては，卸売市場と小売市場の区別もある。元来，市場は特定の狭い場所と時間を意味していた。しかし，売買（取引）の拡大により，市場規模は狭い場所から全国，さらに国境を越えて世界へと拡大した（金森他編（1986））。そして市場は，平面だけではなく，空間へと拡がった。

第7章で取り上げる商品取引所のように，需要と供給が具体的場所で決定される場合がある。他方，多くの商品は，情報が影響することによって価格が決定する場合が一般的である。したがって，市場における価格形成では，情報の果たす役割は大きい。インターネット上である商品が掲載され，販売され始めると，当初は同様の商品でも価格のバラツキがある。しかしその価格は，時間の経過とともに，次第に同価格へと収斂される。このように商品価格の形成では，情報が果たす役割の大きさを実感できる。

(2) 売買契約

1）売買契約の特性

売買の交渉が妥結すると，売買契約を締結する。売買は契約事項であるため，法的性格として，当事者の約束ないし意思表示の合致があれば成立する諾成（だくせい）契約の側面がある。また当事者の一方である売り手が，商品の所有権を買い手に移転し，買い手は売り手にその商品の代金支払を約束するため，売り手買い手双方ともに義務が生じる双務契約の側面もある。ちなみに贈与はモノを引き渡す側にのみ義務が生じるため，片務契約である。

売買契約は，諾成契約の側面があるため，売り手の申し込みと買い手の承諾によって成立する。売買にあたっては，売買契約書を作成することは絶対ではないが，後日の紛争を回避するためには作成しておいたほうがよい。また売買契約書に記載される内容には，①商品の種類・品質，②商品数量，③商品価格，④商品引き渡し，⑤代金決済の方法，⑥所有権移転と危険負担，⑦その他，などが記載されることが一般的である。

2）売買契約書の記載内容

①商品の種類・品質は，売買対象となる商品の種類や品質では，現品，サンプル，説明書やカタログなどが使用される。またJIS（日本工業規格）やJAS（日本農林規格）のような規格を含めて，仕様書・銘柄・規格による方法がある。さらにあらかじめ標準品を指定しておき，その価格決定によって各々の価格を決定する方法もある。

②商品数量は，個数と度量衡により決定する方法がある。個数の場合は，ダースやグロスなどのようにまとめて取引されることもある。また度量衡については，国内での取引では統一されているが，海外とは異なることが多い。そのために各々の単位に合わせる必要がある。

③商品の価格は，基本的に商品1単位当たりの価格である単価を決定する。単価は@として表されることもある。この単位数量のことを建（たて）という。価格決定では，商品の輸送料や保管料，保険料などの仕入諸掛（しょがかり）の負担者を決める必要もある。また海外との売買では，こうした諸掛は重要な決定事項となる（浜谷（1995））。貿易取引における代表的価格としては，本船渡価格（F. O. B.）や運賃保険料込み価格（C. I. F.）などがある（**図表4-1**）。

④商品の引き渡しは，引き渡し場所を現場や本船など価格条件を決める際に決定される。通常は，買い手の事業所が基準となる。その引き渡し場所を基準とすると，商品に事故が発生した場合などは責任の所在も明確となる。また引き渡し時期については，即時渡（取引契約成立と同時に商品を引き渡す），直渡（契約成立後，比較的短期間で引き渡す），着渡（船舶などの到着時に渡す），延渡（契約成立後，相当期間が経過した後に引き渡す）などがある。

⑤代金決済の方法は，現金払いである即時払，第7章で取り上げる信用販売における後払，前払の3種類がある。また商品の引き渡しと決済を組み合わせた荷為替などもある。消費者の決済では，これまで圧倒的に現金払いが多かった。しかし，企業や公的機関に対して販売する場合には，現金や

図表4-1 貿易における危険と費用負担

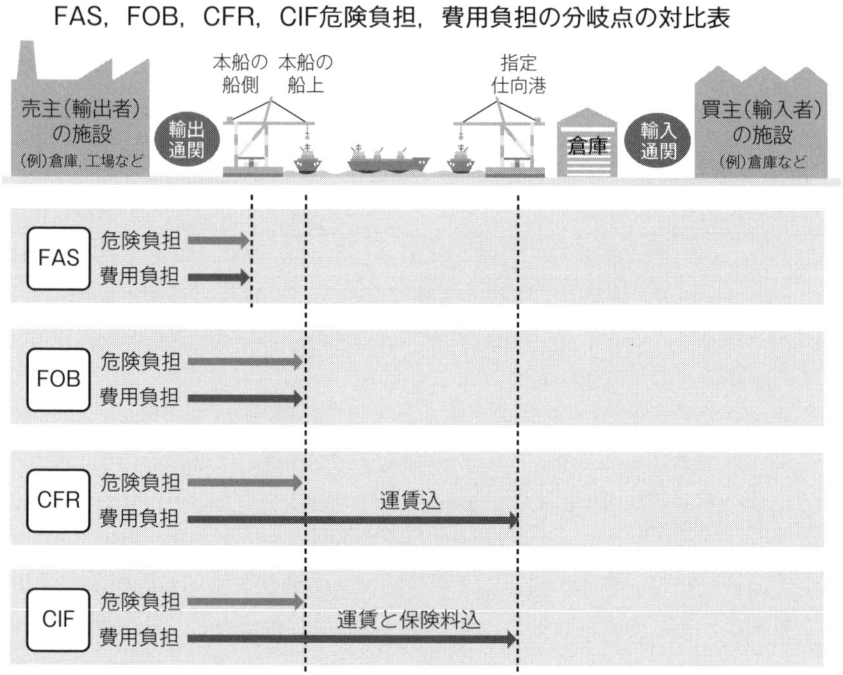

（注）関税は買主負担
（出所）国際商業会議所日本委員会（ICC JAPAN）

小切手をその場で受け取ることは少なく，後払である掛払や手形払が一般的である。一方，前払は買い手にとって，商品の受取前に全額または一部を支払う方法である。これには内金や手付金があるが，性格が異なるため注意して利用する必要がある。

⑥所有権が移転するのは，買い手が商品の受領後，その商品の検査（検品）をし，商品の引き渡しが完了したときである。ただ代金支払が約束手形による場合，手形決済が完了するまで所有権は移転しない。また商品の引き渡し時までに損害が発生した場合，買い手に責任がある場合を除き，売り手の負担となる。こうした所有権移転と危険負担についても売買契約書に記載されなければならない。

⑦その他，企業間の取引では，売り手から買い手に対してリベートが支払わ

れる場合がある。リベートとは，一定期間の取引高により，一定割合を買い手に払い戻すことをいう。したがってリベートは，取引量や支払条件によって事後的に取引条件を調整する性格がある。こうしたリベートの支払いなどの取引条件に対する対応も売買契約書に記載される場合がある。

(3)　さまざまな売買形態

１）現物有無による売買

われわれは，日常，商品を購入する場合，小売店舗などでは実際に店舗に品揃えされている商品（現物）を購入するのが一般的である。ただ現物の商品とはなっていないが，買い手が購入を決定する場合もある。他方，消費者が商品を購入しようとする場合，売り手と交渉して価格を決めることはほとんどない。しかし，多くの買い手が存在する場合，価格競争をして商品を購入する場合もある。インターネット・オークションがその例である。

このように売買では，現物の商品がある場合，ない場合がある。また多くの買い手と競争をしながら商品を購入する場合，反対に売り手が競争して商品を販売しようとする場合などもある。このように売買形態には多様なかたちがある。

日常行われている買い手の実際の需要によって行われる売買形態が実需売買である。そこでは，必ず現品の引き渡しと代金授受が必要となる。そして買い手は，何らかのかたちで購入した商品を消費・利用する。他方，買い手が，商品を実際に消費・利用するためではなく，価格変動によって発生する値ざやを獲得することを目的として行われるのが投機売買である。

２）売り手と買い手の数による売買の相違

売り手と買い手が，１対１で交渉することによって成立する売買が相対売買である（柏木（1991））。しかし，買い手同士が競争して購入しようとしたり，売り手同士が競争して販売しようとしたりする場合もある。どちらの場合も競争売買と呼ばれる。競争売買には，買い手が複数存在し，一方，売り手が単数の場合には，買い手同士間における競争売買を競売（セリ）という。さらに売り手が複数存在し，一方，買い手が単数の場合に行われる売り手による競争売買を入札という。

第2節　取引の対象としての商品

(1)　商品概念と分類

1）商品概念の拡大

市場で取引対象となるモノは，商品と呼ばれる。第1章でも取り上げたように，かつて商品といえば，物理的形態のあるモノだけを商品と認識していた。日本標準商品分類では，未だに物理的形態のあるモノのみを商品として分類している。しかし現在では，コト，いわゆるサービスも商品として認識するのが一般的である。つまり，売買を目的として生産され，流通が終了するまでの全過程にあるモノあるいはコトは商品という。

2）商品分類

商品は，さまざまな観点から分類される。先にあげた日本標準商品分類では，材質，加工度，用途，機能などの観点を混用して分類している。商品は，生産その他の業務上で用いられるか，われわれの消費生活のために用いられるかという使用目的により，産業用品（生産財）と消費者用品（消費財）に大別される。この分類にしたがえば，同一商品であっても生産財であり，消費財である場合もある（雲英（1997））。

商品の分類は，生産財と消費財の区分だけでなく，産業財については施設，設備，補助備品（台車やロッカーなどさまざまな産業でも使用可能な非専門的な小型の備品），消耗品，原材料，半製品・部分品などの区分がある。これらは，その用途である生産活動との関係によって分類される。原材料や半製品・部分品を除けば，生産以外の活動においても使用される。したがって，特定産業や企業特有に使用する商品と，複数産業に跨がって使用可能な商品がある。

3）消費者行動による商品分類

一方，消費財は，コープランド（Copeland, M. T. ）が1920年に区分した商品区分が現在もしばしば利用される。それが最寄品，買回品，専門品という区分である。この区分は消費者行動に基づくものである。

①最寄品は，消費者が購買に当たって最小の努力しか払わない商品であり，

図表４-２　財の代表的分類

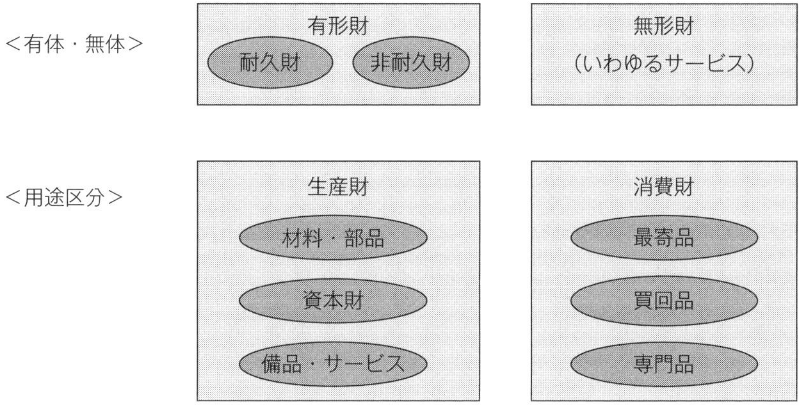

比較的頻繁に購買される食品や日用品などである。②買回品は，消費者が購買に当たって複数店舗を訪問し，比較購買をする衣料品や鞄，靴などである。最近では，インターネット上で複数のウェブサイトを比較しながら購買する商品でもある。③専門品は，購買前に情報を収集し，特定の商品やその購買場所が選択され，日常的には購買しないような高額商品である。いずれの商品区分も一般的なものであり，もちろん消費者によっては異なる行動をする場合もある（**図表４-２**）。

⑵　マーケチャンダイジングの意味

１）マーケティング誕生以降の商品

生産者が販売しようとする商品は，生産者が生産可能なモノあるいはサービス提供者が提供可能なコトから大きく変化した。つまり，生産者が独断で生産活動によって，それを市場に出し，購買者を見つけるというのではなく，購買者（需要者）の意図を汲んだ商品を生産（製造）しようとする努力が重ねられるようになった。

こうした変化は，19世紀の終わりにアメリカでマーケティングが誕生し，それが世界へと拡大・浸透するにつれ，鮮明になった。つまりマーケティング活動が，商品のあり方，位置づけを大きく変化させたといえる。

生産者が，消費者の望む商品，言い換えれば，消費者ニーズに適合する商品を生産する努力をすることは，現在では当然である。かつてのようにモノ（商品）が少なく，その商品を求める買い手が多かった時代には，買い手は奪い合うようにそれらの商品を買い求めた。しかし，商品が供給過多となった現在では，こうした状況はほとんどみることはなくなった。つまり，生産者の都合や意図だけに基づいて生産され，買い手の意向を無視した商品は，取引対象物としての商品とはみなされなくなった。

2）マーチャンダイジングの意味の違い

第6章でも取り上げるが，生産者はさまざまなかたちで市場調査を行うことにより，生産または提供する商品を消費欲求に適合させようとして計画し，これに付随する手続きやさまざまな管理活動を行うようになった。これを商品（製品）計画（マーチャンダイジング）という。マーチャンダイジングは，生産者における意味と流通業者における意味では異なる。

生産者にとってのマーチャンダイジングは，「商品（製品）政策」を意味しており，生産する商品および販売する商品を消費欲求に適合させる活動である。一方，流通業者にとってのマーチャンダイジングは，「品揃え」を意味することが一般的である。つまり，流通業者にとってのマーチャンダイジングは，どの商品をどれだけ取り揃えるかという活動である。いずれにしても，その文脈によってマーチャンダイジングの意味が異なるため，注意する必要がある。

第3節　電子商取引と電子決済

(1)　電子商取引

1）電子商取引（EC）の拡大

電子商取引（EC）とは，インターネットなどのネットワークを介し，契約や決済を行う取引形態である。1990年代半ば以降，インターネットの商用化が一気に進み，企業間だけでなく，消費者との取引でも電子化が進んだ。そのため，消費者の購買（買い物）行動も大きく変化した。かつての消費者は，有店舗（実店舗）での購買が一般的であり，店舗に赴かずにカタログや電話を介して，商品を購入することは稀であった。現在では，実店舗での購入金額よりもインターネット上の店舗における購入金額のほうが多い消費者もいる。

２）電子商取引（EC）のメリット

ECが一気に拡大した背景には，買い手である消費者と主に売り手である企業，双方のメリットが大きいためである。ECの買い手のメリットには，①時間と場所を気にする必要がない，②品揃えの豊富さと店舗移動の容易さ，③商品選択前に多くの情報が取得可能，④同じ商品の買い物経験，あるいはこれから経験しようとする消費者との情報のやりとりが可能であること，などがあげられる。これまでの商品情報取得は，消費者はほとんど売り手からの情報しか得ることができなかった。しかしECでは，同じ消費者同士の情報が得られるようになったことはそれ以前との取引の大きな違いである。

一方，売り手（企業）側のメリットは，①実店舗設置費用やそれに伴う人件費などの削減が可能であること，②データの電子化により，経営管理が容易であること，③中小零細企業でも多くの顧客に接触が可能であること，などがあげられる。実店舗の小売業をある実際の場所に出店しようとすれば，多額の費用が発生する。しかし，インターネットを介した取引を指向する場合，そうした費用はかからず，小売事業への参入障壁は低くなる。

こうした背景があり，ECを手がける企業やプラットフォームを提供する企業が出現し，その業容を拡大している。そのためにこうした企業のサービスも利用しやすくなり，多くの小売業者がECを利用したり，あるいは参入したりすることが増えてきた。ただECについては，開始すればそれまでの課題がすべて解決されるのではない。ECにおいても実店舗と同様に競争があり，実店舗と同様に差別化などさまざまな対応をしなければ，実店舗以上に優勝劣敗が明確化しやすい。

⑵　インターネット上での取引相手と課題

われわれが日常，商品を購入する際には，主に小売店舗（小売業者）から購入している。それ以外には，生産者から直接購入することもある。インターネット上では，消費者が商品を出品していることもある。そして，消費者が関係した取引だけではなく，企業対企業や企業対公的機関などとの取引もある。

こうした売り手と買い手の属性にはさまざまな組み合わせがある。インターネット上では，企業対企業の取引をB to B（business to business），企業対消費者の取引をB to C（business to consumer），消費者対消費者の取引をC to C（consumer to consumer）という。こうした呼称は，当初はインターネット上での取引に限られ使用されていた。しかし，現在では，通常の取引においても使用されることが増えた。

ECというと，当初は，胡散臭く，騙されやすいものという認識があった。ただ日常の実際の取引でも，さまざまなトラブルが発生することはある。そのため，トラブルの発生はEC特有のものではない。

しかし，インターネット上で取引する場合，現実の取引以外にも予期しないトラブルが発生することもある。そのためECにおいても決済や流通システム，決済データの安全性を確保する必要がある。時折こうしたデータの流出が社会問題となる。個人情報管理やデータ漏洩，インターネット上の詐欺事件など，これまでの実店舗中心の現実の取引が主流であった時代とは異なる問題も発生している。

(3) 電子決済

1）電子決済の意味

決済とは，簡単にいえば，代金などを支払うことにより売買取引を完了させることである。もう少し詳しくいえば，日常，消費者や企業は，さまざまな取引を行うことに伴って，商品と貨幣との交換を行っている。この現象は，売り手からは商品の所有権を移転する代わりにその代金を貨幣として受け取っていることに他ならない。

反対に買い手は，貨幣を支払うことによって商品の所有権や使用権を受け取る。そのため，売り手にとっては商品を引き渡す義務，買い手にとってはその代金を支払わなければならない義務が生じる。これらをそれぞれ債権と債務という。決済はこれら債権・債務の関係を解消することをいう。

2）電子決済の方法

電子決済は，商品代金の決済を硬貨や紙幣などの通貨で支払うのではなく，通貨と同じ価値を持つデータの送受により行うことである。電子決済手段には，クレジットカードやデビットカード，電子マネー（Suica・楽天Edy・nanacoなど）がある。またインターネットバンキングのような銀行決済，キャリア決済の他，コンビニ決済なども含まれる。電子決済は，硬貨や紙幣などよりも，インターネット上などの幅広い決済に対応しているものが多い（**図表4-3**）。

実店舗で利用される電子決済には，IC（Integrated Circuit）チップ方式と

図表４-３　電子マネー決済の流れ

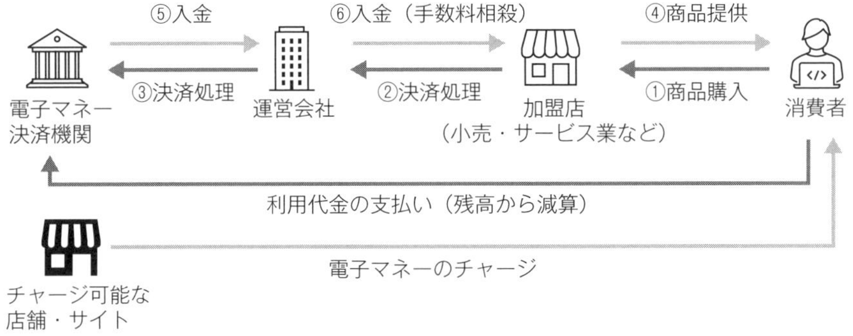

バーコード方式の２種類のインターフェース（接点・境界面）がある。ICチップ方式は，耐久性があり，不正利用に強いICチップがカードに埋め込まれており，決済時にはそのチップを読み込んで決済する。

またICチップ方式は，接触型と非接触型の２つがある。接触型は，カード端末機のリーダ・ライタ端子と接触させるモジュール端子があり，カード端末機に直接接触して通信を行う。とくにクレジットカード・デビットカード・キャッシュカードなどで利用されている。非接触型は，カード部分にアンテナが内蔵され，微弱な電波によりリーダ・ライタ端末と無線でデータ交信を行う。交通系電子マネーなどで利用されている。

バーコード方式は，バーコードやQR（Quick Response）コードを利用して決済する方式である。小売店の店頭などで専用QRコードをスマートフォンのカメラで読み取って決済する方式，消費者のスマートフォンアプリに表示されたバーコードやQRコードを店頭の端末で読み取って決済する方式がある。「スマホ決済」の多くはQRコード方式が中心である（**図表４-４**）。

電子決済による支払方法は，大きく３つに分類される。①「プリペイド方式（先払い方式)」は，あらかじめ現金をチャージし，商品を購入する方法である。これには交通系や流通系電子マネーなどがある。②「ジャストペイ方式（即時払い方式)」は，金融機関と連携し，口座残高を上限として即時決済を行う方式である。これにはデビットカードやインターネット（モバイル）バンキングなどがある。③「ポストペイ方式（後払い方式)」は，決済直後には支払を行

図表4-4 バーコードと二次元コード

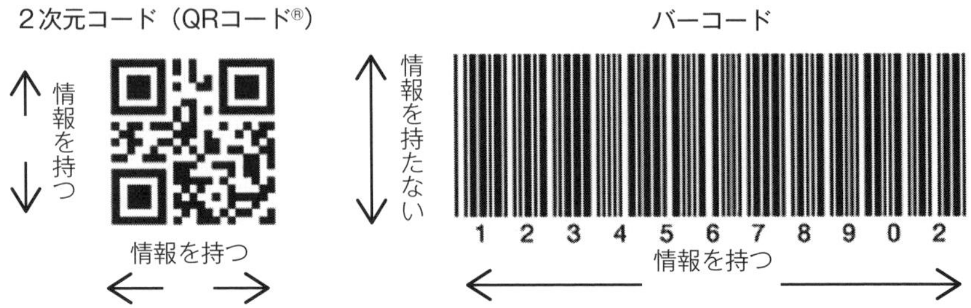

（出所）デンソーウェーブ：https://www.denso-wave.com/ja/adcd/fundamental/2dcode/2dcode/index.html

わずに後から利用代金が請求される方式である。クレジットカードやクレジットカードと連携したスマホアプリ，キャリア決済などで利用される。このように決済時点を基準として３つの方式がある。

第４節　リースとレンタル

(1)　所有権と使用権

１）消費者における所有・使用の変化

わが国の民法206条では，所有権を「物を自由に直接かつ排他的に支配できる権利であり，所有者は，法令の制限内において，自由にその所有権の使用，収益及び処分をする権利を有する」として規定している。ここで規定されていることを前提とし，われわれは商的流通によって所有権を得て，モノを消費・使用するのが一般的である。しかし現在では，われわれは所有権を得ずにモノを使用することも多くなった。

消費者レベルでは，「三種の神器」「３Ｃ」に代表された耐久消費財は，1950年代後半から高度経済成長時代にかけて多くの国民が購入（所有権移転）した。しかし，この時代から60年以上が経過し，購入するだけではなく，借りて使用することも増えている。自転車を借りたり，自動車を借りたりすることは一般的になっている。また家具や衣料品などもかつては「貸し○○」といわれた時代から，「レンタル○○」へとサービスの呼称が変化することにより，ごく日常的なものとなっている。

２）企業における所有・使用の変化

企業においては設備投資として，製造業では工場を建設するための土地を取得（所有権移転）し，その工場に多くの機械を設置し，工場を立ち上げ，操業することが一般的であった。また病院などでは，医療技術の進歩により高額の医療機械を購入し，多くの患者のニーズに応えようとしてきた。

しかし，こうした状況は大きく変化している。工場を建設する土地や工場の中に設置する機械も長期間借りることが増えている。さらに病院における医療用機械は，日進月歩ですぐに古くなってしまうため，一定期間借りた後は新しい機械へと借り換えることが増えている。このように企業や非営利組織などの公的機関においても，その商品の対価を支払って所有し，使用するのではなく，借りて使用することが一般的となっている。

こうした消費者や企業などにおけるモノの借り方には，多様な方法がある。借りる期間や利用（使用）方法によって，仕組みが異なることがある。そこでリースとレンタルという代表的な方法について取り上げる。

(2)　リースの仕組み

１）リースの拡大

リースとは，機械や設備などの動産について，所有権移転をせず，これらを長期的な賃貸借契約をすることにより，使用権または占有権を取得し，一定のリース料を支払う仕組みである。リースでは，借り手が必要な設備や機械の導入資金をその使用目的である動産に変形し，借り手に融通する。その意味では，動産を融通する物融的側面がある。リースは，動産についてだけでなく，建物や土地もリース対象となり，その市場が拡大している（**図表４-５**）。

２）リースのメリット

リースを利用するメリットは，使用者とこのサービスを提供する側である生産者や販売会社などのサプライヤー側，各々について考える必要がある。使用者側のメリットは，①陳腐化の早い機器などは，リース期間を実際の使用期間に応じて設定することで，常に新しい機器の使用が可能となる。②リース料と

図表4-5 リースの仕組み

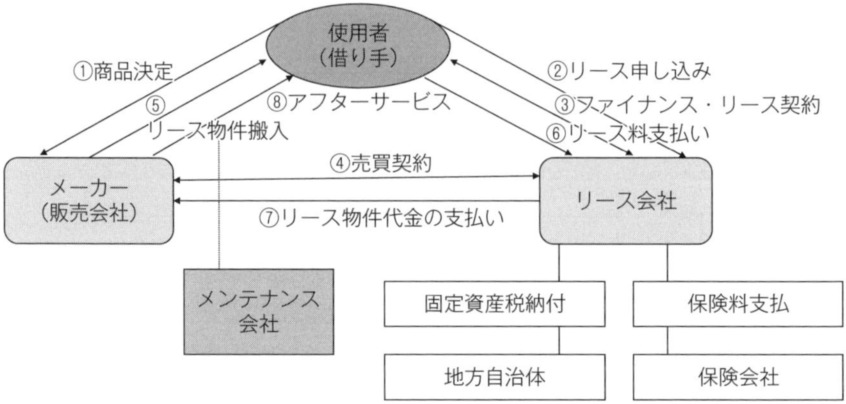

使用料が同様のモノと把握でき，原価把握が容易となり，費用計算が容易となる。③使用する高額な設備や機器の場合，多額の資金を必要とせず，大きな資金の固定化を回避することができ，運用資金を確保しやすくなる。

他方，サプライヤー側のメリットは，①使用者に代わってリース会社が代金の支払いをするため，確実に代金の回収ができる。②リース契約の満了に合わせて，新しい機械などの販売促進（プロモーション）活動がしやすくなる。③高額な機器や設備であっても月々の負担が分散するため，使用者を見つけやすくなる。

いずれにしてもリースは，使用者，リースを提供する側，さらに生産者，各々にメリットがあるため，浸透・発展してきたといえる。つまり，こうした仕組みは，各プレーヤーにとってデメリットはあるものの，メリットが各々において上回るために浸透するものである。

(3) レンタルの仕組み

前項で取り上げたリースとレンタルは，しばしば混同され理解されていることが多い。しかし，リースとレンタルは，利用者が「借りて使用する」という現象は同じであるが，それを支える仕組みは全く異なっている。

レンタルの仕組みは，事前にレンタル会社が，汎用性の高い設備や機械などを購入し（所有権移転し），在庫としてそれらを保有する。そして，これらを

図表4-6 リースとレンタルの相違

	リース	レンタル
契約	物融であり，賃貸借類似の無名契約	民法で規定される賃貸借契約の典型
使用目的	長期使用に適する	短期使用や一時使用に適する
契約期間	契約期間を定め，長期契約	契約期間の定めなく，比較的短期
途中解約	解約不可	一定期間経過後はいつでも解約可能
中途解約違約金	違約金必要	違約金不要
保守契約	保守契約を別途申し込む必要	保守込契約
所有権	リース会社	レンタル会社
資産管理	リース会社	レンタル会社
支払い	長期固定均等支払い	変動支払いも可能

不特定多数の使用者に，数日または数週間，数カ月の範囲において，比較的短期間賃貸する仕組みである。

他方，リース契約は，通常は２年以上，原則としてその中途において契約の解除は認められない仕組みである。しかし，レンタル契約では，使用者が中途解約をしても使用期間中の賃料だけを支払えばよい仕組みである。

リースとレンタルの契約や仕組みなどの相違について取り上げたのが**図表4-6**である。これを見ると，その仕組みが全く異なることが一目瞭然である。

おわりに

本章では，流通機能の中心としての所有権移転についてさまざまな視角から取り上げた。まず売買取引を売買契約とする法的側面に言及した。また取引の対象物としての商品について，製品との対比や産業財と消費財や消費者行動による区分についてもふれた。さらに生産者と流通業者によるマーチャンダイジングの意味の相違も取り上げた。

近年，リアルな取引や決済とならんで，ECや電子決済が増えているため，それぞれの概念やインターネット上での取引相手，さまざまな課題にも言及した。また代表的な電子決済方法や支払方法にもふれた。そして，所有権移転とは直接関係しないが，所有権移転をせずにモノを使用する方法として，リースとレンタルについても取り上げた。

第5章

物的流通機能

はじめに

かたちあるモノを生産し，商品として販売することは以前から行われてきた。そして生産者や商人が，商品の輸送や保管（貯蔵）を担った期間が長く続いた。しかし，商人が取り扱う商品量が増加し，個人商人や商人の小グループだけでは，それが手に負えなくなった。そこで，輸送や保管を専業とする者が現れた。また商品の物理的取り扱いには，輸送や保管機能以外も必要である。かつてはこれらの機能も商人が担っていたが，次第に専業事業者が現れるようになった。

最近は，商品の取り扱いを省力化し，費用を削減する努力やその時間を短縮し，種々の物流機能を連携する動きが加速している。とくにロジスティクスやサプライチェーン・マネジメント（SCM）と呼ばれる活動が顕著となっている。本章では，モノの物理的移転やその機能，促進技術などについて取り上げる。

第1節　モノの物理的移転

(1)　物流の概念

1）物流概念の生成

流通機能の1つである物的流通（物流）は，輸送や保管・貯蔵という活動を指すことが一般的である。また，輸送や保管をするために必要となる活動を含め，これまで物流に関する活動はそれぞれ独立して存在していた。そして，わが国で物流という言葉の使用は，高度経済成長期に入る頃からであった。

高度経済成長期のわが国では，急速に工業化が進捗し，生産・製造分野では大量生産が軌道に乗り始めた。そこで大量の生産物を物理的に移動させる必要が生じた。ただこれらの生産物を移動させるための道路網や鉄道，港湾や倉庫などの社会的基盤（インフラ）は，今日のような状態ではなく，まだ整備開始途上にあった。そのため，モノを移動させるためには，多くの労働力が必要であった。それゆえ，物流活動の現場は，労働集約的産業の典型のようなところであった。

2）物流概念のわが国への導入

1960年代には，生産物の増加により，モノを輸送したり，保管・貯蔵したりしなければならない課題が生じた。この課題を解決するため，モノを物理的に扱う活動を統合的に考えることが要請されるようになった。そして，アメリカの物流状況を視察した団体が，物的流通（physical distribution）という考え方を紹介した（中田（1993））。これにより，わが国の物流活動は，機械化，自動化に向けて，大きく変化することになった。

物流活動とされる活動には，輸送や保管以外にも包装，荷役（にやく），在庫管理，流通加工，物流情報管理などの活動がある。わが国で最初に物流概念が適用されたのは荷役分野であった。荷役とは，工場や倉庫，港湾などにおけるモノの積み込み，積み下ろし，積み替え，仕分け，荷揃え，運搬，移送など労働集約的な作業であった。高度経済成長期以前は，こうした作業は人力に依存する面がほとんどであった。

3）物流活動の機械化・標準化

物流活動を担当する事業者らは，人力に大きく依存し労働集約的であった荷役活動を機械化し，自動化することにより，急増していた荷役作業を効率化しようとした。そこで荷役作業を効率化するために機械化，標準化が目指されることとなり，モノを載せる台であるパレットの規格を統一化（標準化）させることが試み始められた（**図表5-1**）。

パレットの規格を統一することは，保管棚やトラックの荷台，鉄道の貨車にも影響した。また自動化は，荷役を起点としてそれに関連した輸送や保管作業全体を統合化・標準化することにつながっていった（橋本（2002））。パレットの規格を統一化させたことは，さまざまな物流活動や物流現場での合理化にも影響していった。

図表５-１　パレット

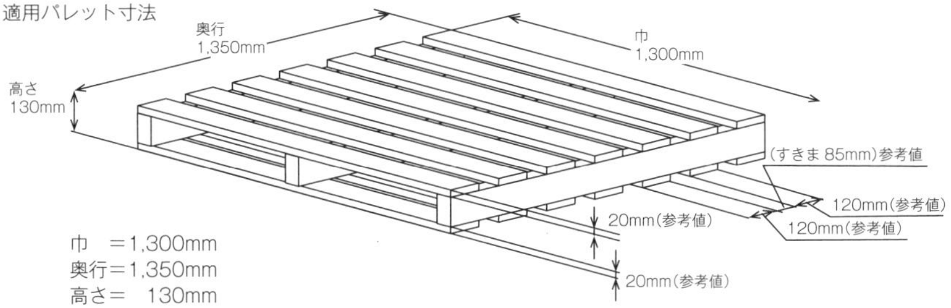

（出所）スズテック：https://www.suzutec.co.jp/ikubyou/post-735

⑵　物流活動の種類

１）マクロの物流とミクロの物流

物流は，大きく２つの視点から捉えられる。１つは，社会経済的視点であるマクロの物流，もう１つは個別企業の視点であるミクロの物流である。前者は交通論などで扱われる。後者は商業学や商業経営論などにおいて，商人や個別企業の物流課題として扱われることが多い。

２）物流の種類

物流の種類は，モノの物理的・場所的・技術的移転により，流通段階における過程において分類される。そのために物流の種類は，その起点と終点によって，調達物流，生産物流，製品物流，回収物流の４つに分類される。**図表５-２**は，生産者を中心とした物流の種類を示している。

①調達物流は，生産者を起点とする場合，その生産者の生産活動に必要な原材料や部品の購買に関わって発生する物流である。流通業者を起点とする場合には，卸売業者にとってはその川上に位置する生産者や卸売業者，小売業者にとってもやはり川上に位置する生産者や卸売業者などからモノ（商品）を調達する際に発生する物流活動となる。

②生産物流は，生産者を起点とする場合，生産者の工場や倉庫などからモノを供給する際に発生する物流である。生産者という１つの組織内におけるモノの移動が中心となるため，企業内物流ともいわれる。流通業者を起点とする場合には，卸売業者であれば自社の倉庫から自社の営業所，小売業

図表5-2 メーカーを中心とした場合の物流の種類

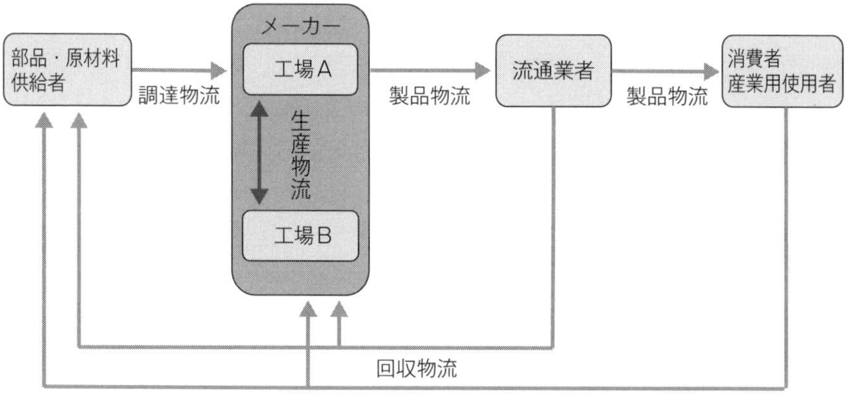

であれば自社の倉庫から自社の店舗あるいは店舗間での商品移動において発生する物流がこれに当たる。

③製品物流は，生産者を起点とする場合，生産者の工場などで生産が終了し，完成品となった製品が商品として流通過程に乗ると，顧客にそれを納品するために発生する物流である。流通業者を起点とする場合には，卸売業者から川下に位置する卸売業者，小売業者あるいは産業用使用者に商品を移動させるために発生する物流がこれに当たる。製品物流は販売物流あるいは市場物流ともいわれる。

④回収物流は，かつてはほとんど考慮されなかったが，一般的に川上から川下へのモノの流れとは反対方向に発生する物流である。商品の返品やモノを入れていたコンテナやパレット，包装資材，産業廃棄物，一般ゴミなどを回収することが行われている。また長く使用されていた家電製品や自動車など，その回収が法律などによって規定されているために発生する物流もある。近年では，回収物流は環境保護のため，積極的に行われるようになっている。環境保護活動に資するための物流であるため，グリーン物流ともいわれる。

第２節　さまざまな物流活動

⑴　物流活動

前節でも取り上げたように，物流活動には包装，荷役，輸送・配送，保管，在庫管理，流通加工，物流情報管理などがある。ただすべてのモノにこれらの活動すべて必要というわけではなく，またこれ以外の活動が必要になることもある。これらの活動は，単独で成立するのではなく，各活動が関係し，連携することにより，物流活動を効率的にする面もある。

１）包　装

包装は，モノが使用・消費される時点において，理想的な状態で届けられるにようにするため，衝撃や温度・湿度変化，害虫などから内容物を保護するために行われる活動である。包装の種類は，①個装（モノを個々に包装する），②外装（個装されたモノを物流段階で取り扱いやすくするための外部包装），そして個装と外装の中間的な活動である③内装（個装されたモノを保護するため，衝撃吸収材や防湿材料を入れる）に区分される。

包装で使用される包装材料は，時代によって大きく変化している。その変化は，木箱から段ボール，俵や麻袋から紙袋など新たな包装材料開発による変化，さらに環境保護の視点による過剰包装の見直しによる簡略化である。また包装材料のリサイクルなどをより促進させるための観点からも変化がみられる。

２）荷　役

荷役（にやく）は，物流過程における橋渡し的役割をする活動の総称である。荷役は，場所（倉庫荷役，港湾荷役，空港荷役など），輸送手段（貨車荷役，船舶荷役，トラック荷役など），荷姿（バラ荷役，ケース荷役，パレット荷役，コンテナ荷役など）に区分される。こうした場所，輸送手段，荷姿を連続・連携する必要がある。そこで物流活動をより効率化するために一定のユニットとしてまとめ，物流活動の機械化や規格化も行われている（ユニット・ロード・システム）。こうしたユニット・ロード・システムには，パレットを使用するパレチゼーションとコンテナを使用するコンテナリゼーションがある。

3）輸　送

輸送は，モノを異なった地点間で移動させる活動である。しばしば使用される配送という言葉は，輸送に含まれ，顧客の依頼によってモノをトラックで輸送する場合など，短距離・小口の活動を指す場合が多い。現在，輸送手段としては，鉄道，自動車（トラック），船舶，航空機の利用が一般的である。また陸上，水上，航空など経路によって輸送区分が分類されることもある。

①陸上輸送は，鉄道，自動車，パイプラインによる輸送が主である。鉄道輸送は，安全性・正確性に長け，天候の影響を受けにくく，大量・遠距離の場合には他の輸送手段と比べて費用が安価である。ただ鉄道が敷設されている距離には限界があるため，末端では荷物の積み替えが必要なことから柔軟性に欠ける面がある。

　また自動車輸送は，戸口輸送が可能であり，機動性や迅速性に優れている。小口・近距離輸送では経済的であり，温度管理ができる自動車もあり，柔軟性がある。しかし，ディーゼルエンジンを搭載したトラックが多いため，環境に対する負荷が大きい面がある。そして，パイプラインによる輸送は，原油やガスなどの危険物を安全かつ低コストで輸送することができる。ただ設置されている範囲に輸送が限定され，同種類のモノしか輸送できないという欠点がある。

②水上輸送は，船舶により海上を輸送することが圧倒的に多いが，大きな淡水の河川などを輸送することもある。わが国のように資源に恵まれず，海外から陸上輸送できない場合には，ほとんどの輸送は海上輸送に依存している。水上輸送は，大量・遠距離の輸送が可能であり，経済的である。さらに船舶が大型化したことにより，原材料輸送にも適している。ただ輸送に時間がかかり，安全性や正確性は陸上，航空には劣る。また天候など自然環境の変化による影響を受けやすい面がある。

③航空輸送は，近年，物流取扱量が増加している。それは迅速性に優れており，輸送中の振動が他の手段よりも少ないために損傷が少なく，安全性が高いためである。また荷造や包装が容易であり，輸送に対する信頼性も高い。ただ空港から空港までしか輸送できず，機動性に欠ける面がある。さらに輸送費用も他の手段に比べてかなり高くなる面が欠点としてあげられよう。

４）保　管

保管は，生産と消費・使用間の時間的懸隔を架橋する流通機能であり，モノを物理的に保存する活動である。モノの保管が必要となるのは，生産時期や消費・使用時期が集中することから，分散させる必要があったり，価格調整を行う必要があったりするためである。

保管する場所のことを一般に倉庫という。倉庫は主に２種類ある。まず貯蔵倉庫は，大量のモノを長期間保管し，温度・湿度管理や盗難防止など保管に必要な配慮がされている倉庫である。流通倉庫は，モノを短期間保管したり，検品や次に取り上げる流通加工，出荷先別の仕分け，品揃え，包装などを行ったりする倉庫である。

５）流通加工

流通加工は，モノの基本的機能を変換し，価値を生成する生産とは異なり，買い手の欲求や用途に合わせて軽度の加工を施すことである（矢作（1996））。具体的には商品を小分け，再包装，袋詰め，パック詰め，値札付け，ラベル貼りを行うなどの活動である。かつては，アパレルの小売店舗では，入荷した商品を検品し，タグを付けたり，検針をしたりするなどの作業が行われていた。しかし最近では，これらの作業は倉庫の中や輸送中の船舶などで行われることも増えている。

こうした流通加工が行われる産業の特徴は，商品の加工度が高いこと，最終需要における嗜好の異質性があること，加工活動が労働集約的であるため，生産者の規模が小さいことがあげられる（鈴木（2004））。物流活動において流通加工が重要となったのは，流通過程で加工を施したほうが，流通チャネル全体としての流通費用が節約でき，生産から消費・使用までの時間が節約されるからである。

⑵　物流活動の外部化

１）物流専門業者の出現

これまであげてきたような物流活動における断片的な活動は，物々交換や商人を介さない生産者と消費者との取引においても，各々必要であった。そして，生産者と消費者間に商人が介在すると，商人がさまざまな物流活動を担当するようになった。その活動は時代が下るに従って高度化するようになった。

他方，所有権移転を伴わない物流分野では，早くから経済性，効率性，安全性，専門性が志向されるようになった。そこで先にあげた物流活動について専門的に担当する物流専門業者が出現するようになった。こうして物流活動は，商流を行う商人（流通業者）ではなく，異なる機関である専門業者の手により発展してきたといえる。

現在では，さまざまな産業分野において，必要な業務を各企業や各産業内の人材や企業内の人材など経営資源を利用し，それらの業務を行うのではなく，外部委託（アウトソーシング）することが一般的になっている。またその規模が拡大し続けている。物流分野での外部委託は，輸送や保管という物流の中心的機能を商人（流通業者）が担当せず，委託している場合が多い。

2）サード・パーティ・ロジスティクス（3PL）

物流に関わる業務全体を専門業者に一括して外部委託することもある。物流活動には，専門的活動が多いため，そのモノの所有権を有している者が管理するよりも多くの経験やノウハウを有する外部の専門業者に委託するほうがより効率的である。こうしたニーズに対応するのがサード・パーティ・ロジスティクス（3PL）という物流管理手法である。

3PLは，もともとはヨーロッパで発達・浸透した契約物流方法であった。3PLは商社や物流業者などの第三者が，商品の所有権を有した者から物流機能を請け負う。その業務は，商品の所有者から委託された配送手配など，2種類以上の物流業務の遂行者，所有者の物流システム構築や効率化を含めたかなり戦略的な物流を請け負っている者まで存在している。3PLは欧米中心に発達したが，わが国でも運送業者や生産者の子会社（メーカー子会社）の物流企業，商社系列にある3PLが出現したことで一般化しつつある。

第3節　物流効率化のための技術

(1)　電子データ交換（EDI）

かつての物流活動では，労働集約的な作業が多かった。つまり，人力に依存する部分が多かった。そのため，物流活動はいわゆる「3K仕事」の典型と思われ，敬遠される傾向があった。しかし，この半世紀の間に，物流活動は機械

図表5-3　サード・パーティ・ロジスティクス（3PL）による効率化

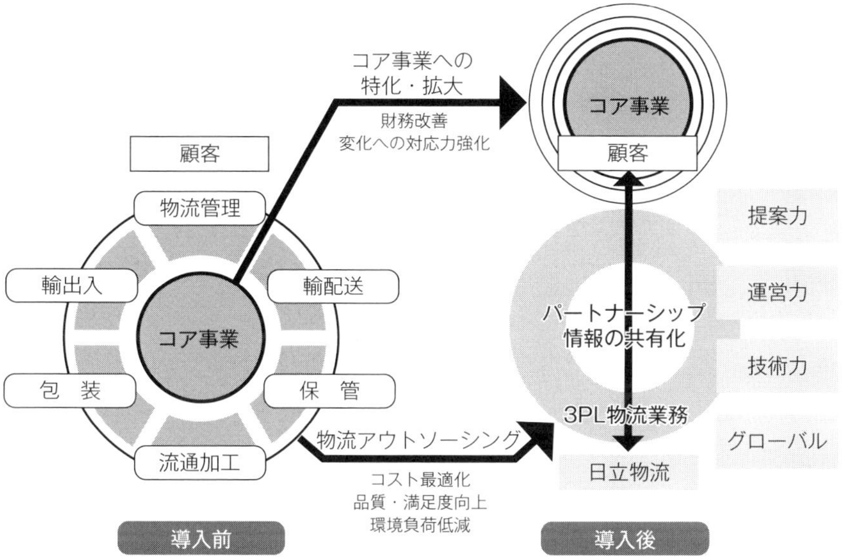

（出所）日立物流ウェブサイト：https://www.hitachi-transportsystem.com/jp/3pl/supplychain/merit.html（一部改）

化，自動化，無人化が進んでいる。そのため，かつてのイメージとはかけ離れた産業分野となっている面がある。こうした物流分野における活動を大きく変化させたのには，さまざまな技術が影響している。

物流分野だけではなく，物流が含まれる流通分野として捉えると，情報通信技術（ICT）のめざましい発展により，かつては手作業で行っていた業務の機械化，自動化，無人化が大幅に進んでいる。ここでは物流分野だけではなく，流通を変化させているさまざまな技術について取り上げる（**図表5-3**）。

EDI（electronic data interchange）は，電子データ交換といわれる。これは，異なる企業（組織）間において通信手段を共通化し，発注・在庫・納品・検品・請求などにおけるデータを標準規約（プロトコル）に基づいて，即時に交換したり，調整したりすることを指す。これまでこうした作業は，ヒトが手作業で行い，たくさんの用紙が使用された。しかしEDIは，ペーパーレスで行うことを基本としている。この作業によって各段階における受発注データがオンライン上で処理されるようになった。そして，受発注データから出荷指図，納品，代金請求などの関連した伝票処理が自動的に行われる。こうしてEDIによって受発注作業が省力化され，これまで発生していたコストの節約につなげることができる（矢作（1996））。

(2) 効率的な消費者対応

1）チャンス・ロスの削減

消費者が，小売店へ買い物に出向き，がっかりすることの多くは，購入しようと思っていた目当ての商品がない，あるいは欠品（売り切れ）している場合である。消費者は，いつも購入している商品が商品棚にない場合には失望してしまう。こうした状況は，反対に小売店側からみた場合には，せっかくの販売機会を喪失するチャンス・ロスである。

そのために小売店では，顧客の期待に応え，チャンス・ロスをできる限り少なくするため，販売が見込まれる量よりも多くの商品発注を行ってきた。しかし，小売店が見込み販売量よりも多く商品を発注し，結果的に期待したほど商品が販売できない場合には，その小売店の在庫となり，利益を生み出すことのない商品となってしまう。

2）ECRの導入

これまで小売業の現場では過剰発注となることは，「仕方がないこと」とされていた。またそこでは，商品の仕入量と販売量を一致させようとすることは，長年の勘に頼る面が強かった。こうした状況を大きく変化させたのが，ECR（efficient consumer response），つまり効率的な消費者対応である。ECRは，売り手と買い手が消費者欲求の効率的な充足という目標の下に協働関係を結び，川下から川上への需要データと川上から川下へという供給データ（在庫データ）の2つの流れを調整し，統合するシステムである。

ECRが導入された背景には，アメリカにおける小売業間における競争激化があった。低価格を訴求する大規模小売業が勢力を拡大し，スーパーマーケット（スーパー）からシェアを奪っていった。そして，低価格を訴求するディスカウントストアなどの大規模小売業は，日用雑貨品の顧客ニーズに迅速に対応するQR（quick response）によって効率化を実践し，加工食品分野でも効率化を実現するようになった。そのため，スーパーでもQRを加工食品分野に適用し，小売業者がQRを採用する動機となった（尾崎（1998））。

(3)　ECR支援システム

ECRは，情報を媒介として企業間の協働によって，消費者ニーズに対応しようとしている。また先にあげたEDIやそれに連動するかたちで，ベンダー管理在庫方式，カテゴリー・マネジメント，クロス・ドッキングなど，いくつかのECR支援システムが構成されている。

1）ベンダー管理在庫方式

ベンダー管理在庫方式は，小売業の納入業者に発注業務を委任するシステムである。自動在庫補充システムともいわれる。小売業と生産者（メーカー）が需要を予測し，小売業からの販売情報と店頭在庫量がメーカーに伝達されると，店頭在庫の補充量が算出され，出荷指示が出される。そして，事前に小売業とメーカー間において決定した在庫管理量に基づいて在庫補充を自動的・継続的に実施する。この方式を導入する以前の取引では，毎回交渉が行われていたが，事前に決定し，ルーチン化することにより，取引費用の削減につなげている（**図表5-4**）。

図表5-4　ベンダー管理在庫方式のイメージ

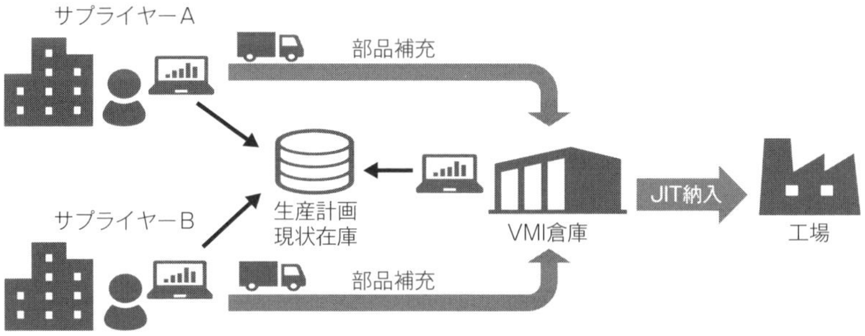

VMIの簡単な流れ
①顧客側が生産計画，現状在庫を情報提供
②サプライヤーが生産計画と在庫を確認して，補充在庫を手配
③サプライヤーが顧客のVMI倉庫に部品を納品
④VMI倉庫から生産に必要な部品をJIT納入
⑤VMI倉庫から工場へ出荷された情報をベンダーと共有
⑥VMI倉庫から工場へ出荷された部品の代金を顧客側へ請求

（出所）オンザリンクスウェブサイト：https://www.inter-stock.net/column/no216/

2）カテゴリー・マネジメント

カテゴリー・マネジメントは，小売業が消費者行動に基づいて商品をグループ化し，そのカテゴリー単位において費用分析や売場管理を行い，収益性を向上させようとする管理手法である。したがって，単品レベルでも部門レベルでもないカテゴリー単位によって商品が管理されることになる。これは消費者行動を基本としているため，小売業特有の商品管理色が強い面がある。

3）クロス・ドッキング

クロス・ドッキングは，商品の保管機能を持たず，仕分け，転送のみを行う小売業の物流施設である。各生産者からの商品が，在庫を有さない中間拠点において荷合わせされ，小売業者などに輸送するシステムである。こうした作業を効率化するためには，先に取り上げたように生産者によるパレットの構成変更，発注・事前出荷明細の通知などEDIによるデータの転送が必要となる。

クロス・ドッキングによって，輸送費用の削減が可能となり，生鮮食品では納品リードタイムが短縮し，工場集約型の在庫管理が可能となる。ただクロス・ドッキングを行うための施設建設には全体としての物流費用が嵩む面がある（**図表5-5**）。

図表5-5 クロス・ドッキングの仕組み

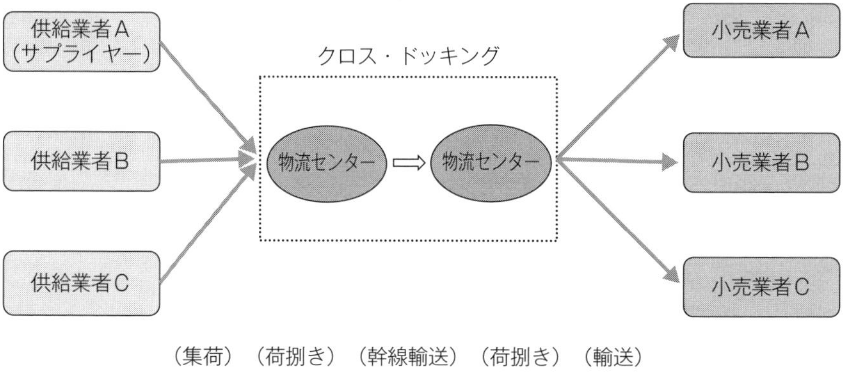

第４節　ロジスティクスとサプライチェーン・マネジメント

(1)　ロジスティクスの生成と構成

１）ロジスティクス概念の生成

最近では，調達物流・生産物流・販売物流が統合的に捉えられるようになった。これがビジネス・ロジスティクスあるいはロジスティクスといわれるものである。ロジスティクスとは，元来軍事用語であり，「兵站（前線で戦う部隊に向け後方において車両・軍需品・食料・情報など前送・補給・修理や後方連絡線の確保を行う戦略的活動や機関を指す）」に由来している。

経営分野において，ロジスティクスという言葉は，1960年頃から使用され始めた。その後，アメリカでは経営思想や経営技術として，ビジネス・ロジスティクスやマーケティング・ロジスティクスという言葉が使用されるようになった。ロジスティクスは，原材料，部品，完成品在庫の動きと，戦略的在庫を企業の利潤拡大に適合するように管理することである（Wood *et al.* (1995)）。

２）ロジスティクスの目的

ロジスティクスの目的は，モノを必要なときに望ましい立地において，適正数量をできる限り費用を節約し，最終在庫品および各種原材料を輸送することである（Bowersox (1974)）。つまり，生産活動におけるJIT（just in time）の物流版ともいえる。

ロジスティクスは，モノやサービスの調達，生産，販売に関する組織的移動（付加価値在庫流）とそれを維持するための情報流通（需要情報流）によって構成される。これらの組織的移動には，輸送，保管，荷役，包装などがある。また情報流通には，顧客サービス管理，需要予測，調達計画，生産計画などの立案がある（宮下 (2002)）。

ロジスティクス概念の紹介以前の物流では，モノやサービスの組織的移動が中心であった。しかし，ロジスティクス概念が紹介されると，物流が戦略的に考えられ，実際の活動範囲も拡大した。こうしてロジスティクス概念の浸透により，物流が他社との差別化につながる面も浮上してきた。

(2) サプライチェーン・マネジメント

1）ロジスティクスからのさらなる飛躍

ロジスティクス概念が紹介された頃の物流管理は，流通チャネル戦略と生産管理上の目標であったジャスト・イン・タイム（JIT）が念頭に置かれた。サプライチェーン・マネジメント（supply-chain management）は，ロジスティクス体系の調達から販売に至るまでの流れを１つの鎖（チェーン）とし，その中において在庫配分や移動を，費用とサービスを基準とし，情報により経営レベルにおいて管理することである。

ロジスティクスの段階では，１つのチェーンに参加しているプレーヤーが，自らにとって最適なものとなるように，情報によって物流活動を管理することが中心であった。しかしSCMは，モノの流れを体系的に管理することに変化した。したがってSCMは，高度に統合化されたロジスティクス・システムといえる。そこでは供給業者，顧客，関連業者が必要となる情報を共有し，生産，販売，輸送，在庫，情報処理について調整し，一貫したモノの流れを創造することを目的としている（矢作（1996））。**図表5-6**からわかるように，ロジスティクスとSCMではその範囲が異なっており，SCMはロジスティクスを包含するものとなっている。

2）サプライチェーン・マネジメント概念

一連のモノの移動を供給業者の視点から管理・運営しようとするときにはSCMと呼ばれる。つまりSCMは，顧客にとって価値のあるモノを提供するため，原材料の供給業者，生産者，卸売業者，小売業者，顧客などが，企業や組織の壁を越え，全体で情報を共有し，物流チャネルにおいてモノの流れ全体を最適化しようとする管理システムである。他方，需要者の視点からみた場合には，DCM（demand chain management）と呼ばれるときもある。

アメリカでは，SCMに対する見方が1990年代中頃から変化した。それ以前は，SCMは，企業間でのロジスティクス機能を統合させたものと認識されることが多かった。しかし，SCMは事業システムの統合として，顧客サービスの向上を重視する傾向が強くなり，企業連鎖の共通認識が形成されるようになった。

図表5-6　ロジスティクスとSCMの関係図

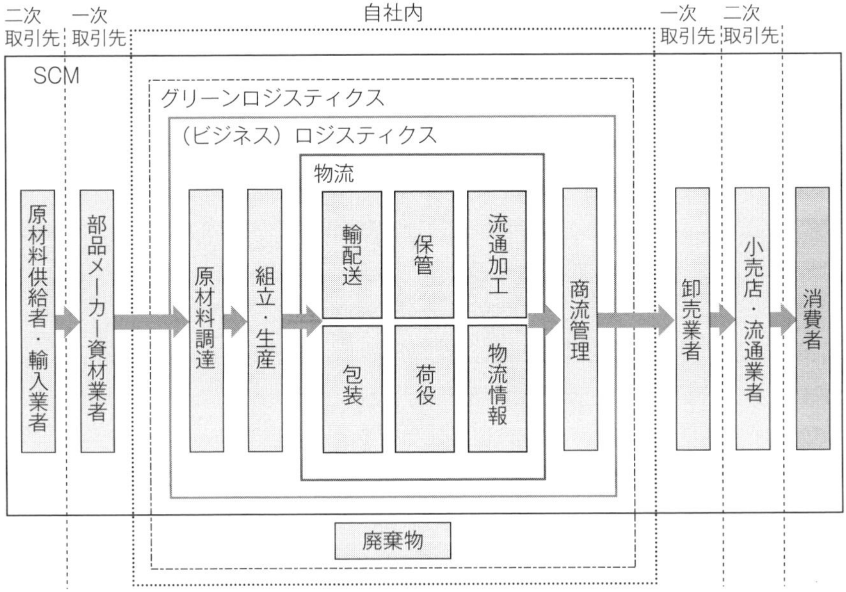

（出所）神戸大学海事科学部ウェブサイト：http://www.edu.kobe-u.ac.jp/fmsc-logistics/education.html

３）サプライチェーン・マネジメントによる全体最適

サプライチェーンにおいては，原材料の供給業者から最終顧客に至るまで，流通チャネル全体における在庫削減を目標とする必要がある。それぞれにおける在庫を削減することにより，モノの保管，荷役，陳腐化，在庫ロス，保険，管理に関するさまざまな費用の削減に繋がる。これにより，商品回転率が上がり，市場変化に対応した継続的な新商品投入が可能となる（田村（2001））。そこでは情報共有が最重要となる。

他方，SCMに取り組むことに対しての課題もいくつかある。それはいかにSCの参加者間での協働関係を構築し，全体調整を図るかという課題である。またSCにおいては，参加者の誰かがリーダーシップを発揮し，全体最適を図るという役割を果たす必要もある。さらにわが国においては，長い間の取引の積み重ねにより醸成されてきた「日本的商慣行」をいかに克服していくかという課題もある。

おわりに

本章では，流通機能の１つである物流機能を中心に取り上げた。まず物流概念にふれたのち，物流活動の種類について，社会経済的視点と個別企業的視点があることを前提とし，その起点の相違による物流の種類に言及した。また物流活動として括られるさまざまな活動については，以前の活動などと対比しながら，今日の物流活動におけるその外部化にもふれた。

物流分野においては，その効率化がこれまで長い間目指されてきた。そこで物流効率化のための技術として，電子データ交換などいくつかの方法にもふれた。さらに近年は，物流というよりもロジスティクスやSCMという言葉のほうが多く聞かれるようになってきた。そのため，それぞれの意味や発展段階における相違についても取り上げた。

第6章 情報流通機能

はじめに

流通機能の中核は，商的流通機能である。ただ所有権移転には，売り手と買い手間でさまざまな情報がやりとりされなければならない。情報流通は，所有権移転以前から行われることが多い。前章で取り上げたようにモノの物理的移転や保管でも，それに関する情報やそれを取り巻く情報管理が必要となる。他方，単に売り手と買い手間の情報流通だけでなく，情報は至るところで流通している。情報には多様な種類があり，流通とは直接関係のないものもある。

本章では，情報の特性を理解した上で，流通情報の種類にふれる。その上で，情報の取得方法，売り手が買い手に情報を伝達する状況，買い手から売り手という逆の情報移転にも言及する。昨今の流通では，情報価値が高まり，その位置づけも変化しているため，情報が変化させる流通も取り上げる。

第1節　情報の移転

(1)　情報の一般特性

われわれが，日常「情報」というときにはさまざまな意味がある。情報の一般特性には，①消費における共同性（情報は誰もが消費可能），②品質の事前確認が不可能（情報の価値は事後的に明確化），③非減少性（使用により量的に消滅・減少しない），④複製可能性（特別な努力なしに複製可能），⑤不可分性（分割されると本来の価値が減少・消滅する可能性），⑥累積効果性（他の情報との組み合わせで新たな効果の生成），⑦不可逆性（移転された情報は元の状態に復元不可能），⑧外部性（情報共有程度で価値が上昇したり，低下したりする。時間経過で価値が低下），⑨相対価値性（情報の価値が利用者との相対関係で決定し，最終的にそれを理解する者の能力に規定される），という特性がある。

(2) 流通情報の種類

流通は，生産と消費間における懸隔を社会的に架橋するが，この架橋では，多様な情報がやりとりされる。とくに流通に関する情報を流通情報という。流通情報は，生産者，流通業者，消費者間で伝達される。また蓄積される情報は，取引情報，物流情報，市場情報，販売促進（プロモーション）情報に区分することができる。

1）取引情報

取引情報は，所有権移転に関する情報である。これには，①交渉情報（商品の売り手や買い手を探索し，条件を交渉，説得することに関する情報），②受発注情報（買い手が購入意思を売り手に伝達する発注情報，売り手がそれを受託する受注情報），③所有権移転情報（売買契約の締結，実行，所有権移転を確認する情報），④代金支払情報（入出金情報，金融機関などへの支払指示・金融機関からの入金情報，売掛金・買掛金に関する情報など）がある。したがって取引情報は，商流に関して直接・自然発生する情報である。

2）物流情報

物流情報は，物流活動，つまり輸送・保管・荷役・包装などに関する情報である。これらは，輸送（発送・着荷，輸送業者への輸送指示・着荷など），在庫（入出庫），現在高（倉庫・小売店頭）に関する情報が中心となる（鈴木(2004)）。これまで長い間，物流情報はブラックボックスのような状況にあった。しかし，情報通信技術（ICT）の進歩により，消費者が注文した商品の追跡などが容易にできるようになり，身近な情報となっている。

取引情報・物流情報は，次のような特徴があることが指摘されている（矢作(1996)）。①大量自然発生（販売データや受発注データ，在庫データは日常の流通活動で発生し，膨大なデータ量がレジ業務の副産物として発生する），②情報更新速度が速く，流通活動により古い情報は更新される，③収集，処理・伝達がネットワークの中で行われる（生産者や流通業者など情報発生源は多数分散しているが，それらの情報は中央で集中して収集分析する），④定量情報

(販売情報や受発注・在庫情報は流通活動を量的に処理するため機械処理に適しており，情報技術の導入が容易である)。

３）市場情報

流通情報のうち，取引情報と物流情報は，前者が所有権移転に伴って発生し，後者も物流活動に伴って発生する。他方，売り手となる生産者や流通業者が収集しなければならない情報もある。生産者や流通業者にとって，流通している商品の最終市場に関する市場情報は入手したい情報である。市場情報は，取引情報と物流情報と比べるとその流れは逆である。つまり市場情報は，商流や物流とは逆方向の情報である。市場情報には，主に市場調査機関による消費者や使用者の需要調査，市場での競争相手・商品に関する競争情報も含まれる。

市場情報は，広義の市場情報として捉えられる。一方，狭義の市場情報は，消費者ニーズのように取引情報や物流情報とは異なる性格のものである。それは，消費者ニーズのような需要データは，情報収集を行う必要があり，情報量が少なく，収集には時間がかかり，費用も発生する。また情報更新速度が，取引情報や物流情報とは異なって遅い点もその特徴である。

第２節　市場への情報流通

(1)　人的販売

生産者から消費者へ情報を伝達するにはいくつかの方法がある。まとめて販売促進（プロモーション）情報といわれるが，大きく分けて人的販売，広告，パブリシティ，狭義の販売促進などがある。

人的販売は，営業担当者や販売員などのヒトを介し，売り手が買い手となりそうな顧客（潜在顧客）に対して，口頭で行う販売活動である。人的販売は，買い手の反応を見ながら行うため，顧客により変更できるため，柔軟性がある。人的販売では，売り手（説得者）の能力が高いほど，その効果が期待できる。販売員には，新規顧客獲得を目指すオーダー・ゲッター（order getter），既存の取引関係維持と強化を主とするオーダー・テイカー（order taker），受注活動よりも顧客支援や販売支援を中心とするミッショナリー・セールスパーソン（missionary salesperson）が存在する（恩藏（2001））。

人的販売は，販売する商品やその場の状況に影響されることが多い。日用品や食品などは，次項で取り上げる広告に販売促進費の大部分を割くことが多い。一方，産業財などでは，ほとんどが人的販売に費用を割いている。そのために人的販売は，消費財よりも生産財の販売促進に多く，また購買頻度が低い高額商品に多くみられる販売促進方法である。

企業が，高額商品や産業財などを販売しようとする場合，パートタイマーやアルバイトでは十分に機能しないことが多いため，常勤販売員を長期間雇用しなければならない。そこでは，そうした人材の教育費用や報酬などが長期間にわたって発生する。企業がそのような人材雇用を促進しようとするのは，人的販売が高額商品や産業財分野では効果的な販売促進方法であるためである。

(2) 広　告

アメリカマーケティング協会（AMA）による広告の定義は，「広告主の名前を明らかにして，アイデア，製品，そしてサービスを有料の形で人を介さずに提示し，また勧めるもの」（Report of the Definition Committee（1948））としている。つまり広告は，広告主が明確であり，非人的媒体（テレビ，ラジオ，新聞，雑誌，インターネットなど）による提示が行われ，有料であるという特徴がある。

広告には，売り手における広告目的の遂行だけでなく，消費者や利用者を満足させ，社会的・経済的福祉の増大などの機能も伴っている。言い換えると広告には，情報提供，説得，再購買の促進，強化などの機能がある。また広告は，営利を目的として，売り手である企業が行うだけでなく，非営利組織や個人なども広告主となる場合がある。

そもそも広告は，情報の受け手に対し，何を訴求するかが重要である。訴求内容によって，広告はいくつかに分類することができる。まず広告内容は，商品（製品広告・商品広告）と企業（企業広告）に分類できる。訴求内容による分類では，①情報提供型広告（新商品の導入時など一次需要創造を目的とする），②説得型広告（市場導入後，商品ライフサイクルの成長期と思われる時期に行う広告），③リマインダー型広告（顧客が商品を忘れないようにするための広告）に区分される。

売り手が買い手に対して伝達したい情報が明確になると，その情報を掲載する媒体，時間や頻度などを検討する必要がある。媒体選択では，標的に対する理想的頻度を考えなければならない。そこでは，広告の①到達範囲（ある期間に一度でも届く個人や世帯数など），②露出頻度（平均的な個人や世帯が特定期間に情報に接する回数），媒体タイプ（テレビ，新聞，ラジオ，雑誌，インターネットなど）と④媒体ビークル（特定の新聞や雑誌名など），⑤タイミング，を決定する必要がある。そして広告を出した後には，その効果について測定（評価）する必要がある。

(3)　パブリシティ

パブリシティ（publicity）は，企業などが主に新聞やテレビなどマス・メディアに対し，その活動や新商品情報を提供し，メディア側がニュース価値があると判断すれば，情報として取り上げるものをいう。受け手には，パブリシティは広告と似たようなかたちで情報が伝達されるが，その費用負担や管理権はメディア側が有しているところが広告とは決定的に異なる。通常，パブリシティとして取り上げられる情報には，企業などは費用を負担する必要はない。

最近では，パブリシティとして取り上げられることを期待し，企業などの情報提供者が広告代理店などに依頼することもある。また記者会見の設定や情報をメディア側に伝達してもらう有料パブリシティもある。

パブリシティは，パブリック・リレーションズ（public relations：PR）活動の一部と捉えられることもある。PRは，企業イメージや商品の販売促進を行い，保護されるように企画されたさまざまなプログラムとされる（Kotler and Keller（2007））。またそれは，企業がその環境との望ましい関係を構築するための考え方や行動のあり方とされる。

PRには，①報道対策（企業をよく見せるための情報公開），②商品パブリシティ，③コーポレート・コミュニケーション（社内外とのコミュニケーションによる企業への理解の支援），④ロビー活動（法規制の推進あるいは廃止を目的として政治家や官僚との交渉），⑤コンサルティング（経営陣への助言），という活動がある。したがってパブリシティは，PRの一部として位置づけることができ，他の活動も売り手と買い手という立場ではなく，他への情報発信（情報流通）となっている。

(4)　狭義の販売促進（プロモーション）

広義の販売促進情報には，これまで取り上げてきた人的販売，広告，パブリシティが含まれる。しかし，狭義の販売促進情報は，基本的にこれらを除いたものが中心となる。またこれらの販売促進情報は，「誰に向けて」により，消費者，流通業者，販売員向けの３つに分類される（柏木（1992））。

１）消費者向け販売促進

消費者向けの販売促進には，試供品提供，景品，懸賞，商品購入時におまけがもらえるトレーディング・スタンプ（trading stamp），ポイントカードを活用したポイント・プログラム，実演販売，増量パック，展示会などがある。さらに消費者向けの工場見学会などもこれに含めることができよう。

２）流通業者向け販売促進

流通業者向けの販売促進には，商品の展示会や見本市，店内における商品陳列を競わせるコンテスト，多様なリベートやアロワンス（allowance），販促用品提供，小売店舗内において品出しや商品説明を支援するディーラー・ヘルプス（dealer helps），特別出荷，価格引き下げ，特別陳列などがある。

３）販売員向け販売促進

販売員向けの販売促進には，販売員に販売技術や販売量を競わせるコンテスト，プレミアム（premium），販売時に用いる販促用品提供などがある。また新商品の発売時など，それに関心が持ってもらえるようにする販売促進会議などにも販売促進機能がある。

第３節　市場からの情報流通

(1)　市場調査

流通においては，生産部門から消費部門に向かって，所有権やモノの流れがある。しかし，情報については，前節で取り上げたように，生産から消費への一方向の流れだけでなく，それとは逆の流れもある。生産者（売り手）は，消費者（買い手）の情報を入手し，それを生産に生かそうとする取り組みをかなり以前から行っている。生産者だけではなく，流通業者が売り手となる場合，企業や公的機関が買い手となる場合も同様である。

１）市場調査の概要

買い手を市場と捉えると，買い手に関する情報を入手することが市場調査（マーケット・リサーチ）である。市場調査のさらに詳しい定義では，「供給者から需要者の手中に商品ならびにサービスが渡り，使用・消費されるまでの商品の流通過程を調査対象とし，その質的側面ならびに量的側面に関しての調査研究であり，さらにその変化を研究するものである（出牛（1990））」とされる。

先にあげたように商流に関する情報である取引情報とモノの輸送・保管に関する物流情報は，情報整理には時間と費用を要するが，一度システム化されれば，収集者は特段に努力をしなくても商流や物流の発生により得られる情報である。一方，市場情報は，入手するためにはその都度，時間と費用をかける必要がある。

２）マーケティング・リサーチ

市場調査とほぼ同じ意味に使用されるものにマーケティング調査（リサーチ）がある。マーケティング・リサーチは，個別企業がマーケティング活動を行うことを前提として行う調査である。しかし市場調査は，個別企業の枠にとらわれず，マーケティング・リサーチを含めたさらに広い概念である。

３）データの種類

調査者が，調査を行うことによって得ようとするのはデータである。データは，すでに官公庁や民間調査会社が調査を行っており，その結果が信頼でき，入手したいものであれば，改めて調査する必要はない。こうしたすでに存在するデータのことを２次データという。ただ２次データを使用する際には，その正確性・信憑性・適格性・適時性については注意する必要がある。一方，入手したいデータがない場合には，時間と費用をかけて調査を実施する必要がある。こうした特別の目的によって新規に収集するデータのことを１次データという。

⑵　調査対象による分類

市場調査は，いくつかの種類に分類できる。調査対象による分類では，調査対象を全部あるいは一部を対象とするかによって分類できる。全部を対象とする場合を悉皆（しっかい）（全数）調査といい，一部のみを調査対象とする場合を標本（sample）調査という。

悉皆調査は，その文字の通り，調査対象すべてを対象とする調査であり，代表的調査としては5年ごとに総務省が実施している国勢調査がある。国勢調査は，全世帯を対象とする非常に大規模な調査である。調査対象が限定される場合には，対象をすべて調査したほうがより正確なデータが得られる。

標本調査は，調査対象の一部を切り取り，その結果に全体を反映させる調査である。ここでは切り取った一部が，全体を代表するように注意しなければならない。全調査対象を母集団といい，そこから一部の標本を抽出する。抽出方法には，有意抽出法（作為的に特定標本を抽出する）もあるが，一般的には無作為抽出法（単純無作為抽出法・等間隔抽出法・集落抽出法・層化抽出法など）が採用される。これらの抽出方法によって取得できるデータも異なるため採用には注意をしなければならない。

(3) 調査方法による分類

調査方法では，観察法，質問法，実験法の3つが代表的である。

1）観察法

観察法は，被調査者を観察することでデータを得る方法である。これは建設機械の使用状況など，しばしば産業財で採用される。他方，消費者が被調査者となる場合には，グループインタビューがある。消費者が商品などについて話している様子をマジック・ミラー越しにみながら観察し，データを得ようとする方法である。

観察法では，小売店舗内での消費者の行動について，店舗カメラなどを通して観察することもある。消費者に直接質問しても得られないような微妙な行動が観察でき，費用もそれほどかからない。しかし，行動に表れる面しか観察できないため，観察後に面接して質問をしなければならない場合もある。

2）質問法

質問法は，俗にいうアンケート調査である。質問法は，被調査者に対して質問用紙，面接，電話やインターネット経由で質問し，データを得る方法である。質問法には，個人面接法，電話調査法，郵送調査法，留置調査法，インターネット調査法などがある。

①個人面接法は，調査者が被調査者に直接面接し，調査する方法である。こ

の調査法は被調査者を確実に捉えることができ，他人が被調査者になり代わって回答することもない。さらに調査者が優秀であれば，調査票の不備を指摘することもでき，調査票にはない重要情報を引き出すこともでき，回答率が高くなる。しかし，多額の費用がかかり，良質な調査員を集めることが難しかったり，調査員が誘導して回答を導いたりするなどのバイアスがかかる面もある。

②電話調査法は，電話を使用して調査者が被調査者に質問し，回答を得る方法である。この調査法は，費用が安価であり，すぐに回答を引き出せられ，調査者を１箇所に集めて調査できるため，その管理もしやすい。しかし，簡単な質問しかできず，勧誘の電話と勘違いされ，回答を拒否される場合もある。また固定電話がない家庭も増えているため，被調査者の偏りという問題もある。

③郵送調査法は，調査者が被調査者に対して質問票を郵送し，被調査者が回答の上で返送してもらう方法である。この調査法は，費用が安く，調査対象地域を広範にとることができ，調査員を必要としない。しかし，回答し，返送してもらうための誘因（incentive）がない場合には，調査票の回収率が低くなり，被調査者の回答か不明な面もある。また回答漏れも生じやすく，調査内容が表面的となり，回収に時間と手間がかかる面もある（柏木（1991））。

④留置調査法は，あらかじめ調査者が被調査者の職場や家庭などを訪問し，質問票を配布の上，記入方法を指示して回答してもらい，後日指定日時に回収する方法である。この調査法は，面接調査方法では回答が得られにくい内容についても実施でき，回収率が高くなる。しかし，誰が回答したかが不明であり，回答の記入漏れも生じやすい面がある。

⑤インターネット調査は，インターネットを介して，被調査者に質問し，回答してもらう方法である。この調査法は，費用が他の調査に比べると安価な場合が多く，調査対象地域も広範に及び，結果を早く回収できる。そのため，近年多くの調査において実施されるようになった。しかし，被調査者に偏りが生じやすく，回答者が期待した被調査者ではない場合もある。また郵送調査と同様，インセンティブによって回収数に差が生じやすい面もある。

3）実験法

実験法は，実験により調査対象の反応を観察し，データを得る調査である。通常，企業などでは，新商品を一定地域に限定して販売した後，その結果が期待されたものであれば，全国発売に踏み切る場合がある。これは通常，テスト・マーケティングと呼ばれる方法である。また小売店舗内では，商品の陳列方法を変化させたり，陳列場所を変化させたりするなどして，その売上変化をみることがある。このように実験法は，実験室で行うような実験ではないが，仮説を立て，その結果を検証することにより，さまざまな販売方法などに生かすための方法である。

第４節　流通情報システム

(1)　POSシステム

アナログの流通情報からデジタルの流通情報へと置き換わるようになり，かなりの時間が経過した。またデジタルの流通情報は，その量と質の面においても日々に進展している。流通情報システムに影響を与えるものとして取り上げるのは，POS（point of sales）システム，EOS（electronic ordering system），ICタグ（radio frequency identifier：RFID）である。

1）POSシステムの概要

POSシステムは，販売時点情報管理システムといわれる。商品に付されたバーコードをスキャンする（読み取る）ことにより，商品単品ごとに収集した販売情報，仕入・輸送などで発生したさまざまな情報をコンピュータに送り，各流通部門だけでなく，生産部門でも有効に利用可能とさせる。そのためPOSシステムは，小売業における総合経営情報システムといえる（**図表6-1**）。

POSシステムは，小売店の店頭などで販売した商品の販売数量をその時点で把握し，すべての取引ごとに在庫管理の最小単位であるSKU（stock keeping unit）によりPOSデータを瞬時に管理するシステムである（岩本（2000））。そのため，単に小売業だけではなく，生産者における生産計画や卸売業者における商品在庫や輸送計画などにも大きな影響を与えている。

図表6-1　POSシステムの概要

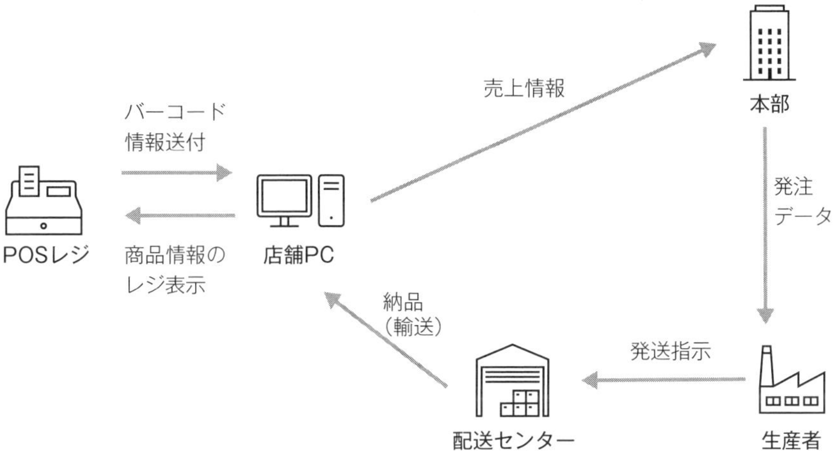

2）POSデータの活用

POSシステムから得られるデータは，顧客が購入した商品を単品ごとコンピュータに蓄積した情報である。販売時点において，生産者が行った販売促進や小売店舗内での販売促進，さらに販売日時の天候や温度などが付加されることもある。販売条件に関するデータは，因果データ（causal data）と呼ばれ，POSデータと組み合わされることにより，小売業の価格政策や店舗内での販売促進，受発注作業の効率化に活用されている（小川（1993））。

このようにPOSシステムは，消費者が購入する商品のパッケージに付されているために身近なものである。しかしバーコードには，国，企業，商品，エラーチェックの情報しか入っていない。他方，POSシステムを先行して導入したアメリカでは，レジ作業の効率化，チェッカーの訓練期間の短縮や打ち間違い防止，従業員による万引き防止のための導入であった。

3）POSデータが変化させる流通

わが国では，POSシステムを小売店の商品の品揃え（マーチャンダイジング）に活用し，商品をカテゴリー単位ではなく，単品として売れ筋・死に筋に分けることに利用している。コンビニエンスストア（コンビニ）では，1年間で7割以上の商品が入れ替わっているが，こうした入れ替わりを促進させているのはPOSシステムがその基盤にある。

また小売業では，POSデータを分析することにより，価格や陳列，インストア・プロモーション（in-store promotion）などの効果測定として活用している。さらに特定顧客の情報を追跡することによって，関連購買分析やブランド・スイッチ（brand switch），マス広告の効果などを把握する際にも活用されている。ただPOSデータは万能ではなく，販売に関する過去のデータにすぎない。小売店舗内における販売員の勘やこれまでの経験などは，POSシステムを補完している面もある。

⑵ 二次元コード

1）二次元コード

POSシステムで利用されるバーコードは，横方向にしか情報を持たない一次元コードである。他方，二次元コードは，水平方向と垂直方向に情報を持つ表示方式のコードを指している。これは，バーコードと比較して，面積あたりの情報密度が高く，コード化するデータが同一であれば印字，表示面積も小さくてすむ。つまり，二次元コードは，縦・横の２方向に情報を持つことにより，記録できる情報量を飛躍的に増加させたコードである。

二次元コードには，小さな正方形を上下左右に配列させたマトリックス式（マトリックスコード）と，一次元バーコードを上下に複数重ねたスタック式（スタックコード）がある。アメリカにおけるPDF417（Symbol社），DataMatrix（CI Matrix社），MaxiCode（URS社）は，それぞれOA，FA，物流分野で主に使用されている（**図表６-２**）。

2）QRコード

わが国で最も使用されているQRコードは，1994年にデンソーが開発したマトリックスコードである。これは他の二次元コードが備えている特徴（大容量・省スペース・高速読取・誤り訂正機能）をすべて備えており，最も普及している二次元コードである（Welcome Designウェブサイト）。

QRコードは，①大容量データの収納が可能，②少ないスペースでの印字・表現が可能，③仮名・漢字の表現が効率よく可能，④コードの一部に破損や汚れがある場合でもデータ復元が可能，⑤360度どの方位からでも読み取りが可能，というメリットがある。QRコードは，バーコードと比較してそのデータ

図表6-2　日本における主な二次元コード

名称	PDF417	QR CODE （モデル2）	Veri CODE	DataMatrix （ECC200）
シンボル				
種別	スタック型	マトリックス型	マトリックス型	マトリックス型
情報量	1,108文字 （ASCII）	4,296文字 （英数字）	261文字 （英数字）	2,335文字 （英数字）
読取方向	チルト角±10° （モジュール高さによる）	360°	360°	360°
読取方式	レーザー方式 イメージ方式	イメージ方式	イメージ方式	イメージ方式
開発元	米国 Symbol Technologies社	日本 ㈱デンソー ウェーブ	米国 VERITEC社	米国 I.D MATRIX社

（出所）サトーホールディングスウェブサイト：https://www.sato.co.jp/products/automatic_recognition/qr_code.html

量が飛躍的に向上したため，多様な分野での使用が可能となった。

3）QRコードの活用

QRコードは，元来の製造業での部品管理や医薬品の管理など，モノの情報管理を出発点とし，近年はスマートフォンでのQRコードの読み取りや表示によって，個人消費に関連した活用も増えている。QRコードの個人消費の活用では，決済サービスがある。また決済だけでなく，入場券や乗車券のチケットレス化，銀行ATMでのキャッシュカードの代用，電子申告内容を記録したQRコードによるコンビニ納税などにおいても活用シーンが拡大している。

(3)　EOS

EOSは，小売業者や卸売業者が商品を発注する際，かつてのように伝票や電話，ファクシミリ（FAX）を使用するのではなく，コンピュータ回線を経由し，

図表6-3 EOSの仕組み

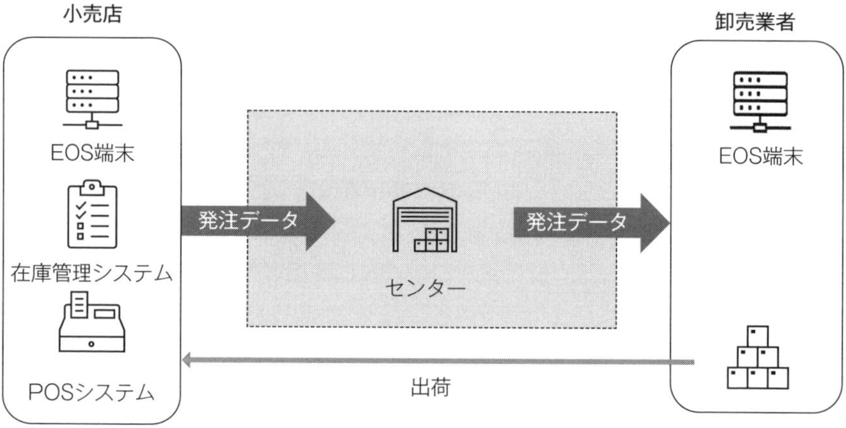

発注データを企業内だけではなく，取引企業間のネットワークにおいてオンラインで交換するシステムである。小売業では，POSシステムの導入が進んできたが，POSシステムとEOSを組み合わせることにより，総合的な小売情報ネットワークの構築へと向かうようになった（**図表6-3**）。

EOSが浸透した理由には，①多品種少量ニーズによる商流と物流のローコスト化の要請，②他の情報システムと比較してコスト評価が容易であること，③EOS化を支援する関連システムの登場，④EOS用の事業プロトコルの標準化・整備の進展，⑤生産者や卸売業の小売業に対するEOS，POSシステムの導入，運用支援体制の整備，が指摘される（浅野（1990））。したがってEOSは，大量の受発注データを正確に短時間で処理し，小売店頭での品切れを解消することにより，小売業者のチャンスロスを減少させることができる。

(4) ICタグ

1）ICタグとは

ICタグは，RFタグや電子タグ，非接触タグとも呼ばれる。最近はRFタグと呼ぶのが一般的である。そして，RFタグと読み取り機などを含めたシステムの総称がRFIDである。ICは極小のICチップとアンテナによって構成され，チップ内の情報を無線通信で読み取る。ICは生鮮品の産地証明，万引き防止など幅広く活用できる。

2）RFタグの種類

RFタグには電磁誘導方式と電波方式がある。電磁誘導方式は主にHF帯（短波帯 13.56MHz）の周波数帯でリーダーライターのコイル状アンテナからの電磁波をタグ側のコイル状アンテナで受け，タグICの動作電力を得る。電波方式（主にUHF帯（極超短波））は，リーダーライター側のアンテナから空間へ放射する電波をタグ側のアンテナで受け取る。両者ともリーダーライターからの動作電力を得て，さらに信号を受け取り返答する点ではほぼ同様である。

HF帯のタグでは，コイル状のループアンテナが使用される。リーダーライター側のアンテナも同様のアンテナが主に使用される。これは，エネルギー効率は比較的高いが，通信距離は短い。UHF帯のタグでは，ダイポールタイプ（ケーブルの先に2本の直線状の導線を左右対称につけたもの）のアンテナが使用され，リーダーライターのアンテナではパッチアンテナタイプが主に使用される。タイポールのアンテナは指向性があるが，通信距離の長さでは優位性がある。パッチアンテナは指向性が小さいためダイポールタイプのアンテナを持つタグと併用し，タグをさまざまな角度から通信できるように補っている。

3）RFID技術の活用

RFID技術は，カードキーによる施錠・解錠などを行う入退室カードや交通カード（Suicaなど）のように，人が日常生活で利用するものと，図書館やレンタルショップなどで，本やCD，DVDに貼り付けて貸し出し管理をし，棚卸や万引き防止などに利用される。最近アパレル業界などでは，RFIDを貼り付けた商品タグを用い，棚卸管理やレジ打ち等の効率化，さらに回転寿司店では，会計作業の効率化や賞味期限の管理等に用いられている（**図表6-4**）。

おわりに

本章では，流通機能の1つである情報伝達機能について取り上げた。まず，情報の特性についてふれたのち，一般の情報と流通情報の相違について言及した。また市場（顧客）に対して情報を伝達する販売促進情報について，人的販売や広告，パブリシティや狭義の販売促進情報について，それぞれの事例をあげながら説明した。

図表6-4 RFIDの仕組み

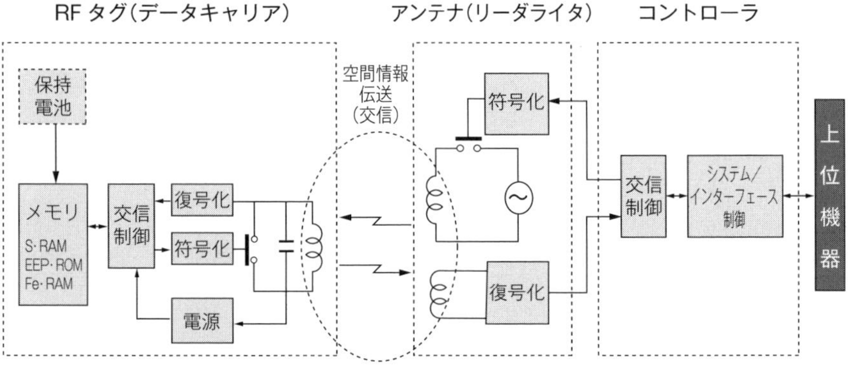

(出所) オムロン制御機器ウェブサイト：
https://www.fa.omron.co.jp/guide/technicalguide/47/219/index.html

また市場から情報を流通させる逆方向の情報の流れについて，それを取得する方法である市場調査について，その調査対象や調査方法による分類などにふれた。さらに昨今，流通の現場において非常に重要となった流通情報システムについて，それを構築するPOSシステムや二次元コード，さらにEOSやICタグについても取り上げた。

第7章

補助的流通機能

はじめに

流通機能には，商的流通機能，物的流通機能，情報流通機能の他にこれらを補助（助成）する補助的流通機能がある。流通は，前の３機能で機能するが，補助的流通機能が機能することでより促進・補助される。この機能は，かつては商人が前の３機能と同様に担った機能でもある。近世や近代には，商人だけではなく，各分野において専門業者が現れ，近代以降はより専門化が進んだ。

現在，商学部や経営学部では金融関連の授業が多く配置されている。そのため金融分野は，経済分野からの派生であると考えがちである。しかし金融は，商人が担当した機能である。そのため商人が行っていた活動を由来とし，それが発展したものであることを念頭に置くと理解しやすくなる。本章では，流通の補助機能，資金調達やリスクの発生と回避，商品取引所を中心に取り上げる。

第１節　流通機能を支える機能

(1)　商的流通の促進・補助

１）流通補助活動の生成

これまで商人の活動の発展・展開についてふれ，生産と消費の懸隔を社会的に架橋する流通の仕組みについて取り上げてきた。生産と消費の懸隔を架橋するには，所有権移転が重要であり，それを中心として流通が機能していることを確認した。そのため，所有権移転によってモノや情報の動きが起こり，流通が機能している。

こうした所有権，モノ，情報が移転する場面では，これらの活動をより促進させたり，効率化させたり，さらには低費用化させたりするための補助（助成）活動が生成されてきたのは必然的であったかもしれない。

2）流通補助機能が発揮される場面

われわれが入手したい商品があり，支払い可能な手持ちの金銭がない場合を考えてみよう。子どものときであれば，親にねだったりして買ってもらえたかもしれない。少し成長すると親に借りて（きちんと返すかどうかは別として）手にした記憶がある人も多いだろう。社会人となると，クレジットカードを使用して商品を入手したり，自動車などの場合は，銀行など金融機関でローンを組んだりして入手することができる。

こうした状況は，売り手の立場にとっても都合がよい。買い手が即座に現金で支払える能力がない場合，購入を控えてしまうとそもそも取引は成立しない。言い換えれば，売上にはつながらない。しかし，購入者が誰かに金銭を借りたり，あるいはクレジットカードを使用したりして，これらの商品を入手することにより，売り手の事業が成立する。さらに高額商品などは，金融機関でローンを組むことにより，取引が成立する。ただこうした取引は，売り手と買い手が直接現金，あるいは電子マネーで即座に決済を行う取引とは異なっていることに注意しなければならない。

3）流通補助機能による取引促進

買い手にとっては，商品を購入するための手持ちの資金がない，それでも商品を入手したいというとき，誰かがその代金を融通してくれると，入手しようという気持ちになるかもしれない。一方，売り手には，買い手が手持ち資金を持っていない場合には，売買取引，言い換えれば商的流通をすることが叶わない。しかし，誰かが買い手に購入資金を融通すれば，売り手には買い手に代わって，誰かがその代金を支払ってくれることで，取引につながる。

このように商的流通という視点において，所有権移転を売り手と買い手だけで達成することができない場合，誰かがそれを補助することにより，成立させることが可能となる。資金を有している機関が，商品などの購入資金を必要としている機関に対して，資金を融通することを金融という。そして，金融という活動は，売り手と買い手間での取引を促進させるために機能することになる重要な流通補助機能である。

⑵　物的流通の促進・補助

１）危険の発生

生産者と消費者間において，直接商品のやりとりがされていたのは，その物理的距離がそれほど離れていない時代においてであった。しかし，生産者と消費者間の距離が物理的に離れ，売り手（生産者）と買い手（消費者）間に物理的距離が発生すると，この物理的距離を商人が結びつけるようになった。ただ商人が結びつけたのは，物理的距離だけではなく，所有権の懸隔が前提としてあった。

商人は，生産者から買い取った，あるいは販売を委託された商品を消費者に届けるため，商品を物理的に移転させる物流機能を担うようになった。物流活動は，輸送と保管が中心であるが，輸送と保管という活動の過程では，さまざまな危険が発生した。ここでいう危険は，経済的損失という意味での危険である。それは輸送中には商品が破損したり，腐敗したりする危険である。また保管中は盗難にあったり，やはり腐敗したりする危険が発生することもある。こうした経済的損失は，かつては商人が負担していた。

２）流通における危険

取引過程で発生する危険は流通危険という。かつて商人は，流通危険を負担していた。つまり，流通過程で何らかの危険が発生すると，そうした危険は商人が経済的損失を被っていた。つまり通常は，商人が危険負担をしていた。他方，こうした経済的危険が発生するからこそ，売買取引がうまく成立した場合には，商人は大きな利益を得ることもできた。

これを海外との取引，つまり貿易を想像するとわかりやすくなる。ヨーロッパで組織された「〇〇東インド会社」は，その取引に危険が多かったからこそ，成功した際の利益は大きかった。したがって商人が行っていた貿易は，危険を商人が負担したため，成功した際の利益は莫大なものとなった。

３）保険の生成

こうした商品の輸送・保管中において，発生する可能性がある危険は，当初は商人が負担していた。こうした危険負担から保険という仕組みが形成されるようになった。当初は，海上輸送に対して，何か危険があった場合の経済的負担を引き受けることから海上保険が生成した。つまり商品の損害に対して，保険というシステムが誕生したわけである。それが次第にヒトの生命や健康に対する生命保険へと発展した。

保険という仕組みにより，商品の輸送・保管中に発生する危険は，生産者や消費者が負担するのではなく，商人である流通業者，さらには専門に引き受ける保険会社の成立へと展開するようになった。

(3) 情報流通の促進・補助

1）情報伝達の補助

売り手と買い手間での情報伝達は，第5章で取り上げたように，売り手（生産者あるいは流通業者）側から買い手（消費者）へと一方向に移転するのではなく，買い手側からの情報移転も日常的に行われている。かつては，こうした生産者や商品情報もその伝達には，商人が介在していた。また買い手のニーズなども商人がそれを川上の流通業者や生産者に対して伝達していた。

情報を有する者が流通を支配していたため，近世のわが国では，問屋（卸売業者）の経済に対する影響力が大きかった。しかし，生産者の規模が大きくなり，第二次世界大戦後には小売業者の規模が次第に大きくなり始めた。そのため，卸売業者の経済に対する影響力は次第に萎えていった。その背景には，生産者や小売業者の有する情報量が増えてきたことがあった。

2）情報伝達専門業者の誕生

現在のような情報社会では，情報の量があまりにも増加し，その情報管理には大きなコスト負担が必要となった。かつて商人が有していた情報は，自らでは管理の限界を超えるほど，膨大なものとなった。また生産者が商人に伝達し，反対に消費者が商人に伝達し，その川上の流通業者，生産者へと伝達することが，商人が行える能力を超えるようになっていった。

そこで，生産者が流通業者に伝達し，さらに消費者へと伝えていた情報を専門に媒介する広告代理店が現れた。第6章で取り上げたように，消費者からの情報や小売業者や卸売業者間で伝達する情報などを専業として整理し，さまざまな部門へと伝達する情報企業なども出現するようになった。したがって，商人つまり流通業者が，情報伝達を行うのではなく，情報伝達専門の企業としての事業者が現れ，より情報流通機能を促進，補助するようになった。

第２節　資金の調達

(1)　自己資本と他人資本

１）自己資本による起業

流通業者に限らず，生産者でも，その事業を開始しようとすれば，資金が必要である。小売事業を始めたい者であれば，（最近は店舗を持たない選択肢もあるが）まず店舗を確保しなければならない。借りる場合は，賃貸料だけでなく，敷金や礼金・保証金なども必要になる。また店舗内に設置する什器やレジスター（レジ）なども購入しようとすれば，やはり多額の資金が必要となる。さらに肝心の商品を仕入れ，電気代や水道代，人を雇用しようとすれば，その人件費を支払う必要がある。

このように小売店を開業しようとすれば，店舗設置にかかる費用のほかに商品の仕入代金や店舗を運営するための費用がかかる。こうした費用をすべて開業前に準備し，開業のための資金を自ら揃えてから開業するというのが１つの方法である。これは自己資金（資本）による開業（起業）の典型である。

２）他人資本への依存

流通業，とくに小売業は，第二次世界大戦後に闇市が立ち，どこからか仕入れてきた商品を簡易な台に並べ，販売した小売業者が存在したことからもわかるように，少ない資金で開業できる事業であった。そのため，かつての小売業はハードルの低い事業であったかもしれない。しかし，先にあげたように現在では店舗を借り，什器を入れ，商品を並べ，レジなどを入れようとすると一定程度の費用が発生する。

こうした費用を開業しようとする者が，自己資本で賄いきれない場合には，他人資本に依存することになる。他人資本は，自己資本に比べて一定期間での返済義務や金利負担などのマイナス面もある。ただ自己資本で充足させるためには，時間もかかるため，他人資本の利用を考えることは現実的である。他人資本による資金調達では，取引先を利用したり，金融機関から借入れをしたり，社債を発行するなどの方法がある。

流通業者にとって頼りになるのは，取引先，つまり商品の仕入先である。小売業の場合には，仕入先として生産者や卸売業者などがある。こうした取引先から商品を仕入れる掛取引（商品売買と同時に代金支払いが行われず，後日の特定日に決済する方法）や手形払（一定時期・場所・金額が支払われることを明記した有価証券）が一般に行われる方法である。これにより，仕入れた商品を販売し，その後支払いを行うことができる。

こうした取引は，小売業を開業してすぐに行える取引ではない。つまり，小売業と取引先における取引が一定期間継続し，売り手と買い手間での信用が醸成されてはじめて可能となる。そのため，小売業の開業当初は，こうした取引先の利用も限定されることになる。

3）金融機関の役割

開業のための資金調達では，金融機関の利用が考慮される。わが国には，中央銀行として日本銀行があり，三菱UFJ銀行，みずほ銀行，三井住友銀行などのメガバンクに代表される民間金融機関や政府系金融機関がある。民間金融機関は，資金量が豊富なため，流通金融の中心的役割を担っている。しかし，流通業を開業したい者がすぐに利用できる金融機関ではない。そこには信用の問題があるからである。

信用とは，世間一般で使用されている意味ではなく，商品の掛け売りや貨幣の貸付で生じた債権・債務の関係をいう。開業しようとする者は，この意味での信用が不足しており，民間金融機関をすぐには利用できない。そこで開業（起業）しようとする者を育成するという政策的見地からは，低利かつ長期で融資する政府系金融機関の利用が考えられる。この機関は，政府資金により一般の金融機関の融資対象とはなりにくい事業者を対象としている。

⑵　流通金融における資金調達

1）流通金融の概要

金融とは，資金のある個人や組織が，資金を必要とする個人や組織に対して融通することである。したがって，こうした事象はさまざまな分野でみることができる。ただ流通金融という場合，その対象は流通機能を担当する機関に対するものである。商品流通のために金融機関が資金を融通することが流通金融の中心である。ただ金融は，流通分野とそれ以外を明確に区分することは難しい。それは直接流通に関わる部分と間接的に関わる部分があり，明確な線引きができない場合があるためである。

流通金融の範囲は，卸売業者や小売業者という流通業者に対するものと，流通に関係する面では生産者や消費者，物流専業企業である輸送企業や倉庫企業，広告代理店なども含まれる場合がある。通常，物流専業企業や広告代理店など間接的に流通に関わる機関は，流通金融からは除外される。そのため，生産者や流通業者が商品流通に必要な資金を融通し，消費者に商品の購入資金を融通することが流通金融である。

２）長期金融と短期金融

前節では，ある者が小売業を立ち上げようとする場合，その店舗開設や店舗内の什器，内装などにかかる必要が発生する場面と，商品の仕入れなど日々の小売活動にかかる費用を区分して考えた。前者は設備資金として必要となる費用であり，後者は運転資金として必要となる費用である（加藤・吉原（1991））。

小売業にかかわらず，ある事業を立ち上げようとすると，その設備投資に要する費用は多額になる。そのため，こうした費用を自己資金で賄うことには困難がある。その場合，民間金融機関や政府系金融機関などから融資を受けることになる。その融資額は多額となるため，長期間にわたって元金や利息を支払わなければならない。こうした金融を長期金融という。

他方，商品の仕入代金や光熱費，従業員の給与などは，店舗を運営するための費用である。これらに要する資金を運転資金という。運転資金は，設備資金ほど多額にならないために短期金融によって賄われる。その方法には，商業手形の割引，手形借入，当座借越などがある。

⑶　直接金融と間接金融

１）直接金融

金融は，資金に余裕のある個人や組織が，資金を必要とする個人や組織に融資することである。前者が後者に対して，直接資金を融通する方法を直接金融という。その形式には複数ある。企業などの借り手が，有価証券（株式や債券など）を発行し，貸し手（個人や企業）から直接資金を調達する方法が一般的である。直接金融は，借り手と貸し手間には，銀行などの金融機関が介在しない取引である。直接金融を行う代表的金融機関には証券会社があり，これは仲介しかせず，借り手が債務を返済しない場合の責任は負わない（**図表７-１**）。

図表7-1 直接金融と間接金融

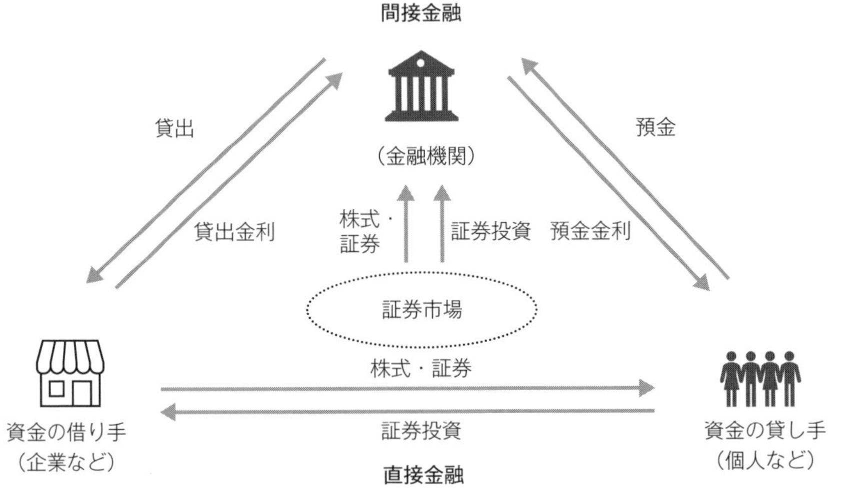

2）間接金融

間接金融は，借り手と貸し手間に銀行などの金融機関が介在し，借り手が間接的に資金を融通してもらう方法である。銀行が預金というかたちで，個人や企業から資金を集め，銀行の責任において借り手に対して貸し付ける。わが国では，かつては間接金融が中心であった。しかし最近では，借り手である企業などはその資金調達を間接金融から直接金融へと移行させている傾向がある。また社歴の浅い企業でも株式を上場させるための新興市場なども整備され，資金を調達しやすくなった面もある。

3）中小企業者に対する金融

長年事業を行っている中小零細規模の小売業や卸売業では，設備投資のための資金や日常の運転資金が不足することがある。こうした事業者が直接金融を行うことは現実的ではない。また民間金融機関などでは，こうした事業者に対して資金を融資することを躊躇する（雲英（1995））。そのため，これらの事業者は資金調達を思うように行うことができない。そこで日本政策金融金庫など政府系金融機関が融資を行う場合もある。

(4)　信用供与

１）信用販売

信用販売は，販売先を信用し，代金の後払いを認めることである。信用販売には，掛払，手形払，分割払がある。信用販売は，それを行う（与信する）個人や組織に資金的な負担を強いるため，資金計画において信用販売が占める割合と機関，対象商品，信用供与先と限度を決め，管理する必要がある。また，貸し倒れが発生すると，損失や資金繰りに困るため，信用供与先を調査し，取引保証金，担保物権を受容し，支払遅延先に対する回収努力が必要となる。

信用は，その供与先により企業と消費者に大別される。とくに後者の消費者信用は，消費者の商品購入費用を融通することである。流通金融の対象は，消費者が商品を購入する際に費用を融通することが中心である。これには小売業者などが消費者に対して直接信用を供与する後払いによる販売信用と，金融機関が消費者に対して資金を貸し付ける消費者金融がある。

２）消費者信用

小売業者が消費者に対してその販売資金を融通できない場合がある。その場合，小売業者がクレジットカードシステムの加盟店となり，クレジットカード会社に手数料を支払い，消費者に対する信用業務を専門のカード会社に委託し，販売信用を供与することもできる。その仕組みを示したのが**図表７-２**である。

消費者信用は，商人によって行われていた掛売に源流がある。消費者は消費者信用を利用すると，その購入資金が総額に足りなくても入手しやすくなる。また消費者の日常生活で一時的に出費が集中した場合には，負担分散が可能となる。さらにクレジットカードを持つことは，消費者にとって多額の現金を持ち歩く危険性から解放される面もある。

ただ消費者がクレジットカードを利用する場合には，カード１枚とサイン（最近はサインレスもある）や暗証番号の入力により手軽に商品を入手できるため，魔法のカードと勘違いし，浪費し，家計を破綻に導く怖れもあるため，その利用は慎重にしなければならない。

図表7-2 クレジットカードの仕組み

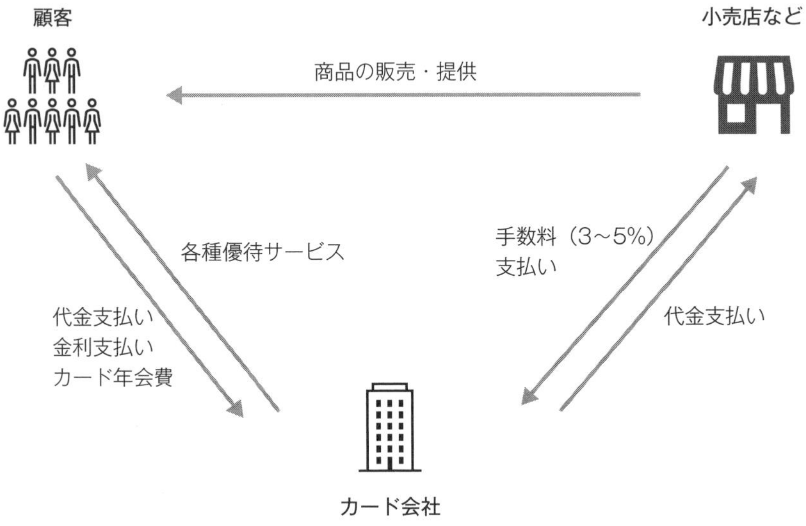

第3節　リスクの発生と回避

(1)　リスクの発生とその種類

1）リスク管理の必要性

所有権移転には必ず危険（リスク）が伴う。つまり所有権を得ることはリスクを冒すことでもある。所有することで起こる危険は，所有権移転をさせたことによって発生する危険である。言い換えれば，所有権移転をさせなければ発生しないリスクは多い。そこでリスクを冒さないため，所有権を移転させずに使用する方法もある。ただ所有権を移転せずに消費することはできないため，所有権を得たモノのリスク管理が必要となる。

2）危険の種類

危険はさまざまな次元で分類されるが，主に投機危険と純粋危険に分類される。前者はビジネスリスクともいわれ，損失の発生とともに利得の可能性もある。これらの代表的なものには，株式投資，新製品発売，海外進出などに伴う危険がある。これらの危険は利得の可能性もあるため，通常は保険という仕組みの対象とはならない（上田（1997））。

純粋危険は，損害しかもたらさない危険であり，代表的なものに自動車事故，火災，自然災害などがある。この危険には，保険可能な危険と保険不可能な危険がある。これには①人的危険（死亡，病気，ケガ，失業，老齢など個人の人命や健康などによる損失），②財産危険（自動車事故，火災，地震など財産にマイナスの可能性が発生），③危険責任（危険を発生させるものの設置，支配や管理している者がそこから生じた権利侵害について責任を負う），がある。

流通において発生する危険は多様である。主に，①モノの選択と購入条件，②購入後の経済条件の変動，③物的損失，④紛失，⑤信用延期がある。これらの危険は，事前に危険が発生しないよう，あるいは危険が発生してもその損失をできるだけ最小限に抑制するリスクマネジメントを行う必要がある。

⑵　保険の要件と機能

１）保険の要件

保険とは，特定の偶発事故に遭遇する危険に晒される大人数（多組織）を集め，加入者から事故発生率に応じて算出金銭を拠出し，共同の資金を形成し，事故に遭遇した加入者にその資金から給付する制度である。

保険の要件には，①保険事故（偶然性を有する特定事実），②保険金（保険事故への経済準備），③保険団体（社会的な経済準備），④保険料（合理的かつ公平な負担），⑤経済施設（確率計算に基づき公平負担を行う仕組み），がある。

保険の成立には，多数の経済主体（加入者や契約者）が必要である。これは負担を分担し，軽減を目指すためである。ここでは大数の法則の適用が可能となり，これによって偶発事故が予測され，負担の公平化が可能になる。つまり，保険料算出の基礎数値の１つである事故の発生率は，大数の法則に立脚した統計的確率である。個人や個別組織には，偶発的事故であっても，大量に観察するとその発生率を全体として予測することが可能となる。

さらに保険価格の決定要因は，保険金（事故が発生したときに支払われる金額）と保険料（当該保険金額を受け取る契約締結に必要とされる金額）である。ただ保険金＝保険金額ではなく，保険金は実際に受け取る額，保険金額は当該保険料を支払った際に受け取れる保険金の上限額となる。保険料は，通常は掛け金と呼ばれ，保険料は保険料率とは異なるものである。

2）保険の機能

保険においては，保険料の受け取りから保険金の支払いまでに時間差が生じることがある。そのため，価格競争になると，引き下げ競争が過剰になる可能性がある。つまり保険は，原価が確定していないため，契約時点において下げようとすると際限がなくなってしまう。そして，過当競争となった場合には，事後的健全性を喪失してしまい，最悪の場合には破綻の可能性もある。そのため保険価格には「高すぎず，低すぎず，不当に差別的であってはならない」という保険価格の３原則がある。

わが国では，貯蓄としての保険が貯蓄残高の約４分の１に達するといわれている。この額は，定期性預金に次いで，保険の金額が大きいことを示している。ただ保険料はすべてが貯蓄額というわけではない。それに保険は，少ない資金で多額の保証を受け取ることができる制度であるためである。

したがって，保険と預金の違いは，保険は支払保険料累積額にかかわらず，支払われる保険金は一定である。預金は，積立累積額に応じて金利分が上乗せされる。また保険の成立には，多くの契約者を集める必要があるが，預金にはその必要はないという違いもある。

3）保険と預金の違い

保険が預金とは異なる点に関して，前段以外について取り上げる。それは，①条件財（財としての価値が生じる），②長期性・無形性（取引の有効期間が非常に長期），③価値循環の転倒性（前払確定法が採用され，前受対価として将来の保障を約束），④原価未確定性と将来債務性（損害の度合いにより損失額が異なり，損失額は事後的に決定），⑤商品差別化が困難（競争者の商品が模倣可能），⑥情報の偏在（契約者や保険者はそれぞれの危険が把握不可能），⑦供給の無限性（保険財は無形で各人の危険を大量の契約者を集めることで平準化することを目的），である。

われわれは，こうした保険と預金の違いを認識したうえで，消費者の家計における金銭配分についても考えなければならない。

第４節　商品取引所の機能

⑴　商品取引所とその機能

１）市場危険の発生

商品価格の変動によって発生する危険は，取引過程で発生する市場危険である。市場価格は，需要，嗜好，生産，競争，景気，制度，自然環境などによって影響を受ける。相場変動による危険の一部は，商品取引所において先物取引される商品に限って，回避できる場合がある。

わが国では，1661年に大坂で開かれた淀屋米市が商品先物取引の最初とされる。そして淀屋米市は，1698年大坂堂島に開かれた米場がのちの堂島米穀取引所の起源となった。第二次世界大戦後，戦時統制経済から自由取引経済へ転換し，多くの商品取引所が設立された。

２）商品取引所の仕組み

商品取引所は，商品先物取引法上の株式会社商品取引所である。取引所は商品先物取引法（昭和25年法律第239号。旧法名は商品取引所法）に基づき設立された特定商品または商品指数の先物取引およびオプション取引（あらかじめ定められた期日（満期日）にあらかじめ定められた価格（権利行使価格）で取引できる権利を売買する取引）を行う施設である。

商品取引所の目的は，多数の投機取引によって商品価格を形成し，売買取引を公正化し，商品の生産や流通を円滑化，国民経済の適切な運営に資することである。また取引所の機能には，①敏速・確実な大量取引，②公正な先行価格指標の形成，③価格の平準化，④価格変動リスクに対するヘッジ（危険回避），がある（東京商品取引所）。

⑵　商品取引所で取引される商品と先物取引

１）商品取引所の上場商品

商品取引所で取引される商品は上場商品と呼ばれ，先物取引に適合しなければならない。それは，①品質が均等で標準品との差が明確にあること，②生産者・消費者の一方または双方が独占できないこと，③保存性が高いこと，④年間を通じて一般的需要があること，⑤供給が不安定であること，などである。具体的には，農産物（トウモロコシ，大豆，小豆（あずき），コーヒーなど），砂糖，水産物，ゴム，貴金属（金，白金など），アルミニウム，石油（原油，灯油）などがあり，追加や削除もある。

２）先物取引

商品取引所における先物取引は，現物先物取引，現金決済先物取引，指数先物取引，オプション取引から構成されている。①現物先物取引は，売買当事者が将来の一定時期に商品と代金の授受を約束する取引であり，その時期に約束を実行するか，その前に反対売買（買っておいた物を転売する，売っておいた物を買い戻す）し，売買の差金を清算する。②現金決済先物取引は，特定商品について約束する価格（約定価格）と，将来の一定時における同一商品の現実価格との差額授受を約束する取引である。現物先物取引との相違点は，現物受渡しの決済ができない点である（**図表７-３**）。

③指数先物取引は，大豆と小豆を組み合わせた農産物指数のように，共通性のある複数商品価格を加重平均した指数について，取引当事者があらかじめ約定する指数値（約定指数値）と，将来の一定時期の指数値（毎日所定時間に取引所が発表する数値，理論指数値）の差を，あらかじめ定められた換算価格によって現金で決済する約束する取引である。④オプション取引は，将来の特定日または期間に特定商品を特定数量・特定価格で買う権利（コール・オプション）または売る権利（プット・オプション）について，プレミアムを支払って売買する取引である。

⑶　商品取引所の組織とルール

１）商品取引所の組織

商品取引所の組織は，取引法によって一定の会員資格を有する会員により組織・運営される非営利法人か株式会社組織と定められている。わが国では，かつて16カ所存在した商品取引所は，現在では大阪堂島商品取引所および東京商品取引所に集約された。現在のところ，大阪堂島商品取引所は会員組織であり，東京商品取引所は株式会社組織である。

取引所での取引には，板寄せとザラバという方法がある。前者は集団的競争売買であり，１日数回，所定の立会時間に多数の売りと買いを集中させ，両者

図表７-３　商品先物取引の流れ

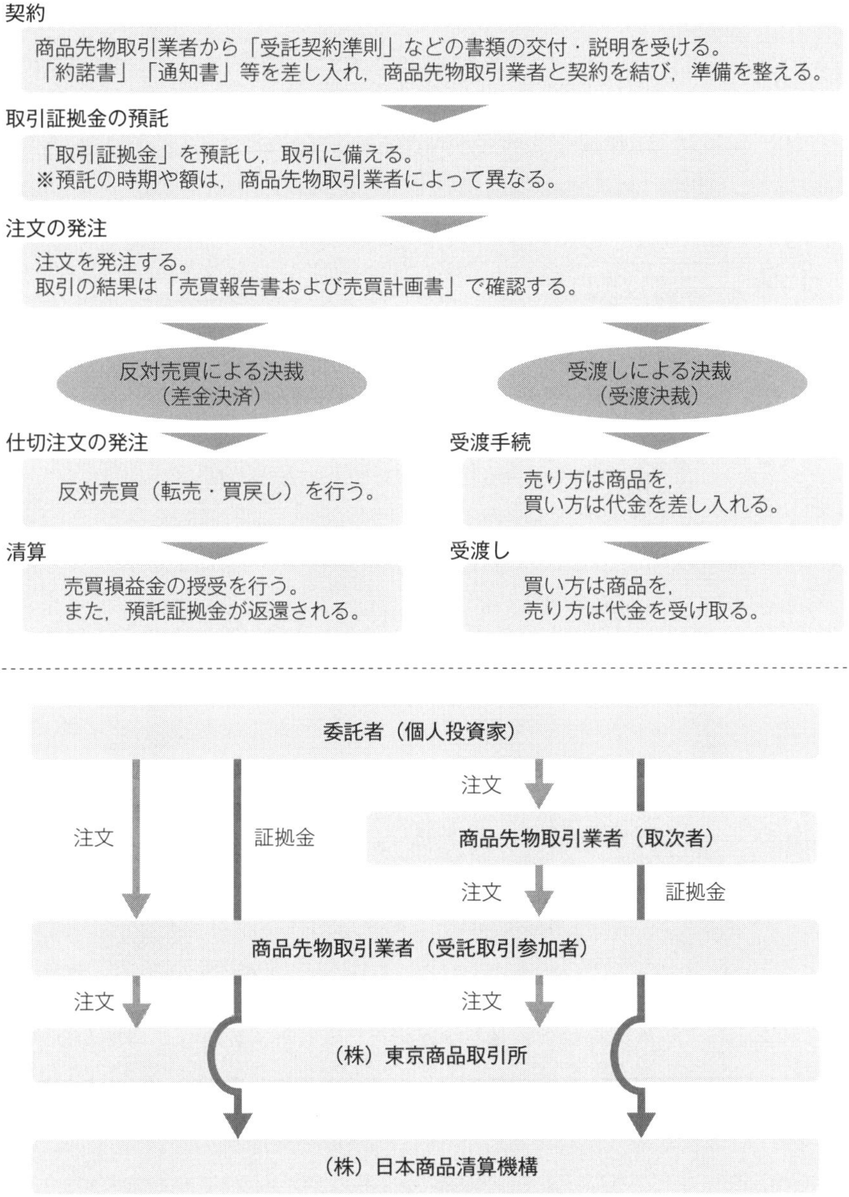
契約
商品先物取引業者から「受託契約準則」などの書類の交付・説明を受ける。
「約諾書」「通知書」等を差し入れ，商品先物取引業者と契約を結び，準備を整える。
取引証拠金の預託
「取引証拠金」を預託し，取引に備える。
※預託の時期や額は，商品先物取引業者によって異なる。
注文の発注
注文を発注する。
取引の結果は「売買報告書および売買計画書」で確認する。
反対売買による決裁
（差金決済）
受渡しによる決裁
（受渡決裁）
仕切注文の発注
反対売買（転売・買戻し）を行う。
清算
売買損益金の授受を行う。
また，預託証拠金が返還される。
受渡手続
売り方は商品を，
買い方は代金を差し入れる。
受渡し
買い方は商品を，
売り方は代金を受け取る。
委託者（個人投資家）
注文
証拠金
注文
商品先物取引業者（取次者）
注文
証拠金
商品先物取引業者（受託取引参加者）
注文
注文
（株）東京商品取引所
（株）日本商品清算機構

（出所）東京商品取引所ウェブサイト：https://www.tocom.or.jp/jp/guide/nyumon/kojin/flow01.html
（一部改）

が合致したときの価格（相場）を約定価格とする。後者は複数約定価格による個別競争売買ともいわれ，互いに相手を見つけ，相対で価格・数量を交渉し，決定することを連続的に行い，全体としては複数の約定価格が形成される。

2）先物取引のルール

先物取引のルールでは，限月，値幅制限，取引証拠金制度が重要である。①限月は，約定を実行する期限であり，通常は３月，６月，９月，12月の第２金曜日前日と決められ，常に５限月取引が並行して行われ，最長は１年３カ月の５限月取引である。②値幅制限は，価格の乱高下による混乱を防ぐため，前日の最終約定価格を基準に商品ごとに一定の上下限を設定する。③取引証拠金制度は，委託者が所定の委託証拠金を法定の清算機関（株式会社日本商品清算機構）に預託し，決済履行の円滑化に資する。

高度成長期には，生産者は商品上場の必要性，流通業者は価格変動に備える必要性について感じなかった。そのため上場商品の更新が遅れ，投機色の強い取引場となり，取引所の機能が低下するようになった。また通信手段が発達したため，各地に分散していた取引所の存在意義は希薄化していった。そのため，商品先物取引法は何度かの改正を経て，規制から育成，委託者保護の強化，監視の強化，取引所の整理統合と近代化が図られるようになった。

おわりに

本章では，商流・物流・情報伝達機能以外に，流通機能を補助（助成）する機能として流通補助機能を取り上げた。そこでは商流・物流・情報流をそれぞれ支援する補助的な機能について言及した。そして，商流を支援する大きな機能としての資金調達や，流通金融とその他の金融との相違にもふれ，直接金融と間接金融との相違，また信用販売についても説明した。

商流には，さまざまな危険（リスク）が常に付随する。そこでそのようなリスクの発生やその種類に言及し，保険という仕組みについて説明した。さらにごく一部の商品の価格変動によって起こる危険については，商品取引所という古くから存在する施設の仕組みによって回避できる可能性について取り上げた。

第8章

小売機構と小売形態

はじめに

小売とは，（最終）消費者に物理的形態を有する（有体）商品を販売する活動である。日常，消費者が行っている取引が小売取引である。小売といえば少量，小額に販売することをイメージするが，買い手が消費者である取引をいう。したがって，小売は量や金額ではない。また消費者に有体商品を販売することを主な活動とする売り手は，小売商（人）や小売業者などと呼ばれる。この活動は，当初は個人で行っていたが，次第に集団で行うようになり，規模が拡大したため，小売企業という方が適当かもしれない。

近年は，小売業者の大規模化により，消費者に有体商品を販売する活動も様変わりした。わが国では半世紀前には，駅前に広がっていたいわゆる商店街では集客が減少し，郊外の大型店へと消費者の動きが変化した。本章では，小売概念や小売業の機能，小売機構とその形態を中心に取り上げる。

第1節　小売概念

(1)　小売概念

小売とは英語でretailingという。元来の意味は「尾の方へ」であるため，末端に商品が流れていく様子を表す。最近は，小売という日本語だけではなく，「リテール」「リテーリング」という言葉も日常聞かれるようになった。

アメリカマーケティング協会（AMA）は，小売を「最終消費者に直接販売することに含まれる諸活動」(1960）としている。コトラー（Kotler, P. ）は「最終消費者の個人的・非営利的使用のために財ならびにサービスを直接販売する活動」(1991，翻訳書（1996）501）としている。これらの定義は，小売とは単に有体商品を販売する活動だけを指すのではなく，その販売のために商品の説明をしたり，決済後は商品を包み，その使用過程で不具合が生じた際には修理をしたりするなどの活動も含んでいる。

つまり小売は，消費者への商品販売のために行うさまざまな活動や過程を重視している。消費者に直接販売することは，生産者や第10章で取り上げる卸売業者も行うことがある。しかしこれらの事業者は，それぞれ生産や卸売活動が主である。流通業者のうち，1年間で商品を販売した販売額（売上高）が消費者に対しての割合が多いのか，消費者以外に対しての割合が多いかにより，統計的に小売業か卸売業であるかが決定する。これを「メインの法則」という。

⑵　経済構造実態調査における小売業

1）統計調査の変化

わが国では，小売業の事業所（店舗など）を対象とした調査として「商業統計調査」が行われてきた。しかし，「公的統計の整備に関する基本的な計画」（平成30年3月6日閣議決定）における経済統計の体系的整備に関する要請により，経済センサス―活動調査の中間年における経済構造統計の整備・充実を図るため，経済構造統計に統合・再編された。そして商業統計調査は「経済構造実態調査」に統合・再編された。

2）日本標準産業分類による小売業

経済構造実態調査では，小売業に分類される事業所は，日本標準産業分類における小売業である。それらは次の通りである。

①個人用または家庭用消費のために商品を販売するもの
②産業用使用者に少量または少額に商品を販売するもの
③商品を販売し，かつ，同種商品の修理を行う事業所（修理を専業としている事業所はサービス業）
④製造小売業（製造した商品をその場所で個人または家庭用消費者に販売するいわゆる製造小売業（菓子屋，パン屋など）は製造業としない）
⑤ガソリンスタンド
⑥行商，旅商，露天商など（一定の事業所を持たないもの，また，恒久的な事業所を持たないものが多いが，その業務の性格上小売業に分類）
⑦別経営の事業所（官公庁，会社，工場，団体，劇場，遊園地内にある売店で当該事業所の経営に係るものはその事業所に含めるが，その売店が当該

事業所以外によって経営されている場合には別の独立した事業所として小売業に分類）

これらの分類は，日本標準産業分類では「大分類Ｉ（卸売業，小売業）」として区分される。大分類は原則として，「有体的商品」を購入し，販売する事業所が分類されている。また販売業務に附随して行う軽度の加工（簡易包装，洗浄，選別等），取付修理はこの分類に含めている。

中分類では，店舗を持たず，カタログや新聞・雑誌・テレビジョン・ラジオ・インターネットなどで販売促進をし，通信手段によって個人から注文を受けて商品を販売する事業所，家庭などを訪問し，個人への物品販売や販売契約をする事業所，自動販売機で物品を販売する事業所およびその他の店舗を持たない小売事業所が分類される。ただ製品を製造する事業所が，店舗を持たずに通信販売により小売する場合は，「製造業（大分類Ｅ）」に分類される。

第2節　小売機能と社会的役割

(1)　小売機能

1）小売による社会的懸隔の架橋

流通は，さまざまな懸隔を社会的に架橋することがその機能である。小売は，消費者に直接販売するため，売り手である小売業（者）と消費者間における懸隔を社会的に架橋する。こうした懸隔は，生産と消費における懸隔のある部分を占める。つまり，生産者から卸売業者，卸売業者から小売業者，そして消費者へと流通チャネルを移転する取引要素を小売業は，末端で架橋している。

2）消費者の買物費用

小売業は，消費者への直接販売が中心的役割であるため，消費者に対する役割が大きい。そこで，消費者が自らの生活に必要な商品を購入する場合を考える。消費者が食品を購入する場合，たいていはスーパーマーケット（スーパー）には，徒歩や自転車，自動車で往復する。またスーパーの店舗内では，目的の商品を探索し，それ以外の商品も手に取る。そして，それら商品を精算し，自ら袋や箱に商品を詰め，自宅などに持ち帰る。こうした行動をするには時間がかかる。こうした一連の行動は，買物にかかる消費者の負担となる買物費用である。

消費者が商品を購入するために費やした時間，利用した交通機関の交通費や自転車や自動車の劣化費用なども買物費用となる。また買物することが好きな人とそうではない消費者がいる。買い物が好きではない消費者には，それは苦痛でしかない。こうした苦痛は精神的疲労となるため，買物費用といえる。したがって買物費用は，消費者によってその多寡はあるが発生することになる。

一方，小売業であるスーパーは，消費者の買物費用の負担を理解している。そこで，できる限り消費者の買物費用を抑制しようとする。自動車を利用する消費者には，駐車場に入りやすく，駐車しやすくする。店舗内では，消費者が商品を見つけやすくし，広い店舗内では買物カートや休憩できるベンチなどを用意する。また購入した商品を持ち帰れない消費者には，商品を自宅まで配送することもある。これらをなぜ小売業者が行うのか。それは消費者の買物費用をできる限り抑えるためのサービスと認識しているためである。

3）流通における小売業の役割

小売業には，消費者の生活の福祉と関連する機能が指摘されている（鈴木(2004)）。それは①販売する消費財の品質と組み合わせ，②コミュニケーション，③立地・営業時間，④店舗その他の物的施設，⑤付帯サービス（代金決済，包装，配達，リフォーム，返品，アフターサービスなど商品特性と消費者の状態に適合したサービス），⑥価格（リーズナブルな価格での販売），である。

また小売業は，消費者に直接販売することから，消費者に関する情報をその川上に位置する生産者や卸売業者に伝えている。コンビニエンスストア（コンビニ）やスーパーが取得するPOS情報は，生産者の生産計画，卸売業者の品揃え計画（マーチャンダイジング）に寄与している。さらに大規模小売企業は，プライベートブランド（PB）商品の生産を生産者に依頼し，その生産活動に寄与する面もある。そして小売業は，消費者に直接販売するため，消費者の居住地の近隣に立地している場合が多い。そこでは地域行事への参加や，防犯・防災などに貢献する面もある。

(2) 小売業が主に担当する流通機能

小売業は，流通機構の一部を構成し，流通機能の一部を担当している。ただ，卸売業者や生産者，さらに消費者や買い手としての企業や公的機関などもその機能の一部を担当することがある。そのため，小売機構において小売業が遂行する流通機能を明確にすることは難しい。また小売業が遂行する流通機能は，時間経過によって大きく変化した。小売業が主に担当する機能は，流通機能の３つの機能と補助的流通機能に関わる面が中心である。

商的流通機能に関して小売業が遂行する機能は，①商品品揃え，②小口分売，③販売価格の決定，である。物的流通機能については，①商品の場所的移動に関する活動，②商品の時間的移動に関する活動，③商品の物理的移動に付随して発生する活動，④商品の物理的移動を前提に発生する活動，である。情報伝達機能については，①消費者とのコミュニケーション，②仕入先とのコミュニケーション，③社会とのコミュニケーション，である。また流通補助機能については，信用供与は小売業では危険負担機能に位置づけられる。小売業の維持・管理活動は，継続することにより社会に貢献している。

第３節　小売機構の概要

(1)　小売機構

１）小売機構の構成

小売機構は，一般に流通機構の末端に位置し，消費者に生活に必要な商品を供給することを基本機能とする。また消費者の商品選択や購買を容易にする役割を果たしている（関根（1996））。ここで購買される商品は，有体物のみを指しており，無形物のいわゆるサービスは含んでいない。ただ消費者への商品や商品の販売に付随して提供されるサービスに関するあらゆる事物や，それらが展開する諸活動で構成される仕組みが小売機構である（篠原（2002））。

つまり小売機構は，消費者に有体物である商品を提供するために存在する仕組みである。その仕組みの中では，小売商人あるいは小売業，小売企業と呼ばれる機関（組織）が消費者の商品購入のために有機的に働く必要がある。

こうした小売機構は，多様な小売機関から構成されている。小売業が多様な視座から多角的に捉えられるのは，小売活動が有する多様性と多面性による。つまり，小売業が行う活動は多岐にわたり，その活動を観察する視座によって，多様な理解が可能となる。それは生産者，卸売業者，小売業者自身，消費者という各々の立場から観察することでも，小売業のみえ方は異なる。

2）小売業の経営形態

ここでは小売業の経営形態からみる。小売業の経営は，小売店舗を開業し，展開する際，独自にその店舗を展開するか，あるいは他企業や他組織との関係を結ぶかによって区分される。他企業と関係を結ぶ場合，その提携方法には資本提携と業務提携がある。

小売業を開業する際，当初から大規模店舗で開始し，従業員をたくさん抱え，何千もの商品を品揃えしているということはない。現在では，大規模小売企業に成長した企業についても，創業者は，創業したばかりの頃にはごくわずかな手元資金で商品を仕入れ，狭い場所（店舗）でごくわずかの商品を並べ，事業を開始したことが語られることが多い。

このように独立した小売商人が，まず1店舗目を出店し，その事業を開始させるような小売業を独立小売業という。こうした単一店舗は，単独店ともいわれる。自らその開業資金を調達した（資本的に独立した）小売業者が1店舗のみを所有する店舗である。かつてのわが国では，こうした単一店舗の比重が高く，商店街に軒を並べていた小売店舗はほとんどこうした店舗であった。

3）小売店舗の多店舗化

多くの小売業者は，単一店舗から開始し，次第に事業が軌道に乗ると，近隣にさらに店舗を設置しようとする。この状況になると，単一店舗ではなく，複数店舗を経営することになる。さらに2店舗目以降，店舗数が次第に増加するようになると，小売店舗は多様な形態によって，経営されるようになる。

小売業における重要な業務は，仕入と販売である。小売業者の各店舗では，それぞれ仕入と販売を行い，店舗を増加させる。当初は，本店－支店という関係から，次第に店舗数が増加し，本部－各店舗という関係へと変化することもある。そこで本部が仕入れをし，各店舗は販売と店舗運営に専念する仕組みが形成された。こうして，同じ店舗名（店舗ブランド）により店舗を増やし，規模の利益を追求しているのが連鎖店（チェーンストア）である。

チェーンストアは，**図表8-1**のように仕入と販売を分離し，チェーン本部での集中仕入と各店舗での販売に業務を明確に区分する。各店舗が地理的に分散することで，商圏（顧客が当該店舗に足を運ぶ範囲）が拡大し，より多くの消費者を取り込もうとする。チェーンストアの本部は，経営や店舗展開に関する意思決定をするが，消費者に直接販売するという業務は各店舗に任される。

図表8-1　チェーンストアの仕組み

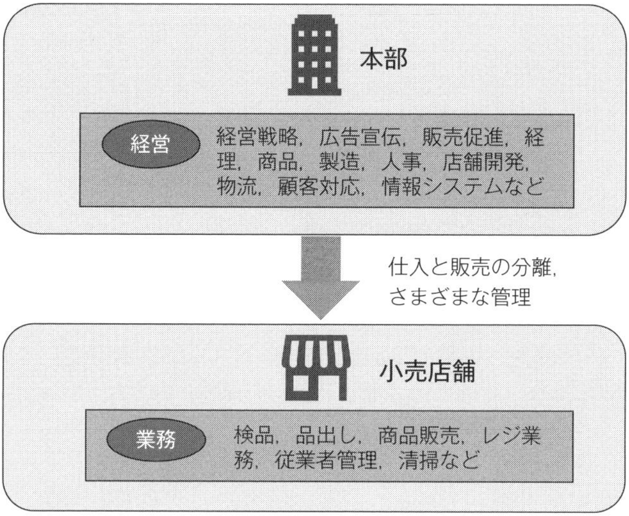

(2)　組織化小売業

組織化小売業は，店舗を展開する際，他企業（組織）と企業間で組織化する形態である。組織化小売業は，資本的に独立している複数の小売業者が組織し，協業することを目的とする。この代表がボランタリー・チェーンとフランチャイズ・チェーンである。

1）ボランタリー・チェーン

ボランタリー・チェーンは，**図表8-2**のように流通業者が資本面での独立性を維持したまま，自発的に組織化し，協業化する組織である。これはチェーンストアの運営方法を採用し，規模の経済を働かせることを目的とする。このチェーンは，卸売業者や小売業者などが1つのリーダーシップの下にあり，共同で仕入・物流施設管理・販売促進を行い，共同の利益を目指す。ボランタリー・チェーンは，小売業者あるいは卸売業者が事業を主導するが，イギリスでは小売業者が主導する場合は，コーペラティブ・チェーンといい，卸売業者が主導する場合（ボランタリー・チェーン）とは区別している。

わが国でもボランタリー・チェーンの試みは，第二次世界大戦前から始まっ

図表8-2 ボランタリーチェーンの仕組み

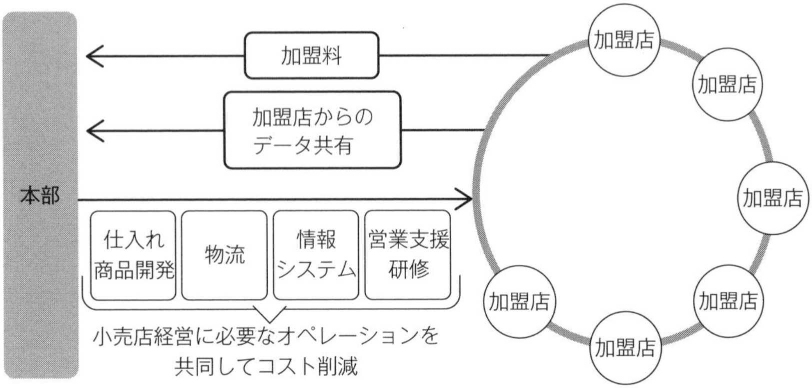

（出所）CGCジャパンウェブサイト：https://www.sbbit.jp/article/cont1/42927（一部改）

ていた。また1960年代には，旧通産省が流通近代化政策の一環として推進したが，現在までに目立った成長はみられない。この背景には，主導権を握る側の問題として，経営指導力の欠如，新業態開発への怠慢，商品開発能力の欠如がある。一方，参加する側の問題では，帰属意識の低さ，危機意識の低さ，他国に比べて卸売業者のサービスが充実している面などがある（三家（1994））。

2）フランチャイズ・チェーン

フランチャイズ・チェーンは，**図表8-3**のようにフランチャイザー（本部）とフランチャイジー（加盟店）による契約関係であるフランチャイズ・システムによって運営される。フランチャイズは，事業者（フランチャイザー）が，そのフランチャイズに加盟したい事業者（フランチャイジー）と契約により，商標，サービスマーク，トレードネーム，その他営業の象徴となる標識および経営ノウハウを用い，同一イメージの下に商品販売やその他事業を行う権利を付与する。一方，フランチャイジーは，一定対価を支払い，事業経営に必要な資金を投下し，フランチャイザーの指導や支援を受け，事業を行う。

フランチャイズ・システムは，アメリカにおいて1856年にシンガーミシンが導入したのが嚆矢であった（小原（1987））。その後，自動車やガソリン販売，ファストフード店の運営など，小売業以外でも採用された。わが国では，1950

図表8-3 フランチャイズ・システム

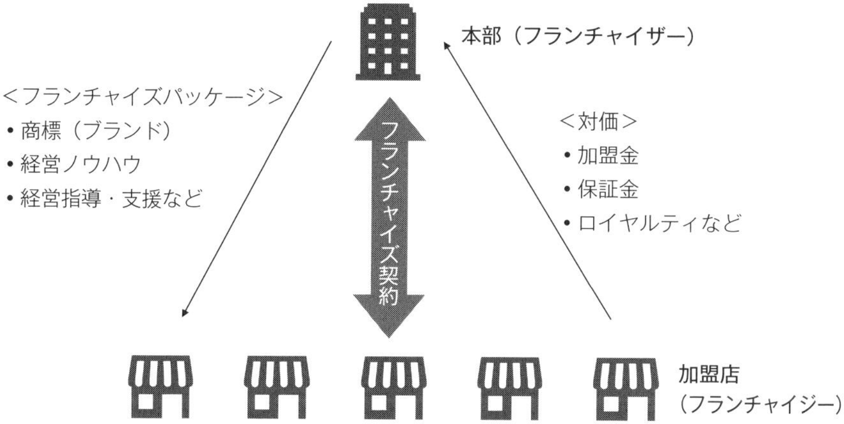

年代半ばに東京コカ・コーラボトリングが最初に導入した（Hartly（1983））。その後，1970年代にコンビニの店舗展開で導入され，定着・発展している。

フランチャイズ・システムは，フランチャイザーには限られた人材と資金により，急速に販路拡張や事業が拡大できる可能性がある。フランチャイジーには，事業の知名度やノウハウを利用し，不十分な資金や経営力でも不安定な創業時期を乗り越え，独立経営者としての地位が得られる。わが国では，小売業やサービス業ではブランド（暖簾（のれん）信仰）があるため，このシステムを支えている面がある。ただ契約内容が不明確であり，ロイヤルティの高さが問題となり，トラブルや訴訟事件になる場合もある。

第4節　小売業の諸形態

(1)　小売フォーマットと小売業態

実店舗小売業の形態は，取扱商品の種類による分類である「小売業種」と小売業のマーケティング戦略による分類である「小売業態」が代表である。各小売業は，品揃え，価格，店舗規模，立地，営業時間，販売方法，サービスなどを考慮し，小売ミックスをつくりあげる。この小売ミックスを顧客に訴求する

図表8-4 フォーマットと小売業態の関係

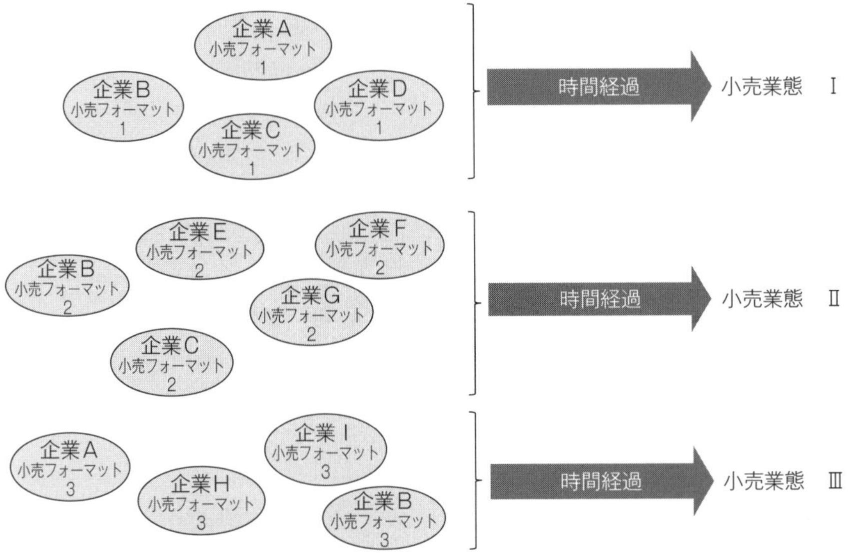

（出所）石川（2016）31頁

のが小売マーケティングであり，**図表8-4**のように個別小売業のマーケティング戦略により形成される小売フォーマットと，各小売業者の類似したフォーマットの近似性で集約したものが小売業態である（石川（2016））。

小売業は，同じ商品を品揃えしても，その小売フォーマット（小売業態）の相違により，小売マーケティングの手法が異なる。消費者が靴下を購入しようとするとき，靴下を販売しているさまざまな店舗（形態）が思い浮かぶ。その品揃え，価格，店舗規模や立地などに思いをめぐらせると，その店舗の特徴が明確となる。したがって小売業態は，こうした小売マーケティングの方法による相違であることが明確になる。

個別企業による小売フォーマットや，ある程度類似性のある小売フォーマットを小売業態と呼ぶが，時間経過によってそれらは変化する。19世紀の半ばにパリで生まれた百貨店であるボン・マルシェは，低マージン・高回転による薄利多売による小売フォーマットであった。しかし，同店の誕生から170年近くが経過した百貨店は，かつての小売業態とは大きく変化した。それは他のある程度時間が経過した小売業態についてもいえる。したがって，小売業態を観察する際は，時間経過による変化，顧客支持の側面から観察するとよいだろう。

⑵　多様な小売業態

１）百貨店

百貨店は，大規模な店舗により，多種類の商品を品揃えし，部門管理がなされている。部門別管理とは，経営者の販売方針により，品揃えや価格，品質を小売店舗のイメージに適合させ，各部門が個別に仕入，管理，販売を行い，責任を負うシステムである。また百貨店の本部では，各部門の総合的管理，施設管理，顧客への信用供与と信用管理，配送，販売促進活動を行う。

世界で最初の百貨店であるボン・マルシェは，衣料品を中心に品揃えし，不特定多数の消費者に低価格で大量販売を行った。創業当時は，現金・定価販売，品質保証・返品自由という小売マーケティングの方針を採用した。わが国では，1904年に，三越呉服店が新聞広告で「デパートメントストア宣言」をし，呉服以外にも雑貨を取り扱い，百貨店となった。その後，呉服商が百貨店業態を採用する事例が相次いだ。また呉服商を源流とし，各地に複数店舗を展開している都市百貨店，鉄道会社が沿線の消費者を誘客するための電鉄系百貨店，特定地方都市にのみ出店している地方百貨店に分けられる。

現在，わが国の百貨店は，納入業者に委託仕入と派遣店員を要請し，返品を前提として事業を行っている。こうした取引慣行は，百貨店がリスクを負担しないとの批判もある。またわが国の百貨店では，外商活動と呼ばれ，店舗以外の売上が多くを占めてきた。外商活動は，法人外商（企業や官公庁対象）と家庭外商（所得の高い富裕層対象）に分かれる。

これまで百貨店は，わが国では「小売の王様」として君臨し，1990年代初頭には10兆円近い売上高を誇った。現在はその半分近くにまで落ち込んでいる。また400店舗以上あった百貨店の店舗数は，その半数以下にまで減少した。

２）スーパーマーケット（スーパー）

スーパーマーケットは，生鮮食料品や加工食品，日用品など最寄品を中心に品揃えしている。消費者には，自分自身で商品を選択し，清算後は自分自身で袋などに詰め，持ち帰るセルフサービスを採用している。これによって人件費が削減される。また複数店舗を展開し，本部が集中して仕入をし，各店舗が販売に専念するように大量仕入，大量販売により，商品の回転率を上げ，低価格訴求を行う。

スーパーは，1930年代初頭にアメリカで開店したキング・カレン・ストア（King Kullen Store）やビッグ・ベア（Big Bear）に起源があるとされる。後者は，大量仕入，セルフサービス，部門化，現金持ち帰りを採用した（徳永(1992)）。とくに大恐慌後のアメリカにおいて低価格志向の消費者を取り込んだことがその後の成長につながった。

わが国のスーパーは，1950年代前半から半ばにかけ，東京・青山で紀ノ国屋がセルフサービス店として開店し，福岡・小倉で丸和フードセンターが開店したことがその嚆矢とされる（青木（2020））。その直後には山口県から主婦の店運動が起こり，各地で主婦の店を看板に掲げる店舗が増加した。1957年には大阪・千林でダイエー薬局主婦の店が開店し，スーパーの出店が本格化した。

わが国のスーパーは，安売り店を指す場合が多く，アメリカのスーパーマーケットとは異なる面もある。そのため食品スーパー，衣料品スーパーなどの言葉も使用される。当初スーパーは，食料品や日用品を中心に品揃えしたが，次第に衣料品や家電製品なども加え，総合スーパー（GMS：general merchandise store）へと発展する事業者（企業）も現れた。ただGMSは，他の小売業態との差別化が難しく，他業態との競争では劣位となる状況もみられるようになった。

3）コンビニエンスストア（コンビニ）

コンビニエンスストア（コンビニ）は，食品中心に最寄品を品揃えし，年中無休，長時間営業，利便性の高い場所に立地する。これらの利便性提供のため，商品価格はスーパーなどに比べて若干高めに設定される。また物販だけでなく，ATMの設置，コピーやプリントアウト，チケットの取り出し，宅配便の受付など多様なサービスを提供している。

コンビニは，1920年代後半にアメリカで誕生した。当時は冷蔵庫が一般家庭には普及しておらず，消費者はしばしば氷を買いに行かなければならなかった。その消費者の利便性を考え，パンや牛乳を置き，さらに長時間営業をすることで1950年代中頃に現在のコンビニの形態が形成された。

わが国では，コンビニは1970年代前半から半ばにかけ，現在の大手３社の出店が始まった。かつて酒屋，米屋などの小売業種店がコンビニへと転換した例が多かった。1980年代にはPOSシステムを活用し，品揃えを充実させた。わが国では1970年代から1980年代にかけ，大規模小売店舗法により大型店出店が抑制されたが，コンビニはその規制対象外であった。店舗増加は，フランチャイズ・システムによるところが大きく，全国に一気に拡大した。ただ近年は，１店舗当たりの売上鈍化や新サービスが追加されず，停滞面もみられる。

４）ディスカウントストア

ディスカウントストアは，元来，衣料品や日用品，家電製品，家具，寝具などを中心に品揃えし，大量販売により徹底した低価格訴求を行う小売業態である。消費者に低価格訴求を行うため，地価の安い郊外に立地し，店舗も倉庫型が中心で内装や外装も簡素なものとなるのが一般的である。

現在は，売上高世界一の小売業であるアメリカのウォル・マート（Wal-Mart）に代表されるように，先のような品揃えだけでなく，食品の品揃えも充実させている。またPB商品の取扱割合も増加させている。わが国では，1960年代から1970年代にかけて，買回品や専門品中心のディスカウントストアが誕生した。その後，総合的品揃えを行うディスカウントストアも出現したが，スーパーやGMSなど他業態との差別化が難しく，他国のような成長はみられない。

５）ホームセンター

ホームセンターは，食品以外に家庭内で使用する商品を幅広く品揃えしている。日曜大工に必要な品揃えから始まったが，次第に家具や寝具，家電製品，ペット用品，ガーデニング用品へとその幅を拡大させた。また低価格を志向する面もあり，立地は郊外で店舗も費用をかけない店舗が一般的である。

わが国では，1970年代にホームセンターが生まれ，都心部ではなく，郊外の地価の安い広大な土地に出店したものがほとんどである。商品単価が安く，大きさや容量の大きな商品が多いため，地価の高い都心での出店・立地は望めない。最近は，アウトドア用品や海外商品を紹介するなど，新しいライフスタイルの提案を行うことも行っている。

６）ドラッグストア

ドラッグストアは，医薬品を中心に日用品，化粧品，加工食品を主に品揃えしている。アメリカでは20世紀初頭に創業したウォル・グリーン（Wal-Green）が嚆矢であった。わが国では，家庭用医薬品を扱う薬局や薬店が以前から存在していた。それらを中心として1990年代に小売業種店から品揃えを拡大させ，化粧品の低価格販売を志向するドラッグストアが生まれ，一気に全国へと拡大した。ただアメリカのドラッグストアは，処方箋により調剤を行う店舗が一般的である。一方わが国では，当初は一般医薬品（OTC）が中心で処方箋を受け付けていなかった。

しかし，わが国でも医薬分業が進む中，調剤を行うドラッグストアが増加している。ただわが国のドラッグストアでの医薬品販売の割合は，他国に比べて少なく，化粧品や日用品，加工食品の割合が相対的に高いことが特徴となっている。さらにわが国のドラッグストアは，駅ナカのような狭い場所や郊外の大規模店舗などでも展開しており，出店場所によって柔軟にその品揃えを変化させている。

7）均一店

均一店は，品揃えする商品の価格をすべて100円のように統一して品揃えする小売業である。わが国では，1990年代から出店が増加し，当初は店舗面積も狭かったが，品揃え幅の拡大により，郊外の大型店としても展開されるようになった。

品揃えは，当初の日用品から季節に合わせた品揃え（ハロウィンやクリスマスなど），加工食品や化粧品などの品揃えも拡大させている。均一店の出店当初は，「バブル経済崩壊の徒花（あだばな）」のように位置づけられたが，価格も100円だけではなく，300円や500円の商品の品揃えを増やし，バラエティショップ化している。また均一店の中には，海外出店している事業者（企業）も存在し，小売業態としてのポジションを得るようになった。

8）専門店

専門店は，元来，専門品や買回品を中心に特定分野の商品を品揃えする小売業種店であった。現在でも専門店といえば，小売業態店に分類せず，小売業種店に分類したほうがよい店舗も多い。近年の専門店の品揃えは，単一品目の品揃えが深い場合もあるが，用途別に関連した商品への拡大や限定した顧客に各種生活用品を拡大する方向もみられる（鈴木（2004））。他方，専門店の店舗の大きさは，取扱商品によって差がみられる。また専門店の販売員は，商品知識が豊富であり，顧客のさまざまな質問に対応し，提案できることが一般的である。

かつて紳士服専門店は，オーダーメイドを手がけ，顧客に合わせて紳士服を誂(あつら)えていた。しかし，多様なサイズや色，スタイルの紳士服を大規模な店舗に品揃えする専門店が現れた。また紳士服だけではなく，鞄や靴など関連商品にも品揃えを拡大し，女性用衣料品も品揃えする専門店もみられる。さらにチェーン化し，全国展開をすることによって，小規模な同種商品を扱う小売業種店を市場から退出させる面があるため，カテゴリーキラーと呼ばれる特定分野の小売業者も現れている。

おわりに

本章では，まず小売概念について取り上げた。とくにわが国の商業関連の統計調査などで使用されるオーソドックスなものをあげた。その上で小売機能に言及し，消費者に直接商品を販売している側面からその社会的機能にも言及した。そして，流通機能のある部分を構成する小売機構について説明し，組織化小売業の中でも代表的なボランタリー・チェーンとフランチャイズ・チェーンについて取り上げた。

また消費者に商品を提供する形態には多様な態様がある。そこで個別企業による提示方法である小売フォーマットについて説明し，それらの近似した集合としての小売業態に言及した。その上で，わが国の社会においてよく見られる代表的な小売業態について，その特徴を中心に取り上げた。

第9章

小売集積と小売の変化

はじめに

われわれの生活に身近な小売業は，常に変化している。それは小売業が消費者を取引相手として事業を行っているからに他ならない。わが国では，1960年代から1970年代にかけて自動車社会となった。それに伴い，郊外に大型店舗が立地するようになった。そのため，かつて多くの小規模商店が軒を並べていたいわゆる商店街は，多くの地域や場所で衰退し，シャッターを下ろした状態になっている。

前章では，実際の店舗（有店舗・実店舗）を出店，集客し，商品を販売する小売業を取り上げた。ただ現在の生活では，実店舗に出向かず，商品を購入することも増えた。こうした状況は，小売業自身が変化し続けなければ，生き残れなくなったことを示している。本章では，消費者行動や技術環境の変化など小売業内外の変化について取り上げる。

第１節　小売集積の形成と変化

(1)　小売集積

１）小売商業集積の種類

小売業（小売店）が集積し，消費者の購買活動が集積する場を小売商業集積という。かつてよく使用された「商店街」も，広義には同じ集積を意味している。また地理学では，小売中心地，都市計画上は商業地という（鈴木（2004））。したがって，同じものでも分野によって呼び方が異なっている。

商業集積は，集積する店舗数が多くなるほど，集積全体での販売額も多くなる。また百貨店やブランド専門店などは，多く集積することで消費者の比較購買がしやすくなり，その魅力が増し，多くの消費者をより遠隔地から集客できる。東京・銀座や渋谷などは，全国から消費者を集客できる。取引をする消費者（顧客）が分散している範囲を商圏といい，それが全国である商業集積を超広域商業集積という。こうした商業集積の小売店舗では買回品や専門品を扱う店舗が多い。

県内やその周辺が商圏である商業集積を広域型商業集積といい，やはり買回品や専門品を扱う店舗が多い。また人口10万人程度の地方自治体やその周辺が商圏である商業集積を地域型商業集積といい，買回品や専門品に加え，最寄品を扱う店舗が混在しているのが一般的である。さらに商圏が当該商業集積の近隣のみで，消費者が徒歩や自転車で来街するような商業集積を地域型商業集積という。これは主に最寄品を扱う店舗によって構成されている。

2）商業集積の環境変化

近年，集客が減り，店舗が減少している商業集積は，地域型商業集積や近隣型商業集積が中心である。また広域型商業集積も周辺の競争環境の変化により，集客が減少している集積もある。こうした商業集積の変化は，何が原因で起こるのだろうか。その原因は，１つではなく，複数あり，商業集積によってもその原因が異なっており，影響力の順位は異なっている。

商業集積は，時代とともに環境の影響を受け，変化する。その要因には，商業集積の外部要因と内部要因がある。前者は，人口変化や移動，所得水準の変化，家族構成やライフスタイルの変化，モータリゼーションや交通網の発達などがある。後者には，集積内に立地する小売業経営者の生活変化，集積内外における競争環境の変化，小売店経営自体の変化などがある。

⑵　小売集積の形態

１）小売集積の形成と集積の利益

わが国では，小売集積の形成過程により，①いわゆる商店街（旧街道沿いや城下町，門前町など自然に形成され，最寄品中心の品揃えをしてきた集積），②駅前商店街（鉄道網の発達で小売店の駅前立地が定着し，スーパーなど大規模店舗も立地するようになった集積），③ロードサイドやショッピングセンター（郊外に道路網が延び出店が重なった集積，計画的な集積）に分けられる。

小売集積は，こうした多様な形成経緯があって形成されてきた。またその形成時期も異なる。基本的には小売集積は集積することにより，１店舗だけでは

図表9-1　ライリーの小売引力の法則

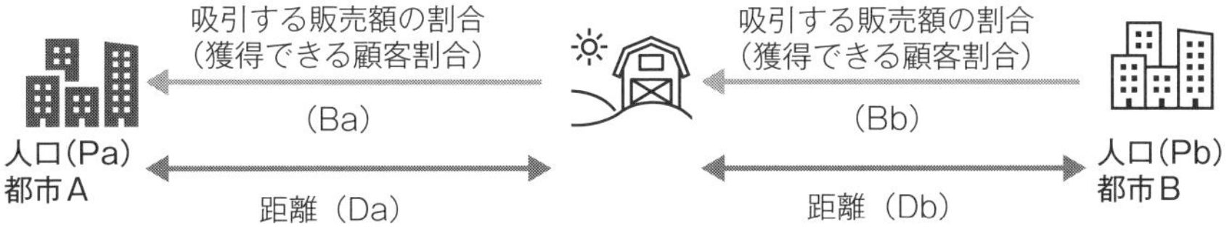

$$Ba / Bb = (Pa / Pb) \times (Db / Da)^2$$

不可能な集客も，多くの店舗が集積すればするほど集客力（数）が増えるため，「集積の利益」を得ようとしてきた。集客について考えると，やはり他の小売集積からいかに集客するかという，集積間同士の競争が起こる。

2）小売集積間競争

集積間による顧客の集客による競争を集積間競争という。集積間競争は，小売集積自体を変化させてきた面がある。わが国では1980年代以降，急速に消費者が足を運ぶ集積が変化した。つまり，集積間競争が激化するようになった。それは複数の交通機関や交通手段が発達し，成熟したことも影響している。こうした集積間において，消費者を奪い合う競争は顧客吸引競争である。そのため，顧客を吸引する法則を発見しようとした研究者もいた。

そこで，顧客吸引モデルとして提示された，①ライリーの小売引力の法則と②ハフモデルを取り上げる。**図表9-1**にあるように，ライリーは1929年にアメリカ・テキサス州での実証研究により，「小売引力の法則」を提示した。そこでは正常な状態の下では，２つの都市間にある小さな町から小売取引を吸引するとすれば，これら２つの都市における人口の何乗かに正比例し，中間にある小さな町から各都市への距離の何乗かに反比例して吸引するとした。典型的には，小売取引の吸引は，２つの都市の人口に比例し，中間の小さな町から２つの大都市への距離の２乗に反比例するとした。つまりライリーは，小売集積の小売取引の吸引要素として，人口と距離という２要素について考慮した。

小売吸引モデルは，ライリーの後，コンバースが「新小売引力の法則」を提示し，「ハフモデル」へと発展させた（**図表9-2**）。ハフは，小売商圏モデルは都市が単位となっているが，これを商業集積，市場，百貨店，スーパーマー

図表9-2 ハフモデル

$$pij = \frac{\left(\dfrac{Sj}{Tij\lambda}\right)}{\left(\displaystyle\sum_{j=1}^{n}\frac{Sj}{Tij\lambda}\right)}$$

Pij: 居住地　*i*　から商業集積　*j*　への出向確率
Sj ：商業集積　*j*　の売り場面積
Tij: 居住地　*i*　から商業集積　*j*　までの距離
Λ：交通パラメータ
n ：商業集積数

ケット（スーパー）など小売商業の集積を単位とする必要があり，個別店舗単位で小売商圏を設定する必要を主張した。取り上げる商品は，買回品一般ではなく，個別商品について考慮する必要があるとした。さらにいくつかの小売店舗グループ，あるいは個別の小売店舗を同時に捉え，それぞれの小売商圏を決定しなければならないとした。ハフは後に，売場面積に加え，商業集積の魅力や小売店舗の業態などもその要因とした「修正ハフモデル」を提示した。

第2節　小売業態の変遷

(1)　小売業態変化の仮説

ある時期において，消費者の支持を得ていた小売業態が衰退し，他の業態へと消費者の支持が移行することがある。この状況について，何らかの法則性を発見するために仮説が提示され，検証されてきた。ただどの仮説もすべての場合について支持される仮説，つまり理論となるものはない。そこで，提示された仮説において中心となった議論について取り上げる。

1）小売の輪の仮説

小売の輪の仮説は，マクネア（McNair, M. P. ）が提唱した。アメリカにお

図表9-3 小売の輪の仮説

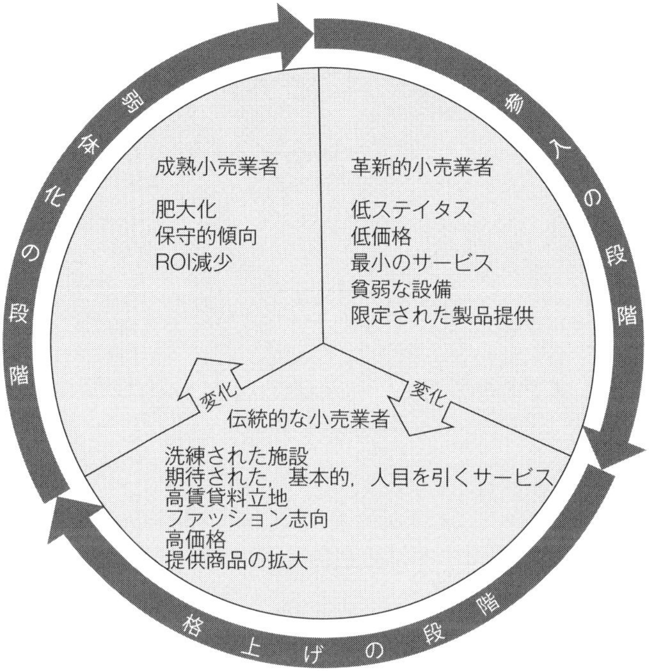

（出所）Lewison, D.M.（1991）*Retailing*, 4th, ed., Macmillan Publishing, p.73

ける19世紀後半からの約１世紀では，新しい小売業態（革新者）はさまざまな費用を徹底的に抑制し，消費者に低価格を訴求した。革新者が旧業態から消費者を奪うと，同業態による模倣者が現れ，革新者と模倣者による競争が起こった。その競争は，当初は価格競争であるが，次第に商品の品質向上や顧客へのサービスを向上させる競争へと移行し，低価格での顧客訴求が不可能になった（格上げ）。その状況を迎えると，また低価格を訴求する新業態が現れ，同様の対応や競争を繰り返す（**図表9-3**）。

こうしてアメリカの小売市場では，新業態参入，格上げ，新業態参入，格上げが連続して起こり，これをマクネアは車輪に準え，「小売の輪」と呼んだ。小売の輪は，アメリカにおける約１世紀の新業態出現状況を説明したが，すべての新規参入の小売業態，つまり革新者が消費者に低価格訴求をしているわけではない。つまり，コンビニエンスストア（コンビニ）や自動販売機は，消費

図表9-4 リーガンの仮説

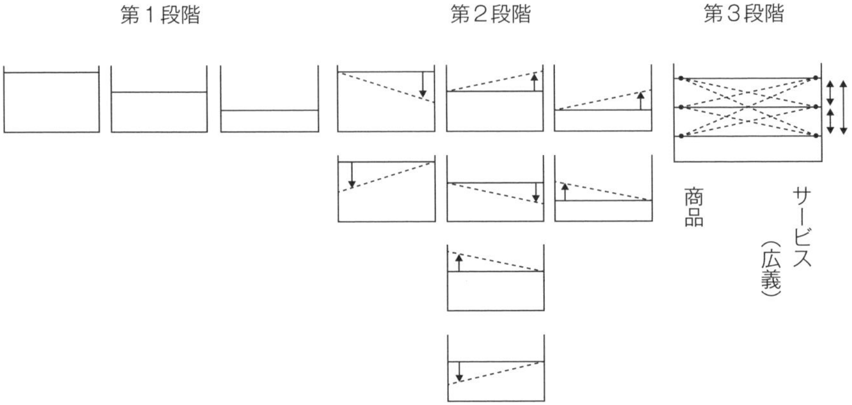

（出所）鈴木（2004），166頁

者に低価格を訴求して，市場に参入したわけではない。

また，本国では低価格の小売業態として参入した革新者でも，海外出店の場合，経済水準が本国よりも低ければ高価格な小売業態として参入する場合もある。そのため，新業態の出現をすべて説明できるわけではないため，理論ではなく，１つのアイデア（仮説）に止まったままである。

２）リーガンの仮説

小売の輪の仮説は，新業態が一定時間経過後の格上げのみに言及したが，リーガン（Regan, W. J.）は，格下げにも言及した。小売業態を商品と顧客へのサービス（立地や品揃え）を基準とし，高・中・低に区分し，高－高のような単純な組み合わせから，高－中，高－低など複雑な組み合わせの展開を示した。

リーガンは，小売の輪の仮説で提示された格上げだけでなく，格下げも考慮し，商品（価格）とサービスの多様な組み合わせの出現可能性を提示した。ただこうした組み合わせは，**図表9-4**で示しているように，頭の中ではその展開が想像できる。しかし，実際に新しい小売フォーマットとして，小売業者が提示しても消費者に認識されなければ，新しい小売業態とはなりえず，旧業態の亜流としての位置づけしか獲得できない。

図表９-５ 真空地帯の仮説

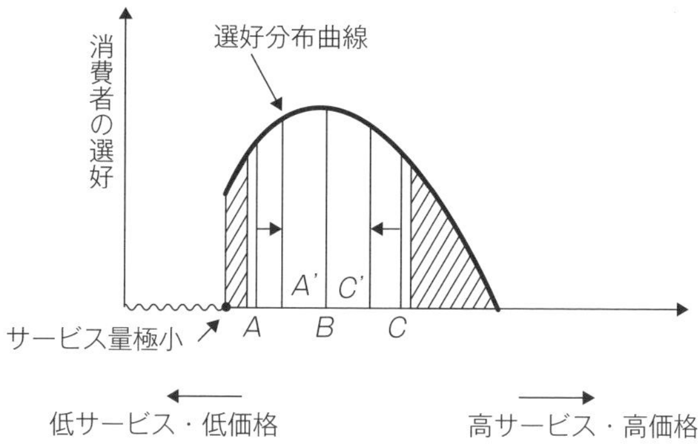

（出所）鈴木（2004），167頁

３）真空地帯の仮説

ニールセン（Nielsen, O.）は，小売の輪の問題を解決するため，消費者の店舗形態への評価を導入した。小売の輪の仮説では，新業態は低価格訴求による低マージン・高回転により旧業態から消費者を奪い，同業態間の競争で差別化するため，商品やサービスの引き上げが行われるとされた。

しかし，真空地帯の仮説は，消費者が最も評価する業態の品揃え価格・サービス水準へ接近すると仮定した。消費者が最も評価する価格・サービス水準よりも高価格・高サービスの小売業は，低価格・低サービスへ移行し，低価格・低サービスの小売業は，高価格・高サービスへ移行しようとする。こうして高・低からも中心に移動し，革新的業態が出現する可能性（真空地帯が生まれる可能性）は，低サービス・低価格と高サービス・高価格の両極にあるとした。そのため新業態は，消費者が最も評価する品揃えやサービス水準を提供する業態ではなく，真空となった地帯（空間）に現れるとした（**図表９-５**）。

真空地帯の仮説では，小売の輪の仮説とは異なり，高価格・高サービスで参入する小売業態の出現に言及した。ただ業態の進展は，価格とサービス水準だけでは説明することができない。また真空地帯が生まれる論拠としている価格・サービス水準の転換も，高価格・高サービス水準で参入した小売業態が，低価格・低サービス水準の業態へ容易に転換できるのかという問題もある。

4）小売アコーディオンの仮説

小売アコーディオンの仮説は，ハワー（Hower, R.）の構想をホランダー（Hollander, S. C.）とジスト（Gist, R.）が発展させた。そこでは総合的な幅広い品揃えをする小売業と，専門的な狭い品揃えする小売業が交互に出現し，小売業革新が進展する考え方がある。小売業が品揃えの幅を増やし，総合化する過程ではアコーディオンが広がる。逆に品揃えを専門化し，品目を絞る過程ではアコーディオンを閉じる様子に似ているため，小売アコーディオンと呼ばれる。

小売業態について，専門化と総合化が循環すると考えると，将来の小売業態進展を予測したりすることができる。ただこうした循環理論によって小売業態の進展を説明するのは難しい。また小売アコーディオンの仮説では，小売業が総合化し品揃えを拡大すると，経営資源が分散し，強みも徐々に弱まる。そのため，外部環境を観察しながら事業を再構成し，品揃え幅を収縮させることにより強みをつくり出すことの必要性が示唆される。

5）小売ライフサイクルの仮説

小売ライフサイクルの仮説は，製品ライフサイクル論において示された商品導入から衰退までを小売業態のそれに適用したものである（Davidson, W. R., A. D. Bates & S. J. Bass（1976））。新業態の導入期には，それが消費者に認知されていないため，同業者間の競争は厳しくなく，売上も上昇する。新業態への消費者の認知度を向上させるため，販売促進費を抑制すると，効率性に欠け，利益額が上がらなくなる。成長期には，売上高や利益額も上昇し，消費者の認知度も向上する。他方で同業態の競争業者が現れ，競争が厳しくなる。

競争・成熟期には，消費者の認知度は100%近くになるが，同業態同士の競争が激化する。また同業態の店舗数が過剰となり，売上高や利益額では横ばい状態から低成長の状態に陥る。衰退期には，売上高の減少が明確になり，利益額も減少する。さらに消費者がその小売業態での購買を敬遠するようになり，次第に店舗数も減少し始める。

小売ライフサイクルの仮説は，製品ライフサイクル論を小売業態の盛衰に当てはめ，業態変化について１つの視座を示した。ただ製品ライフサイクル論でも批判されていることが，同様に批判される。それはその小売業態が衰退期に入り，市場から退出する時期にならなければ，明確な曲線を描ききれない。

⑵　小売業態変化が完全に説明できない理由

これまで小売業態変化の仮説を５つ取り上げ，その概要を説明した。しかし，どれもすべての小売業態変化を説明できるものではない。それはどうしてなのだろうか。小売業者が展開する小売フォーマットや，そのある程度のまとまりである小売業態は，消費者の変化に合わせて変化する。反対に小売業者がイノベーションを重ね，それに消費者が適合する場面もある。

つまり，小売フォーマットはその変化のスピードが時期によって異なる場合があり，ある一時点で同じ尺度で切り取って考えることができない。そのため仮説で止まり，理論とはならない。ただ小売業態変化の仮説は，何が理由で小売フォーマットあるいは小売業態が変化するかを見極めるヒントが多い。こうしたヒントが提示されているだけでも意義があるかもしれない。

第３節　小売業の新たな局面

⑴　無店舗販売小売業

小売業は，長い間，ある特定の場所に店舗を構え，立地することにより，商圏内の消費者に対応してきた。他方，実店舗を有することなく，小売活動を行ってきた小売業もある。通信販売，自動販売，訪問販売がその代表である。

１）通信販売

通信販売は，かつてはテレビ，ラジオ，新聞，雑誌などを広告媒体とする販売が中心であった。またダイレクトメール，電話，インターネットにより，消費者に訴求し，販売することも行われてきた。

通信販売は，19世紀半ばにアメリカで誕生し，わが国でも20世紀初めには，野菜の種や化粧品，書籍など限定された商品で開始された。ただそれほど発達せず，1990年代半ばまでは主に衣料品などが扱われていたに過ぎない。またわが国での市場規模もインターネットを経由した通信販売が主流となるまでは２兆円に満たない規模であった。他方，百貨店なども通信販売を手がけていたが，実店舗における販売を補完する位置づけであった。

2）自動販売

自動販売は，自動販売機による販売である。代金計算や決済までを無人化した販売形態である。消費者には手軽さと立地の利便性により，切符や飲料を中心に浸透した。これは人件費などは節約されるが，販売機自体の高価格化や景観，さらにアルコール類やタバコなどかつては自動販売機でかなり販売されていたが，規制により販売しづらくなった。

わが国は，屋外自販機台数の多さが世界一といわれるが，これは治安のよさの象徴である。ただ近年は，長時間営業のコンビニが増加・浸透し，取り扱う商品が重複しているため，それらとの競争が激化している。また自動販売機は，頻繁に商品を補充する必要があり，その費用やかつては高価格でも販売が可能であったが，低価格で商品を販売する自販機も現れ，利益率が落ちている面もある。

3）訪問販売

訪問販売は，販売員が家庭や職場を訪問し，直接顧客と接して商品情報を提供し，販売する形態である。訪問販売では，商品を持参する必要があり，持参する商品の種類や量に限界がある。アメリカでは農村を訪れ，農機具や衣類，調理器具などを販売していたペドラー（peddler）の存在があった。わが国でも生鮮品を販売する行商人や富山の薬売りに代表される商人が存在した。

他方，化粧品や健康飲料などを販売する訪問販売専業メーカーでは，国内だけではなく，海外進出している企業もある。ただ国内では，在宅率の低下などにより，なかなか顧客と対面できず，販売促進が難しくなった面もある。

(2) インターネット販売

1）オンライン小売業のメリット

情報通信技術（ICT）の発展により，インターネットを介して消費者に商品を販売する電子商取引（EC）が普及するようになった。ECは，インターネット販売やオンライン販売ともいわれる。ウェブサイト上に仮想店舗が設置され，消費者はPCやスマホを使用して商品を購入する。この対比として，物理的店舗を実店舗と呼び，店舗小売業の特徴をオフライン，リアルとして表現することもある（高嶋・髙橋（2020））。

オンライン小売業は，立地や営業時間の制約がないため，実店舗小売業に対する強みとなる。オンライン小売業は，消費者からインターネット経由で注文を受け，その情報がデジタルデータとして小売業者（事業者）に蓄積される。そのため，データ管理や予測がアナログ時代に比べて容易になった。一方，消費者も商品価格の比較などが容易になり，最安値での購買が可能となっている。

インターネット上では，消費者がECサイト間で価格情報を収集し，比較することが容易である。またECは，立地や商圏に影響されないため，極めて広範囲にわたる多数の競争者との競争が起こることがある。そのためEC事業者は，多数の企業と価格競争などをしなければならない。これは参入がしやすい反面，すぐに競争に巻き込まれることを意味する（高嶋・髙橋（2020））。

２）小売競争の複雑化

多くのオンライン小売業の商品を１つのサイトに集約した電子（EC）モールを展開する小売業者が存在する。他方で，ECモールの中や独自のウェブサイトを立ち上げ，商品を販売する小売業者もいる。さらにECに取り組む小売業は，大きくEC専業小売業と実店舗での事業を行う傍ら取り組む企業に分かれる。消費者が実店舗を選択するという面では，実店舗同士の競争であった。しかし，EC専業企業やオフラインとオンラインを両方手がける企業，さらに実店舗のみの小売業などとの競争が激化し，競争がより複雑になっている。

実店舗のみの小売業者の競争は，小売取引吸引モデルで取り上げたように，消費者からの物理的距離や時間，品揃えなどが競争要素であった。しかし，ECとの競争も視野に入れると，これらの要素だけでなく，他要素も競争に影響している。また消費者は，オフラインとオンライン両方の情報を収集し，比較し，購買決定をするようになった。そのため小売業では，オムニ・チャネルを採用し，オン・オフ両方のチャネルを消費者に提示するようになっている（**図表９-６**）。

また小売業がオムニ・チャネル化することによって，消費者への販売促進方法も変化してきた。もちろんICTの発展も影響している。消費者がスマホを持つことで情報提供（販売促進）手段がオフラインからオンラインへと変化していった（崔ほか（2014））。他方，相変わらずオフラインの実店舗しか利用しない消費者も存在する。さらには販売を目的としない試着専門のショールームなどを設置している実店舗の存在なども併せて考える必要があろう。

図表9-6 チャネルの展開

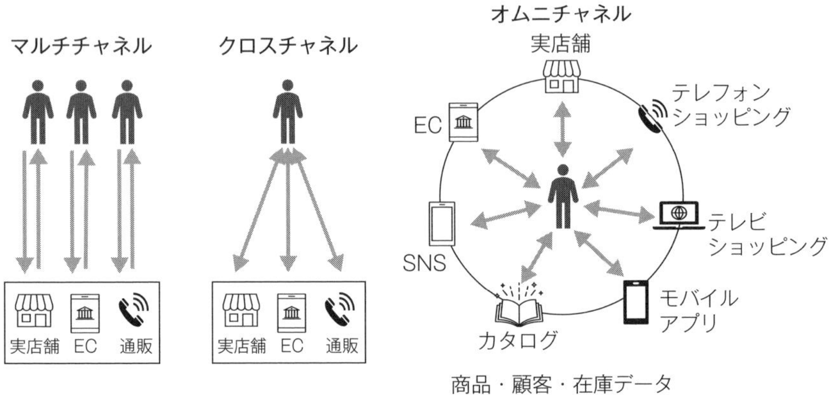

第4節　小売業の変容

(1)　小売業の海外との関わり

1）海外からの商品調達

生産者や小売業者が小規模であった時代には，その商圏は現在と比較すると非常に狭いものであった。しかし，生産技術が向上し，流通に関係する多様な技術の発展により，大規模な生産者や大規模な流通業者が現れるようになった。小売業者が顧客対象とする消費者も，ごく限定された地域から広い地域，全国へと拡大し，さらに国境を越える時代となった。つまり，小売業が対象とする消費者が海外にいることも当たり前のこととなった。

わが国の小売業が，海外と関わりを持ち始めたのは，国際的商品調達によってである。わが国での海外からの商品調達は，近現代だけではなく，中世や近世においても細々と行われていた。ただ海外商品調達が大規模化したのは近現代においてである。われわれの衣食住生活をみても，食品や衣料品だけでなく，身の回りの商品や素材は海外から調達されたモノで溢れている。

小売業が店舗の有無を問わず，自店舗で販売する商品は，完成品を仕入れることから開始するのが一般的である。その後，ある程度以上の販売量が確保できるようになると，小売業が自ら企画し，作成した仕様書に基づき，海外に生産を委託するようになる。そして，完成品を小売企業の店舗がある国や地域に輸入し，販売する開発輸入形態が採用されるようになった（向山（2002））。

また小売業が販売する商品を海外の事業者に委託生産することもみられるようになった。実際には商社が介在し，海外の生産工場に生産を委託する場合が多い。近年は，商品は自主企画し，生産から販売までを一貫して小売業が主導するSPA（specialty store retailer of private label apparel）が，衣料品だけではなく，家具などの分野でも採用されている。

２）海外への出店

わが国の小売業者は，商品調達を国際的に行うだけでなく，自ら海外に出店するようにもなった。当初は，百貨店が出店し，日本人駐在者や旅行者のニーズに対応していたが，1980年代にはスーパーが出店を開始し，現地の消費者を顧客として取り込もうとするようになった。その後，コンビニなど他業態の出店も相次いでいる。

一方，外資系小売業が，1989年の日米構造協議以降に進出するようになった。わが国に進出を果たした外資系小売業は，SPA型アパレル専門店（GAP，ZARAなど），専門大型小売業（IKEA，トイザらスなど），多商品品揃え型小売業（Costcoなど）などである。これらは多くの国においても店舗を展開し，独自のマーケティング戦略により，生産者との直接取引や効率的な物流・情報システムによりグローバルな規模での商品調達網を有している（向山（2002））。

⑵　小売業における商慣行

１）商慣行における問題

取引を重ねると，その方法が独自性を有するようになる。小売業では，取扱商品や地域などでは独特な取引方法が形成されてきた。これらは売り手と買い手の双方が受容し，継続してきた。しかし，卸売業者と小売業者，あるいは生産者と小売業者間だけで取引が行われるのではない。流通システムの視点からは，不利益を被る参加者が存在すれば，問題となる可能性がある。つまり，取引当事者が受容しても最終的に消費者が不利益となる場合がある。

わが国における商慣行上の問題として指摘されてきたのは，企業間関係の維持・推進を図るために必要な要件に起因するもの，企業間関係にとって当然発生する取引条件（特に価格）に起因するものがある（中小企業庁（2000））。とくに小売業において，これらに関するものをあげる。

2）関係の維持・推進に必要な商慣行

小売業において，関係の維持・推進に必要な商慣行には，小売業の発注における情報システム化に伴うEOS化がある。そこでは，小売業者の発注はEOSを原則とし，小売業からは毎月の定額料発注回数当たりの定額料請求がある。大規模小売業者は，流通センター（流通倉庫）を建設し，その運営費用（センター・フィー）の負担要請を納入業者に対して行うこともある。こうした商慣行は，取引の条件であり，要請に応じなければ取引が実現しない。

3）取引条件に関する商慣行

小売業における取引条件に関する商慣行には，帳合い変更やそれを示唆した仕入価格の引き下げ要請がある。また納入業者は相見積の提出を小売業者から要請され，最低価格に合わせることが要求されることもある。これは小売業の仕入業者集約化傾向が強まるため，仕入業者の意図した価格に対応させるのが目的である。また多様な協賛金要求もあり，一方的な負担要請の面もある。

これら小売業を中心とした商慣行は，流通システムにおける小売業の地位が上昇することで強まった。他方，近世には強力であった卸売業者の衰退を観察できる。また生産者の規模も大規模化したが，小売業者から要請される取引条件を受容しなければ，生産継続や規模の維持も難しい。

⑶　小売業者の環境変化

1）小売業の規模変化

わが国の小売店舗数は，1980年代前半には170万店以上存在した。しかし，現在では100万店を切る状況となった。とくに中小零細店舗の減少が著しい。また小売業で雇用されている従業者数は増加しているが，多くはパートタイマーやアルバイトであり，いわゆる非正規雇用の従業者が小売業を支えている。

店舗数の減少とは反対に，店舗（売場）面積は2010年代半ばまでは拡大した。しかし，最近では店舗面積の拡大は頭打ち状態となった。小売業全体の売上は，いわゆるバブル経済期やその後数年間は高止まり状況であった。現在はその時期と比較すると，10兆円以上も減少した。わが国では，長期間継続した不況や災害が相次ぎ，小売業全体が停滞している状況にある。

2）わが国小売業の特徴

中小企業は，業種により資本金や常時雇用する従業員数などが異なる。小売業の場合，中小企業に分類されるのは，中小企業基本法第2条第1項の規定によって，資本金が5,000万円以下で従業者が50人以下の企業者である。また小規模企業・零細企業は，同条第5項の規定では従業員が5人以下の企業者である。これは中小企業政策において政策対象の範囲を定めた原則である。

かつてわが国の小売業の特徴は，小規模零細性，過多性がいわれてきた。しかし前段であげたように，わが国での小売業の小規模零細性と過多性は，徐々に解消されたが，小売業という業種の特徴として残っている面がある。

3）中小零細小売業者の将来

中小零細規模の小売業者は，大規模小売業者に比べて商品を仕入れる力（バイイングパワー）が弱く，その取引先（仕入先）である生産者や卸売業者よりも相対的に弱い立場にあった。他方，1960年代からスーパーが成長すると，チェーン化を進め，店舗網を拡大させた大規模小売業者が，納入業者にパワーを行使している面もある。しかし，中小零細規模の小売業者は，そのようなパワーを行使することはできない。今後，中小小売業者はどのようになるのであろうか。その方向は，大きく3つあろう。

①長期的存続の場合には，後継者の存在有無が大きな課題となる。小売業の多くは代々家族経営で存続してきたものが多い。そのため，家族内から後継者が出ることが期待される。また事業の長期存続には店舗運営レベルでは，情報システム化（ストア・コンピュータやPOSシステムの導入）への投資が必要となる。さらに小売業の生命線は品揃えにある。当該業態が衰退期に入っていると判断される場合，小売業種や小売業態の転換，隣接産業への転換を考慮する必要がある。

②中期的存続は，小売業の経営者が10年程度の期間（中期）に存続させようとする場合である。いわゆる商店街などに立地する小売業者は，店舗を周辺環境に適合させる必要がある。つまり小売業の中期的存続は，周辺環境への適応が重要となる。また店舗運営レベルでは，小売業の基本であるマーチャンダイジングを強化させる必要がある。

③事業から撤退（廃業）する場合の理由は，後継者の不在や慢性的な営業不振がある。小売業を廃業する場合，いわゆる商店街に立地していた小売店

舗は，単にシャッターを閉めたままにすると，それら店舗が増えることで「シャッター通り」と化す。また店舗を営業していた時期には，こまめに清掃していても，廃業するとやめてしまうことも多い。こうなると周辺環境への悪影響が大きくなる。そのため店舗の有効利用を図る方策を考え，実行する責任がある。

おわりに

本章では，まず小売業の集積形態を説明し，その変化を中心に考えた。そこでは，集積形態の特徴，集積間における競争について，代表的モデルにも言及した。さらに小売業態の変遷には，何らかの法則性があるのではないかという前提のもと，小売の輪の仮説や真空地帯の仮説など代表的な仮説について取り上げた。

また実店舗小売業だけではなく，無店舗小売業について説明し，その代表的なものについて考えた。とくにインターネット販売によるECが隆盛する背景にもふれた。そして，わが国おける小売業の変化を中心とし，その革新的な行動について，海外との関わり方の変化について言及した。他方では長い間，わが国で継続してきた商慣行についても取り上げた。

第10章

卸売機構と卸売形態

はじめに

商品を販売する活動は，卸売と小売に分類される。この分類は，買い手によるものであり，買い手が消費者であれば小売，それ以外は卸売である。卸売は，消費者以外への販売であるため，消費者からは見えにくい。そのため卸売活動は，無駄な取引や活動が当事者間で行われていると思われる面もある。

わが国では，1960年代に「問屋（卸売業）無用論」が唱えられ，大規模な生産者と小売業者が直接取引すれば，流通過程での無駄が排除され，流通費用も削減されることが主張された。しかし現在でも相変わらず，卸売業は存在している。問屋無用論から半世紀以上が経過し，いまだにそれらが存在していることを素直に受け取ると，卸売業者は流通過程で機能しているといえる。本章では，卸売概念にふれたのち，卸売業の機能と多様な形態について取り上げる。

第1節　卸売概念

(1)　卸売活動

卸売（wholesaling, wholesale trade）は，卸売業者（wholesaler）や小売業者など，再販売を目的とする流通業者や，産業用・業務用使用者または組織への商品とそれに付随したサービスの販売である。卸売は，小売に対する概念であり，商業（流通）活動のうち，小売を除いた活動である。小売は（最終）消費者への販売であり，小売以外の販売部分はすべて卸売活動である。

生産者を除き，卸売を担当する個人または組織が卸売機関である。卸売活動で取引される商品は，消費者が消費・使用する消費財だけではない。企業や公

図表10-1 流通チャネルのパターン

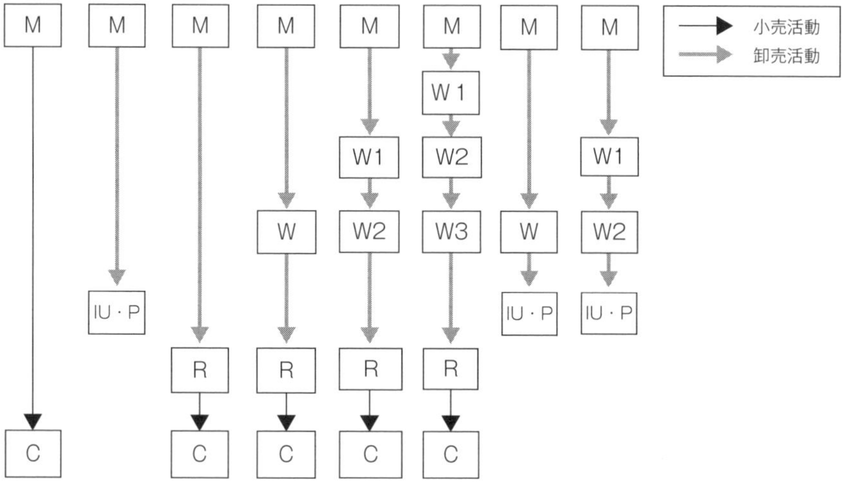

（注）M（manufacturer）：生産者，C（consumer）：消費者，IU（industrialuser）：産業用使用者，P（public）：政府・公的機関，W（wholesaler）：卸売業者，R（retailer）：小売業者

的機関で消費・使用する原材料やエネルギー，生産設備などの産業財もその対象である。ただ卸売活動は，卸売業者だけが行うのではなく，生産者が行う消費者以外への販売も卸売活動である。

ある商品の流通機構（システム）には，小売活動は消費者への販売であるため，１回しか存在しない。しかし，卸売活動は複数回存在する可能性がある。流通段階数が多く，流通チャネルが長くなる（流通チャネルの段階数が多くなる）のは，卸売業者が複数介在し，取引することが多くなるためである。**図表10-1**では，１つの商品の流通チャネルに卸売業者が複数介在することにより，卸売段階が複数存在する状況を示している。こうした卸売活動が複数段階存在する意義を考える必要があろう。

⑵　問屋経済の時代

１）卸売の形成

卸売業として認識される個人や組織は多様である。わが国では，卸，卸売業（者）という言葉と同義語のように使用されてきた言葉に，問屋がある。問屋は，鎌倉時代，貴族や寺院の私有地であった荘園に属し，年貢の運搬に当たった荘民が，のちに港の近くに居住する名主や寺家の直属の官吏である被官を問（とい）とし，年貢米輸送の問職に任命したことによって始まった。

鎌倉時代には，問職は荘園領主に仕えた者であった。そして，年貢米輸送を専門的に行う業者として問丸（といまる）となった。問丸は，港や重要都市において，年貢などの物資輸送・保管・中継，船舶の準備，宿泊の世話なども行った。彼らは次第に年貢物だけではなく，一般の生産物も扱うようになり，輸送や保管だけでなく，金融や危険負担も担うようになった。

問丸は，近世になると成長し，問屋となった。そして１つの藩内を商圏としながらも，全国市場でも中心的役割を担うようになった。そのため江戸では，全国から商品が直接入荷し，収集・分散という機能を有した問屋が発達するようになった。さらに近代になると，消費財生産者が成長し，その商品の生産と販売に関して，問屋の果たす役割が拡大した。

２）問屋中心の経済

江戸時代には，生産者の規模が小規模であり，その生産を継続するための資金が不足した。そこで問屋は，生産者に原材料などを購入する資金を貸し付け，生産した商品を買い取り，市場に流通させた。ここでは問屋が生産者の生産活動を支持し，また販売力（流通力）のない生産者の販売を支援した。

他方，江戸時代には，小売業者も小規模であり，商品を仕入れる資金が不足していた。そこで問屋は，商品を小売業者に先に渡し，販売後に代金を回収するなど掛取引により，小売業者の販売活動を支援した面もあった。まさにわが国の近世は，問屋が経済の中心として活動した時代であった。

(3)　問屋の定義と卸売活動担当者

１）商法上の問屋

わが国の商法では，卸売業者についての規定はない。問屋については，商法551条において「問屋トハ自己ノ名ヲ以テ他人ノ為メニ物品ノ販売又ハ買入ヲ為スヲ業トスル者」と規定されている。つまり商法では，問屋は委託販売と買付を行う商人の性格を表している。

卸売業は，近代以降に一般化した用語である。卸売業は，商法上の問屋とは異なり，自らの責任によって商品を買い取り，他の組織に対して商品を再販売する者である。卸売業は，問屋よりも大規模なイメージがある。問屋は，商法

図表10-2 広義の卸売業と狭義の卸売業

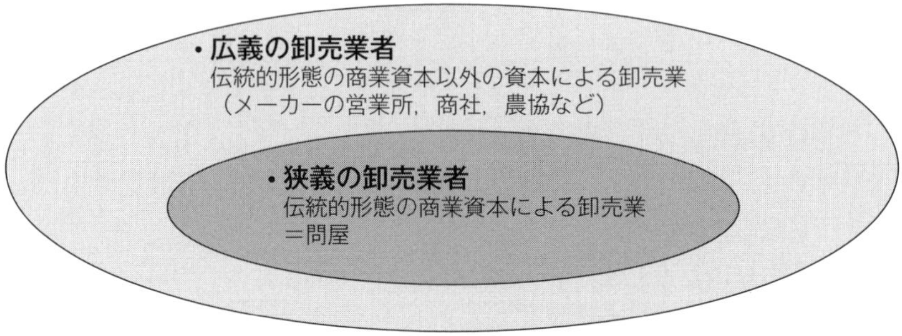
・広義の卸売業者
伝統的形態の商業資本以外の資本による卸売業
（メーカーの営業所，商社，農協など）
・狭義の卸売業者
伝統的形態の商業資本による卸売業
＝問屋

（出所）宮下（2002）116頁

の規定に従うと，売買を委託され，手数料を稼ぐ商人である。そのため，自らの責任で仕入れ（買い取り，所有権移転をし），消費者以外に販売する商人ではない。本来は，問屋と卸売業者は異なった意味を有していたが，日常はほぼ同様の意味として使用されている。

2）卸売活動担当者の呼称

生産者以外にも問屋や卸売業者のように，消費者以外を取引相手とする商人（流通業者）は多く存在する。またその取扱商品や呼び名も異なっている。その呼び名としては，総合商社，専門商社，販売会社（販社），特約店，代理店，ラック・ジョバー，ブローカー，仲立人，仲買人，農協など，あげれば切りがないほど存在する（**図表10-2**）。このように多くの呼び名があるのは，わが国における商品流通の歴史がそれだけ長いことを示している。

3）日本標準産業分類における卸売業

日本標準産業分類において，大分類である卸売業に分類されるのは，原則として有体的商品を購入して販売する事業所である。また販売業務に附随して行う軽度の加工（簡易包装，洗浄，選別等），取付修理も含まれている。そこでは卸売業は，主に次の業務を行う事業所とされる。

①小売業または他の卸売業に商品を販売するもの

②建設業，製造業，運輸業，飲食店，宿泊業，病院，学校，官公庁等の産業用使用者に商品を大量または多額に販売するもの

③主として業務用に使用される商品（事務用機械および家具，病院，美容院，レストラン，ホテルなどの設備，産業用機械（農業用器具を除く），建設材料（木材，セメント，板ガラス，かわらなど）など）を販売するもの
④製造業の会社が別の場所に経営している自己製品の卸売事業所（主として統括的管理的事務を行っている事業所を除く）
⑤他の事業所のために商品の売買の代理行為をし，または仲立人として商品の売買のあっせんをするもの

また日本標準産業分類において，中分類として掲げられている卸売業は，販売される主要商品によって業種別に分類されているものである。

第2節　卸売業の機能

(1)　卸売業の社会的機能

1）卸売業の社会的機能

卸売業は，生産者と小売業者や卸売業者と小売業者を取引によって結びつけたり，生産者と産業用使用者や卸売業者と産業用使用者を取引によって結びつけたりする。したがって卸売業者は，流通システムにおいて取引を仲介する位置にあることで，その役割（機能）が発揮される。卸売業の社会的機能には，需給結合機能と品揃え形成機能がある。

2）卸売業者による需給結合機能

需給結合機能は，消費財の場合，生産者や消費者が特定場所に集中せず，分散している場合，生産者と消費者を結びつける必要がある。そのため，流通業者が仲介し，両者を結びつける役割を見出した。また流通業者は，流通機能の分化により，卸売と小売を行う流通業者（商人）に分化していった。これが垂直分化である。そのため，卸売業者も小売業者と同様に需要と供給を結びつける役割を担っている。

消費者が広範に所在するようになると，消費者に直接販売する小売業も分散する。小売業者が広範に分散して所在することができるのは，小売業者に対して商品を販売する卸売業者が，その川上に位置する生産者や卸売業者と結びつけているためである。こうした需給結合は，物理的結合だけでなく，価格調整，

販売促進活動により，供給量と需要量の調整も行う（宮下（2002））。したがって，需要と供給を結びつける需給結合機能は，卸売業者だけが担当する機能ではないが，流通システムで卸売業者がこの機能を担うことは重要である。

3）卸売業者による品揃え機能

流通業者の存在意義は，多くの生産者や流通業者と取引をすることにより，買い手である需要者に商品の集合である品揃えを提供することにある。品揃え形成は，生産され，流通過程にある異質な商品の組み合わせを，卸売業者が川下に位置する卸売業者や小売業者，消費者や産業用使用者にとって意味のある組み合わせにすることである。散在している多くの生産者から商品を収集し，川下の多くの卸売業者や小売業者などに商品を分散させる。これは小売業者よりも卸売業者がこれまで主に担ってきた機能である。

また卸売業者には，商品を規格や等級に分け，それぞれ同一規格や等級の商品の集合を形成する機能もある。工場などで生産される工業製品では，こうした機能は要求されない。それは機械生産で規格などが統一されるからである。しかし，農水産物などは規格や等級がバラバラであるため，重要な機能となっている。他方，需要者に対しては量の調節もしなければならない。

近年では，以前と比べて生産者や小売業者が大規模化したことにより，それぞれがマーケティングやマーチャンダイジング活動を行うようになった。そのため，これまで卸売業が担ってきた収集分散機能は相対的に低下しているとされる。しかし，卸売業者が供給者と需要者の間に介在し，需要者にとって意味のある品揃えをする機能は相変わらず重要である。

(2) 流通機能に対応する卸売業者の機能

流通機能には，商的流通機能，物的流通機能，情報伝達機能，そして補助的流通機能がある。これら流通機能に対応して卸売業者が行う機能は何か。これまでの卸売業者が出現した経緯をみると，それらが明確になる。

1）卸売業者による商的流通機能

卸売業が担当している商的流通機能は，小売業と同様，需給結合機能がある。需給結合には，在庫調整などのバッファー的機能，農産物などの価格形成機能，品揃え形成機能がある（林（1999））。つまり卸売業者は，川上に位置する生産者，卸売業者から商品を収集し，質や量など需要に応じて調整し，販売先に購買活動の時間的便宜を図っている。また大口で商品を仕入れ，販売先の要求によって量や頻度を調整しながら販売している。

2）卸売業者による物的流通機能

卸売業が担当する物的流通機能は，輸送・保管機能を遂行することで生産時点と販売先への受注の時間的懸隔を架橋する。つまり，生産者に代わって販売先に商品を輸送する機能を担当している。卸売業が形成された歴史を振り返ると，この機能を担当することが大きな部分を占める。卸売業者がこの機能を遂行することにより，生産者は大量の商品を自ら保管する必要から解放され，それに要する費用を節約することができる。他方，小売業者にとって商品在庫を可能な限り少なくし，商品回転率を上昇させることができるため，やはり小売業者にとっても流通費用節約につながる。

3）卸売業者による情報伝達機能

卸売業者が担当する情報伝達機能は，主にその営業員（セールス・パースン）によって行われる。伝達手段としては，口頭やパンフレット・カタログ，インターネットなどがある。契約や代金授受，それらの前提となる交渉における情報交換や価格交渉などは，かつては対面で行われていた。しかし最近では，インターネットを介して非対面で行われることも増えてきた。商品情報は，卸売業者に集中することが一般的であったが，POSシステムやEOSなどが導入され，小売業者にも多くの情報が集まるようになった。そのため，卸売業者の情報収集やその伝達には変化も起きている。

卸売業者は，中小規模の生産者に対して商品代金の前払い，即時払いによって生産費用を提供し，他方で小売業者には掛売や信用供与する金融機能を提供している（鈴木（1967））。また商品の流通過程では，危険が発生する可能性が高い。危険の発生は，商流，物流，情報流のどこにおいても発生する可能性がある。こうした流通過程で発生する危険を卸売業も負担している面がある。

さらに卸売業者は，卸売段階で商品の組立て，包装，値札づけなどの作業を担当することもある。製造卸は，自ら生産設備を持ち，生産活動を行い，他の生産者から商品を仕入れ，品揃えを拡大し，販売活動を行っている（鈴木（2004））。したがって生産活動を中心に行うと生産者に分類されるが，卸売業者はこうした生産や加工という機能も一部果たしていることがある。

第3節　卸売業の分類

(1)　規模・取扱商品・立地による分類

1）卸売業者の規模分類

卸売業の規模による分類は，わが国の中小企業基本法では，資本金・出資金が1億円以下，従業者数100人以下の場合を中小規模卸売業としている。この分類は，中小企業施策の対象を明確にする観点からの分類である。

2）卸売業者の取扱商品による分類

卸売業の取扱商品による分類は，その商品の種類の幅で分類したものである。それは①総合卸売業（取扱商品の関連性に関係なく多数の商品ラインを取り扱う卸売業者），②限定卸売業者（食品や医薬品のように特定商品のみを取り扱う卸売業者），③専門卸売業（限定卸売業よりもさらに絞り込んだ商品のみを取り扱う卸売業者。食品をさらに絞り込み，酒類，菓子のみを扱う卸売業者）に区分できる。

3）卸売業者の立地による分類

卸売業者は，その仕入先である生産者や川上に位置する卸売業者，販売先である川下に位置する卸売業者，小売業者，産業用使用者などが分散するため，その立地において，産地卸，集散地卸，消費地卸に分けられる。

①産地卸は，生産地に立地する。農水産物などの生産者や再販売業者が小規模で多数存在するため，商品を集荷することが主な機能である。青果物の場合，比較的小規模な産地集荷卸を産地仲買人，比較的大規模なものは産地問屋として区別している。現在では，これらは農業協同組合（農協）や漁業協同組合（漁協）などが担うことが多くなった。

②集散地卸は，収集や集荷という機能と分散という機能の両方を担当する卸売業者である。交通の要所や大都市に多く所在している卸売業者であり，中継卸ともいわれる。集散地卸の仕入先には，中小規模生産者が多く，販売先は消費地卸や小売業者が中心である。集散地卸は，荷受けの役割を遂

行する卸売業者や貿易会社などがこうした役割を遂行している。

③消費地卸は，消費地に所在し，その地域の小売業と取引をするため，卸売機能の末端機能を担っている卸売業者である。消費地卸は分散卸ともいわれ，わが国では，事業者数で最も多い卸売業者である。主に小売業者への商品輸送，流通金融の供与，最近では小売業支援（リテールサポート）を主な機能とする。

4）卸売業者の商圏による分類

卸売業は，取引相手，販売先の範囲（商圏）によっても区別されている。これにより全国卸，地域卸，地方卸に分けられる。

①全国卸は，全国市場を商圏とする卸売業である。これは大都市に本社を置き，地方に支店を配置するなど，全国の卸売業者や小売業者などと取引がある。②地域卸は，全国市場を商圏とはしないが，複数の都道府県において取引活動を行っている卸売業者である。③地方卸は，１，２の都道府県に限定して事業活動を行っている卸売業者である。

5）卸売業者の流通過程における位置づけによる分類

卸売業者は，流通過程の位置づけにより，①１次卸（元卸，元売とも呼ばれ，生産者から直接仕入れる卸売業者），②２次卸（１次卸から仕入れる卸売業者），③３次卸（２次卸から仕入れる卸売業者）に分けられることもある。

卸売段階が複数に分かれるときには，生産者は，最初に取引する卸売業者を特約店や代理店として取引する場合が多い。特約店は，代理店の一種であり，特定の生産者と契約し，その販売窓口となって一定地域の一手販売権を有する。また代理店に指定されていない卸売業者が，その生産者の商品を取り扱いたい場合には，特約店や代理店を通すことで２次卸となる。さらに地理的に離れている場合などは，３次卸が存在することもある。

卸売業者のうち，生産者や海外から商品を仕入れ，その川下に位置する卸売業に販売する元卸，他の卸売業から仕入れ，他の卸売業に販売する中間卸，生産者から仕入れ直接小売業や産業用使用者に販売する直接卸（直卸），他の卸売業者から仕入れ，小売業または産業用使用者に販売する最終卸に区分されることもある（**図表10-3**）。

図表10-3 生産者から消費者他へのさまざまなチャネル

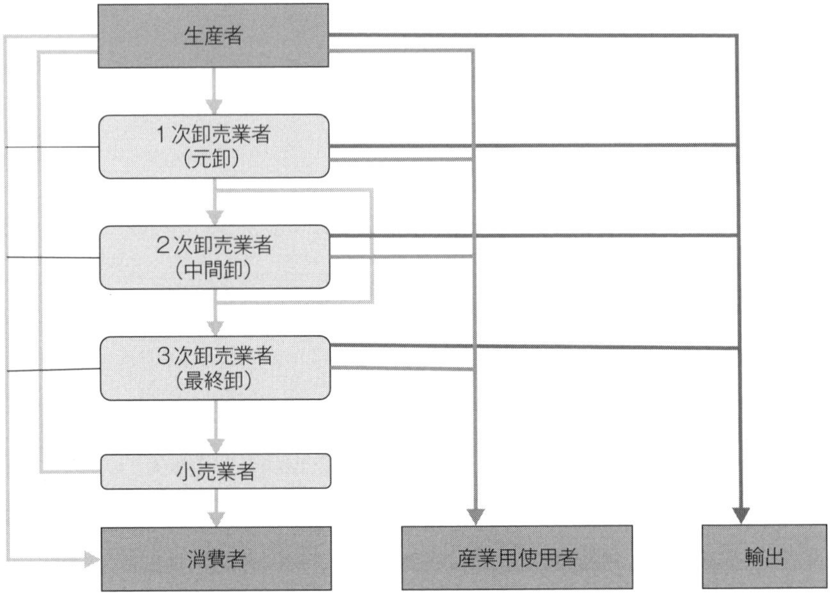

6）卸売業者の機能による分類

卸売業者が行う機能を中心に分類した場合，①集荷卸（生産者から仕入れ，通常は産地に立地する産地卸の場合が多い），②中継卸（交通の要所や大都市に所在し，中継機能を担当），③分散卸（消費地に立地し，主に小売業者に商品を分散させる）がある。これらの機能は，その立地により規定されることが多いため，立地による分類と連動している。

また卸売業者と生産者との関係では，販売会社（販社）の存在がある。販社は，生産者が自社商品の再販売価格を維持し，商品フォローを行うため，自ら経営することによる利益が大きいと判断した場合に設置される。販社は，生産者が自社商品の確固たるマーケティング・チャネルを確保するために出資・設立するため，生産者の資本系列に入ることが一般的である。これは生産者の流通系列化政策により，その流通システム（マーケティング・システム）に組み込まれた卸売業である。

(2) 卸売業者の遂行機能による分類

卸売業は，その遂行機能によっても分類されることもある。それは卸売業が，先にあげた流通機能（需給結合，品揃え形成，物流機能，情報伝達，流通金融，危険負担）のうち，すべてを遂行するか，しないかという分類である。すべてを遂行する卸売業者を完全機能卸売業者という。またほとんど遂行するが一部を遂行しない，あるいは一部しか遂行しない卸売業者は，限定機能卸売業者という。

限定機能卸売業者の主なものには，現金持ち帰り卸，帳合卸，注文取次卸，車積販売卸，ラック・ジョバーなどがある。

1）現金持ち帰り卸売業者（cash and carry）

現金持ち帰り卸は，現金問屋ともいわれ，取引は現金のみで行う。そのため流通金融を担当しない。これらの事業所では，比較的小規模な小売業者は，商品代金を現金で支払い，その購入商品を自ら運搬する。つまり，配送も担当しない。わが国では，菓子や医薬品などの分野で存在した。ドイツから参入したメトロ（Metro）は，本国では小売が中心であるが，わが国ではこの業態によって展開している。

2）帳合卸売業

帳合卸とは，小売店が継続的に仕入を固定化している卸売業者をいう。帳合卸の販売先である小売業者には，特定商品の仕入を長期的に固定化している卸売業者である。最近では，生産者が小売業者へ商品を直送するため，帳合卸は物流機能を担当しないことが多い。そのため，帳合卸は代金回収や危険負担だけを担当している（**図表10-4**）。

3）注文取次卸売業

注文取次卸は，小売業者や業務用使用者に代わって，商品の仕入を代行する卸売業者である。在庫や輸送という物流機能を担当しない。わが国では書籍流通において典型的にみられる。注文取次卸は，商品の所有権は有するため，ブローカーとは異なり，危険負担を行い，信用販売も行う。ただ商品は生産者が小売業者や業務用使用者に直送するため，物流機能を担当しない（**図表10-5**）。

図表10-4 帳合卸

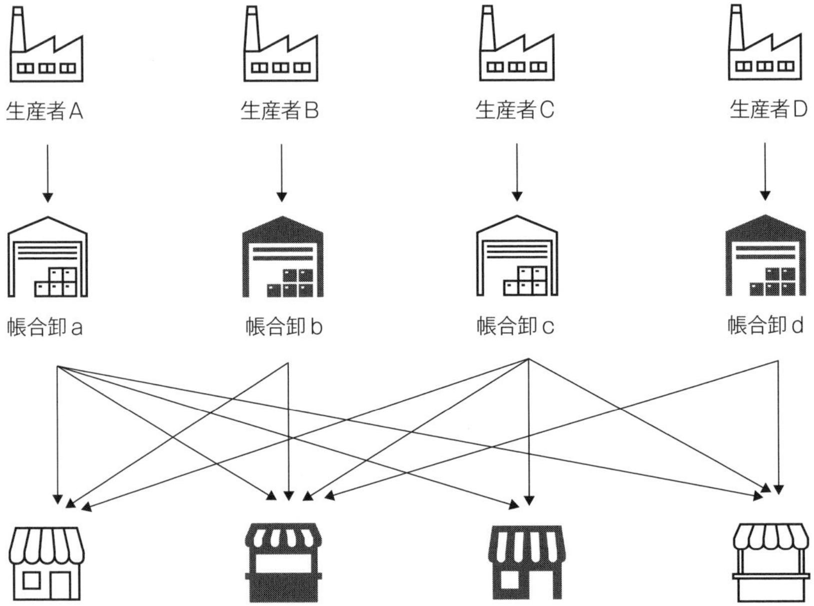

4）車積販売卸売業

車積販売卸は，商品を自動車（トラックなど）に積み，小規模な小売業者や飲食店などの店舗や事業所などを巡回し，店頭で受注し，その場で商品を引渡し，代金決済を行う。一部には信用を供与する事業者もいるが，流通金融は担当しない。一般的には規模の小さな卸売業者である。

5）ラック・ジョバー（rack jobber）

ラック・ジョバーは，小売店から店舗内のラック（棚）の管理を任された卸売業者である。棚の管理というのは，スーパーマーケット（スーパー）などでは，商品の回転率が悪い食器や雑貨，文房具などの仕入や商品管理をスーパー自身が行わず，委託することがある。この場合には商品の所有権は，小売側（スーパー）にあるため，ラック・ジョバーは商的流通を担当しない。そのためサービス・マーチャンダイザー（service merchandiser）とも呼ばれる。

図表10-5 注文取次卸

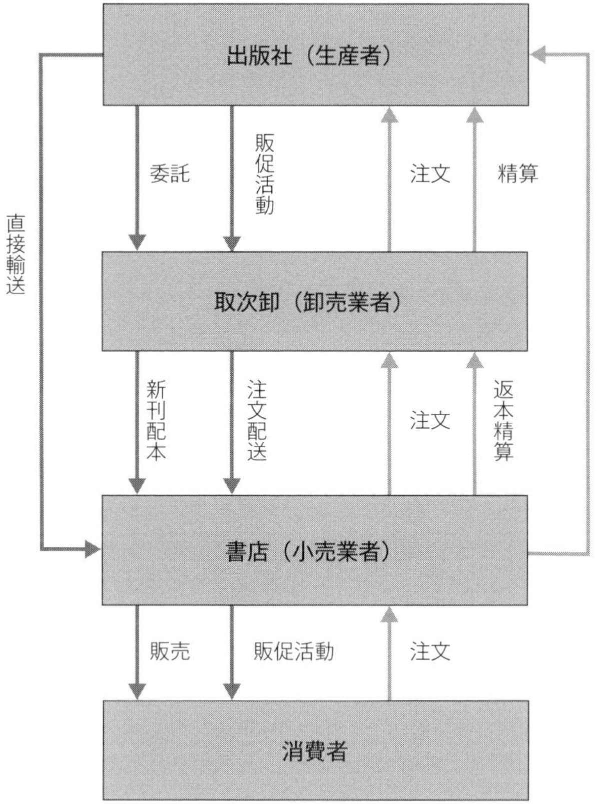

第４節　卸売業者と所有権

(1)　所有権を有さず機能する卸売業者

１）日本標準産業分類における卸売業態分類

日本標準産業分類では，卸売業の事業所の「業態分類」として，３つに大きく分類している。まず①卸売業（卸売商，産業用大口配給業，卸売を主とする商事会社，買継商，仲買人，農産物集荷業，製造業の会社の販売事務所，貿易商など）である。また②製造問屋（自らは製造せず，自己の所有に属する原材料を下請工場などに支給して製品をつくらせ，これを自己の名称で卸売するもの)，③代理商，仲立業（agent，broker，commission merchant）である。

さらに中分類に掲げる卸売業は，主に商品の仕入販売などの業務を行う事業所である。細分類に掲げる代理商や仲立業は，主として手数料を得て，他の事業所に商品の売買の代理または仲立を行うものと規定されている。こうした事業所は，商品の所有権を持たないため，価格の設定，商品の保管，輸送などの業務を一般に行わない。つまり，限定機能卸売業者である。

２）所有権を移転せず機能遂行する卸売業

流通機能の中心は，商的流通機能であり，所有権移転によって，他の流通機能が機能することにより，その機能が遂行される。しかし，日本標準産業分類において，卸売業として分類され，これまで長く継続してきた。ここでいう「業態分類」では，所有権移転をせず，流通機能を遂行している卸売業が分類されていることに注目する必要がある。

小売業は，生産者や卸売業者からは百貨店などにおける特殊な取引を除き，基本的には所有権が移転する。そして，商品の所有権を得た（有した）小売業が，最終消費者に販売する活動が連綿と継続されてきた。しかし，卸売業として分類される事業者には，所有権移転をせず，取引を仲介することでその機能に見合う報酬を得ている卸売業者が存在する。こうした卸売業者の存在にも注目しなければならない。

これらの卸売業者は，わが国では多くの商品分野において，各々独特な機能が形成されてきた面が強い。そのため，多様な呼称がある。こうした卸売業者の活動は，現代において必要なのだろうか。それとも商慣習として残存しているだけであり，あるいは必要がなく，次第に淘汰されるものだろうか。こうした視点からも所有権移転をせずに，流通システムにおいて活動する卸売業者の存在意義やその機能について考えなければならない。

⑵　所有権を有さない卸売業者

通常の卸売業者は，川上に位置する生産者や卸売業者から商品の所有権を移転させ，つまり商的流通を行い，自らの川下に位置する卸売業者，小売業者，産業用使用者などに販売する。しかし，所有権移転をせず，商品の買付や販売を委託され，仲介活動を行うことによって手数料を得ている卸売業者が存在する。その代表が，代理商，仲立人，問屋である。

1）代理商

代理商は，わが国の商法27条で「商人ノ為メニソノ平常ノ営業ノ部類ニ属スル取引ノ代理又ハ媒介ヲスル者デ，ソノ商人ノ使用人デナイ者ヲイウ」とされている。つまり，商法で規定されている代理商は，特定の生産者や卸売業者のために継続的に商品の販売・買付などを行う媒介者として位置づけられている。代理商は，売買の代理人となるが，依頼人の使用人以外の者が行い，また多数のための共同代表ではなく，特定者の専属代理である（田口（2001））。

日本標準産業分類では，代理商はブローカー，仲立業，代理業，船宿，馬喰（ばくろ），手数料を得ることを目的とした農産物集荷業を指している。通常，販売代理店は，商品を買い取って（所有権移転をしている）ため，この範囲には含まれない。

2）仲立人

仲立人は，わが国の商法543条で「他人間ノ商行為ノ媒介ヲ為スヲ業トスル者」とされている。つまり，特定の生産者や卸売業者のために事業活動を行う代理商とは異なり，不特定多数のために商品売買などを仲介する事業者である。そのため，商品を物理的に取り扱うことはせず，売買の斡旋で手数料を得る卸売業者である。仲立人が行う媒介には，依頼人に適当な相手を探し，説得し，両者を売買契約締結に至らせることである。船舶や不動産売買，賃貸借における船舶仲立人と不動産仲立人に代表される。

3）問　屋

第1節でも取り上げたように，わが国の商法上の問屋は，売買を成立させる流通業者として，手数料を得ることを目的とするコミッション・マーチャントである。

商法上の問屋は，自己の名によって川上に位置する生産者や卸売業者から商品を委託され，売買し，委託者から手数料を得る卸売業者である。そのため取引責任は負うが，売買損益は委託者に帰属している（鈴木（2002））。繰り返しとなるが，商法上の問屋と現在も世間一般で使用される問屋とは，その活動においても意味が異なる場合が多い。こうした法律上の位置づけと，実際に使用される言葉の意味の相違について考えることも必要である。

おわりに

本章では，まず卸売概念にふれた。さらにわが国における卸売（業）以外の呼称にもふれた。その上で，長い間使用されてきた問屋については，商法上の定義と日常使用される意味との相違についても言及した。そして，卸売業の機能について，その社会的機能や流通機能に対する卸売業者の機能について説明した。

卸売業はさまざまに分類されるが，代表的な分類について，それぞれを説明した。さらに小売業と同様，産業分類による卸売業者の分類についてもふれた。そして，卸売業者の中には所有権を移転させず，機能する卸売業者も存在する。それは商法上の問屋だけではなく，代理商や仲立人なども存在するため，これらについても取り上げた。

第11章

卸売市場と卸売の変化

はじめに

小学生時代に「市場見学」で卸売市場を見学に行った人も多いだろう。そうした市場が近くにない場合，修学旅行や宿泊研修の途中で立ち寄ったりする。おそらくこうした市場見学では，その市場の仕組みや取引について説明される。ただその市場を卸売市場として認識している消費者はごくわずかかもしれない。

かなり以前から「卸の変化」や「卸売業の危機」などという言葉がしばしばいわれてきた。しかし，何がどのように変化したか，何が危機であるかは伝えられないことが多い。そして卸売市場とは何か，卸売流通がどのように変化しているか，その危機的状況はどのようなものであるかを明確に説明できる人は少ない。本章では，現在の卸売市場が置かれた状況，さらに卸売市場だけでなく，卸売を取り巻く環境変化について取り上げる。

第１節　卸売市場

(1)　卸売市場での取引

１）卸売市場の特性

卸売市場は，生産物の各産地において，収集を担う仲買人（収集商）や産地問屋，共同組合などの組織が，生産者から収集した生産物をさまざまなチャネルにより集積する場である。卸売市場では，卸売人と仲買人（分散商）の間でセリなどの取引が行われる。この部分が，卸売市場での売買取引の中心である。そして，商品が再び卸売業者から，小売業者などの手を経て最終消費者へと渡る。このように商品が集まり，また分散する（収集と分散）中継組織として卸売市場が存在する（**図表11-１**）。

図表11-1　中央卸売市場の仕組み

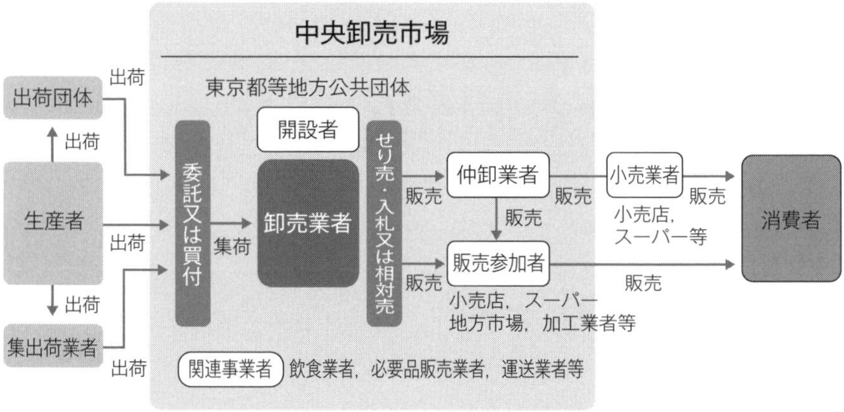

卸売市場で取引されるのは，生鮮食料品が中心である。それは，生鮮食料品が一般の消費財とは異なり，品質や生産量が一定ではなく，その鮮度が時間経過とともに劣化するためである。したがって，われわれが消費する生鮮食料品の多くは，卸売市場で取引され，小売段階や産業用使用者へ流通したものである。

2）産地における収集活動

生鮮品の産地では，産地の仲買人が小規模な生産者から生産物を集荷し，消費地の卸売市場に出荷してきた。かつては産地仲買人が有力であったが，近年は農業協同組合（農協）や漁業協同組合（漁協）などの出荷組合が台頭し，産地における仲買人の弱体化が進んでいる。

他方，農協などの出荷団体は，収穫物を大規模施設で選別し，規格付け，包装，検査，ブランド付与を行っているところもある。現在は，生産物のブランディング（ブランド付与）だけでなく，地域のブランディングも盛んに行われている。それは商品だけを市場に訴求しようとするのではなく，地域を一体として訴求したほうが市場へのインパクトが大きいためである。また地域団体商標制度なども整備され，地域のブランディングがしやすくなった面もある。

3）産地から卸売市場

卸売市場への商品の流れは，卸売市場内での卸売人が，生産者から産地仲買人や出荷団体などから生鮮食料品の取引を委託され，荷受けをする。卸売人が行う荷受けは，委託のための荷受けであり，委託された生鮮食料品を仲買人や売買参加者に対してセリなどで販売するためである。

こうした活動により，卸売人は一定の販売手数料を得る。卸売市場内における仲買人は，卸売人から商品を仕入れる。そして，市場内にある自らの店舗において，小売業者や外食業を営んでいる業務用使用者に販売する。仲買人が販売する場合，自ら価格を設定して販売するが，こうした仲買人が販売する価格は，セリにより卸売人から仕入れた価格が影響する（宮下（2002））。したがって卸売市場内では，卸売人と仲買人らの間ではセリによる競争売買が行われ，市場内における仲買人の店舗では相対取引が行われる。

(2)　中央卸売市場と地方卸売市場

1）中央卸売市場の形成

都市に人口が集中することにより，生産と消費の物理的距離の分離が進むようになった。そのため，生産者自らが商品を市場へ運搬することが困難になった。他方，消費者も自ら市場に足を運び，商品を購入することが困難になった。そこで小売市場として形成された都市の生鮮食料品市場は，卸売市場の形態を整えるようになった。

19世紀半ば以降，近代的な中央卸売市場は，人口集中の進んだパリやロンドン，ベルリンなどで次々に開設された。パリの中央卸売市場は，1851年に建設が開始され，1857年から取引を開始した。同市場は，フランス中から生鮮食料品が集められたことから，作家ゾラは「パリの胃袋」と呼んだほどであった（福田（1950））。

わが国では，1923年に制定された中央卸売市場法により開設された。同法は，生鮮食料品の大都市での流通システム構築を目的とし，開設者は原則，地方公共団体と定めた。1933年には，東京市では青果市場は旧市域に８カ所，大東京市全域では62カ所も存在した。その組織形態は，施設，組合，株式会社など法人や個人も存在していた（青山（1970））。

２）卸売市場法の制定

わが国の中央卸売市場法は，1971年には地方卸売市場を含めた卸売市場法に改正された。これまで中央卸売市場は，都道府県や人口20万人以上の都市の自治体のみであった。しかし，一般法人でも認定基準や認定要件を満たせば，農林水産大臣が開設者として認定し，中央卸売市場の開設が可能となった。

認定基準では，卸売場，仲卸売場，倉庫（冷凍または冷蔵を含む）の面積の合計が，野菜および果実10,000㎡，生鮮水産物10,000㎡，肉類1,500㎡，花卉（かき）1,500㎡，それ以外の生鮮食料品1,500㎡がこれ以上になるように定めている。認定要件は「申請書業務規程の内容が基本方針に照らして適切か」などの，業務規程に関する要件が示されている。

(3) 卸売市場法の改正

卸売市場法は，生鮮食料品の流通環境に合わせて改正されてきた。1999年の改正では，セリ取引の原則を廃止し，相対取引を導入した。これによって卸売業者から商品を大量に仕入れる際には，安価に購入することも可能になった。2004年には，中央卸売市場の卸売手数料，仲卸業者による直荷引き（産地などから卸売業者を通さず仕入れる，卸売業者による第三者（市場内の仲卸業者以外）への販売が可能となった。さらに中央卸売市場から地方卸売市場への移行も図られた。そして，買付集荷を全面的に自由化し，商物一致の原則（卸売業者による市場外にある生鮮食料品等の卸売の禁止）の規制緩和も図られた。

卸売市場法は2018年にも改正され，新たな卸売市場法が2020年６月に施行された。大きな変更点は，次の４点である。

①第三者への販売禁止の廃止。卸売業者が集荷した生鮮食品は，市場内の仲卸業者や売買参加者以外へも販売可能となった。小規模な小売店・飲食店の仕入先は仲卸業者のみであったが，仲卸業者を通さず卸売業者から直接購入できるようになった。

②直荷引きの禁止の廃止。原則禁止されていた市場内の仲卸業者と産地との直接のやり取りが可能になった。これにより小規模な仲卸業者でも，珍しい食材などの販売可能性が生まれた。他方，仲卸業者から飲食店などの要望を産地へ直接伝えられるようになり，詳細な業態に合わせた食材の調達が実現する可能性が生まれた。

③民間業者の中央卸売市場の開設が可能。卸売市場は，農林水産大臣の認可

が必要な地方公共団体（都道府県または人口20万人以上の都市）のみが運営できる中央卸売市場と，都道府県知事の認可を受けて運営する地方卸売市場に分類されていた。改正により，中央卸売市場が，農林水産大臣から認可されれば民間業者でも開設できるようになった。

④商物一致の廃止。仲卸業者が仕入れた食材は，産地から小売店・飲食店へ直送が可能になった。そのため，卸売市場を経由する必要がなくなり，早ければ収穫した当日に食材が届く可能性も生まれた。

こうして卸売市場法は，市場の実態に合わせ，21世紀になる頃から実際の商品流通に合わせるため，大幅に改正された。

⑷　市場外流通の増加

1）市場外流通の影響

卸売市場法の改正には，市場外流通が大きく影響している。これまで卸売市場では，セリ取引を行い，需給結合と価格形成により，需給調整機能が果たされてきた。しかし，出荷団体などが大量に共同出荷し，他方でスーパーマーケット（スーパー）などの大量仕入業者が増加し，取引方法に問題が生じた。商品が大量に出荷されるほど市場価格は下落し，生産者にはマイナスとなった。

卸売市場では，スーパーなど大規模小売業者が大量に仕入れると，需要が増え，価格が上昇する面もみられた。こうした不都合を回避するため，卸売市場ではセリ取引を原則としながらも相対取引が導入された。ただこれらは卸売市場内でみられた変化であった。実際には，生鮮食料品流通の変化は，卸売市場外で起こっていた。**図表11-2**にも示されているように，こうした卸売市場を経由しない場合を市場外流通という。

2）市場外流通の増加

卸売市場で取引されるのは，生鮮食料品が中心であるが，以前からそれらはすべて卸売市場を経由し，つまり卸売市場で取引されているわけではなかった。卸売市場を経由しない市場外流通の割合は次第に高まっていた。産地直送では，生産者個人による産地直送から産地の生産者と消費地に所在する大手小売業者やレストランなどの外食業者が直接取引をし，商品が産地から直送される割合も増えてきた。

市場外流通の増加は，川下に位置する小売業者や外食業者などの規模が大規

図表11-2 市場流通と市場外流通

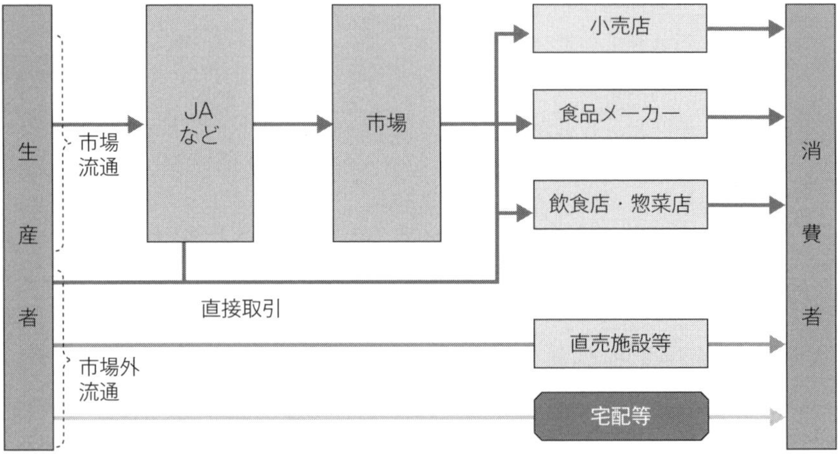

模化したことによる。産地での大量出荷体制の整備，情報通信技術（ICT）の発達，交通網の整備，宅配便など輸送体制が整備されたことが影響している。これらは中央卸売市場法や卸売市場法が制定された時期とは大きく環境が変化したためである。

3）市場外流通における矛盾

大規模小売業者などの大口需要者にとって，市場外流通のみによって多種多様な生鮮食品を品揃えすることは難しい。そのため，大口需要者も卸売市場がこれまで果たしてきた分荷，価格形成，資金負担などの諸機能を卸売市場に依存する場合がある。価格形成は，相対取引で決定されるが，多くの場合には中央卸売市場で形成された価格が参照される。

大口需要者は，価格の安定化を望めず，自ら卸売市場を否定した市場外取引を志向していながら，卸売市場に価格形成を依存する矛盾がある（雲英(1997)）。卸売市場が需給結合機能と価格形成機能を遂行する限り，卸売市場の存在は否定することができない。

農林水産省が発表している「食料需給表」によれば，1990年代後半から2017年の変化率では全体的に右肩下がりとなり，2017年には青果55.1%（野菜64.3%。果物37.6%），水産物49.2%，食肉8.3%，花卉75.5%であった。ここでは食品小売業が大規模化し，外食産業が一大産業となり，商品調達を卸売市場から市場外流通へと大きく舵が切られたことがわかる。

第2節　卸売業の変化

(1)　卸売業の規模変化

卸売業を観察する際，小売業と同様，多様な視角がある。卸売業の規模は，事業所数，年間商品販売額，従業者数，経営組織などからみることができる。

卸売業の事業所数は，これまで行われてきた商業統計調査によると，小売業とはその事業所数のピーク時期が異なっている。小売店舗数は，1980年代前半にそのピークを迎えたが，卸売業の場合，そのピークは1990年代前半であり，小売業とは約10年のタイムラグがある。

年間商品販売額は，小売業は1990年代後半にピークを迎えたが，卸売業は事業所数のピーク時と同様，1990年代前半であった。ただ卸売業の場合，ピーク時から販売額は約4割も減少している。一般の業界であれば，業界全体の売上が，約20年間で4割も減少すれば（市場が縮小すれば）大騒ぎとなるはずである。しかし，「卸売業冬の時代」とはいわれても，この減少幅についてはそれほど大きな問題とはされていない。それはなぜなのであろうか。これについては次節以降で考えたい。

卸売業の従業者数は，同じ基準で調査されていないため，単純な比較はできない。ただ全体の傾向は，小売業ではパートタイマーやアルバイトなど非正規雇用の従業者数が，1980年代から増加したため，全体の従業者数は減少していないようにみえる。卸売業では，その雇用形態は非正規雇用の割合が低く，全体の卸売業従業者数は1990年代の前半以降，減少の一途を辿っている。

さらに卸売業の組織形態は，小売業では法人組織が全体の店舗数の半数をやや上回る程度であるが，卸売業では9割近くが法人組織である。

(2)　卸売業の時代変化

1）卸売業の海外進出

近世において，わが国で商人といえば問屋であり，卸売業者であった。こうした卸売業者は，特定商品の取り扱いを一手に引き受け，仲間内でその取引を行っていた者がほとんどであった。したがって，特定商品の流通利権を有した卸売商人が，近世の経済の実質的な部分を運営していたといえる。

近代になり，鎖国が解かれ，海外との取引が活発になった。海外との取引においても，特定商品を中心とした流通（貿易）により，事業を拡大させたのは卸売商人であった。わが国では「糸偏（いとへん）」産業が盛んになり，卸売業者はその加工や海外輸出により，大きな財を成した。かつての貿易商社には，その企業名に「糸偏」産業に関わっていたことが表れている。

2）卸売業の環境変化

わが国は，糸偏に代表される繊維産業を中心とした産業から，第二次世界大戦後は，機械や自動車など産業構造が大きく変化した。それらを輸出することに関わった総合商社の躍進が顕著であった。しかし，生産者（製造業者）が自らの支社や営業所，現地法人を海外に設置するようになると，総合商社が担っていた機能は生産者に移行するようになった。「総合商社冬の時代」と呼ばれ，総合商社の中には，事業を大きく転換させた企業も現れた一方，繊維品中心の総合商社では，一気に事業環境が悪化した企業もあった。

卸売業の事業所は，1990年代初頭のピークからわずか15年間で約３割も減少した。その中でとくに減少したのは，「繊維品（衣服，身の回り品を除く）」「衣服」「身の回り品」「建築材料」などを扱う卸売業であった。かつてはこれらの生産者は，国内にその生産拠点があったが，円高が進むにつれ，その生産拠点を海外へと移転させた。

他方，これらの調達先が国内ではなく，海外へと移転した企業もあり，これら商品を扱う卸売業者数は減少している。卸売業は，川上に位置する生産者や卸売業者から商品を仕入れ，それを川下に位置する卸売業者や小売業者，産業用使用者に販売するという性格上，川上における変化を直接被ることになった。

3）卸売事業所数の減少

卸売業の減少や事業の変化は，事業所数や従業者の構成にも影響を与えている。あらゆる商品を扱う総合商社でない限り，特定分野やさらに特定種類の商品を扱う卸売業がほとんどである。こうした卸売業は，先にあげたように生産者や需要者からの影響を受ける。それによって，卸売業の事業者（事業所）の増減が起こる。

図表11-3 業種別開・廃業率

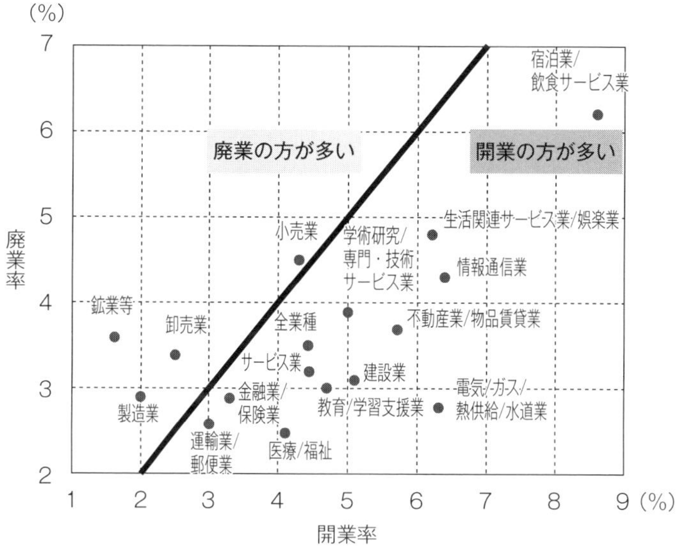

（出所）中小企業庁（2020）116頁（一部改）

図表11-3は，2020年の「中小企業白書」における業種別の開・廃業率である。卸売業は，開業率が低く，廃業率が上回る状況となっている。これをみても卸売業の退潮傾向がわかる。近年の卸売事業所数の減少は，従業者数にも影響している。卸売業の事業所数がピークであった1990年代初頭には約470万人の従業者が存在した。しかし，約10年後には，従業者数は約400万人となり，わずかの期間で約２割が離職した。定年により離職した従業者も一定数存在すると考えられるが，多くは定年を待たずに離職したようである。

卸売業の経営組織は，先にも取り上げたように小売業よりも法人組織が多く，全体の９割は法人事業所である。個人事業所は，1980年代半ば以降，継続して減少した。個人事業所の多くは，これまで川上に位置する零細規模の生産者や卸売業者から商品を仕入れ，それを零細規模の卸売業者や小売業者，産業用使用者に販売してきた。つまり，小規模・零細規模な場面での流通を担当していた。ごくわずかの生産量しかない商品を仕入れ，川上でごくわずかの需要しかない場面でも事業を継続してきた事業者が大部分であった。

4）零細規模卸売業に対する支援

わが国では，中世や近世の時代から各地で伝統産業と呼ばれる工芸品をはじめ，さまざまなモノが生産されてきた。こうした商品は，「地産地消」されるものは少なく，生産地域外に販売（地産外商・地産他商）することによって，その生産が支えられてきた面がある。こうした地域外への販売を担っていたのが零細規模の卸売業者であった。

伝統産業において，生産されてきたモノやそれに携わってきた者の減少，消滅は多い。最近ではこうした伝統産業を維持しようという風潮もある。それに対して政策的支援も行われているが，生産者に偏向しているようにもみえる。ただ流通の側面を考えると，零細規模卸に対する支援をしなければ伝統産業自体が維持できない。

第3節　流通迂回率の変化

(1)　卸売業者の存続可能性

1960年代には「流通革命論」という言葉が，盛んにいわれた。そこでは，大規模生産者と大規模小売業者が直接取引を行い，卸売段階を短縮，あるいはなくしたほうが，流通の効率化が図られることが主張された（佐々木（2019））。このときには，卸売業者の販売先が主に小売業者であることが前提とされていた面がある。これまでにも取り上げてきたように，卸売業者の販売先は，その川下に位置する小売業者だけではなく，卸売業者や産業用使用者も存在する。

こうした卸売業者における小売業者以外の販売先を考えると，これらの販売先は川上に位置する卸売業者がなくなった場合，どこから商品を仕入れればよいのだろうか。その場合には，生産者しか存在しない。生産者と産業用使用者が直接交渉し，取引をすることは可能なのだろうか。そこでは可能な場合と不可能な場合があることは，誰の目からみても明らかである。

流通革命論で主張されたように，生産者と小売業者，あるいは生産者と産業用使用者が直接取引を行ったほうが，流通費用が節約され，社会的にもメリットがあるかもしれない。この理由から消失した卸売業者は，これまでにも多数存在しただろう。したがって淘汰された卸売業者は，かつては必要とされたかもしれないが，現在では存在意義が失われた卸売業ともいえる。

一方，生産者と小売業者，生産者と産業用使用者が取引をしようとしても，生産者は生産するのが精一杯であり，小売業者や産業用使用者への対応ができない場合がある。その場合，生産者が対応できず，需要者である小売業者や産業用使用者が対応できないとなると，誰かがその機能を遂行しなければならない。このように考えると卸売業者の存在意義が再認識されるだろう。

⑵　流通迂回率

1）W/R比率

わが国では，流通チャネルが他の国や地域に比べて段階数が多いことが指摘されてきた。チャネル段階が多いことは，ある商品の流通，つまりその流通システムにおいて，経由する卸売業者の数が多いことを意味している。卸売段階が1段階ではなく，複数の卸売業者の手を経て流通するため，卸売業の段階数が必然的に増加することになる。

こうした流通における卸売段階の段階数が多い，多段階性を示す指標として，流通迂回率が使用される。流通迂回率は，W/R比率（warehouse-retailer ratio）として表される。W/R比率は，次の数式によって算出される。

W/R比率＝（卸売業の売上－産業用/輸出）／小売業の売上
　　　　＝卸売業の総販売額／小売業の総販売額

W/R比率の算出には，サンプル収集が難しく，これまで明確に算出されてきたわけではない。そのため特定商品などで部分的に算出され，それを比較することで，わが国における流通迂回率の高さが主張されてきた面が強い。最近では，わが国の流通チャネルは短縮傾向にあり，かつては1つの商品の流通において何段階も存在していた卸売段階は短縮化傾向にあるとされる。ただそれを明確な数字として提示することは難しい。

2）W/W比率

W/W比率（warehouse-warehouse ratio）は，卸売業全体の年間商品販売額から本支店間での移動を除いた値を，卸売業者以外の年間商品販売額（「小売業者向け」「産業用使用者向け」「国外（直接輸出）向け」「消費者向け」の合計価）で除した値である。W/W比率は，次の数式によって算出される。

W/W比率＝卸売業全体の売上－本支店間取引額
／卸売業以外のユーザーに対する販売額

W/W比率は，この値が1に近いほど卸売業者間の取引回数が少ないことを示している（経済産業省（2006））。W/W比率は，流通の多段階性と時系列変化を観察するために用いられるが，W/R比率と同様，最近ではW/W比率も低下傾向にある。

第4節　卸売業の変容

(1)　わが国卸売機構の特徴

わが国の卸売機構の特徴は，分業・分散と閉鎖的構造が指摘されている。卸売機構が，分業・分散構造を持つことで閉鎖的構造が形成され，個々の卸売業は，リスクが分散され，相互に競争回避をする構造ともなっている（宮下(2002)）。こうした構造は，長い時間をかけて形成され，さらに総合商社という独特な卸売業が誕生した。

①卸売機構の分業・分散構造の形成は，卸売業が取引相手として小売業や産業用使用者などに販売するため，小規模な生産者などから商品を仕入れ，品揃えを行ってきたことにある。品揃えが特定分野や種類に限定されたのは，中世や近世における株仲間が形成されたことが影響している。販売先である小売業でも多様な種類の商品を品揃えしていた小売業は限定され，商品ごとに分業，さらに販売先は全国に分散したため，卸売業も分散構造となった。

②卸売業における閉鎖的構造は，取引相手の条件や歴史的な事情に影響された。卸売業は，特定の生産者との取引において，特約店や代理店契約を締結することが多い。小売業者や産業用使用者が，特定商品を仕入れようとすると，特約店や代理店経由でなければ仕入れられない場合がほとんどである。生産者から産業用使用者に至る流通チャネルには，排他的な構造がある。

③わが国での総合商社の誕生は，近世末期から近代にかけての状況が影響した。総合商社の取扱商品は，かつては「ラーメンからミサイルまで」と形

容され，世界中から商品を仕入れ，国内で販売する独特なスタイルが形成された。また卸売活動だけでなく，生産，企画開発，金融，情報，投資，オルガナイザー（プロジェクトの主導）機能などを遂行し，グローバル規模で展開している。こうした機能を果たす組織は，他国ではほとんどみられない。

わが国の卸売機構の特徴は，これら3つをあげることができる。これらの特徴は，短期間で醸成されたのではなく，中世に源流を持つ卸売業の長期的活動により，時間をかけて形成されてきたものである。また社会や経済の影響を受け，変化してきた部分もあるが，わが国ではこうして独特な卸売機構が形成された。

⑵　卸売業の革新行動

1）卸売業の大規模化

卸売業が，歴史的に担ってきた重要な機能には物流機能がある。近年，物流機能は，ICTなどの利活用により，合理化している。とくに卸売業者は，物流活動を積極的に合理化し，取扱商品の物流技術や方法の高度化を図り，効率化させている。これを可能とするには，情報ネットワークを活用し，受発注や納品活動の効率化が必要となる。こうした活動は，規模の経済が働く分野でもある。そのため，わが国でも21世紀になる頃から食品や日用品，さらに医薬品分野では，大規模な合併が行われ，売上規模が何兆円にもなるような大規模な卸売業者が誕生した。

卸売業が大規模化することにより，それ以前の規模では実行できなかった事業が実行できるようになった。卸売業が大規模化することにより，取引先の所在範囲が拡大した。つまり，卸売業の商圏が拡大するようになった。以前は特定地域に所在する取引先のみに商品を卸すことを事業としていた卸売業者は，大規模化することによって，その商圏を拡大させた。

また商圏の拡大だけではなく，取扱商品の幅も拡大した。食品卸などの場合，酒類や加工食品，菓子などに卸売業がそれぞれ分かれていた。しかし，合併によって大規模化することにより，総合食品卸となった。買い手である小売業などにとっては，多数の卸売業との取引は煩雑であったが，いくつかの卸売業者に集約することにより，負担が減少することになった。

2）卸売業による物流効率化

卸売業は，倉庫などの物流拠点が遠く，川下に位置する販売先にはリードタイム（商品の発注から納品されるまでの時間や日数）を長く要し，不便な面があった。しかし，合併などで大規模化し，拠点数が増え，物流サービスが向上した。ただ合理化により，そのまま合併する企業同士の物流拠点の合計ではないが，全体の物流システムを鳥瞰し，最適な物流機能が提供できるシステムへの組み替えが可能となっている。

そして規模が大きくなればなるほど，限度はあるが，商品仕入先との交渉において，購買力（バイイング・パワー）を働かせることがより可能となった。つまり，商品を大規模に大量に扱うことにより，卸売業者においても規模の利益を働かせることが可能となっている。こうしたことは結果として，川下に位置する小売業者や産業用使用者のメリットとなる面もあろう。

(3) 中小卸売業の将来

1）卸売業のイメージ変化

流通業は，他の産業と比較すると小規模零細性を特徴とする産業とされてきた。それは小売業だけではなく，卸売業にもその傾向がみられる。かつて行われていた商業統計調査では，卸売業もその事業規模が小さくなればなるほど，その事業所は現在に近づくほど，減少していることが報告されている。こうした中小規模の卸売業は，今後どのようになるのだろうか。

われわれが卸売業に対して持つイメージはどのようなものであろうか。おそらく物流機能を主に担当してきたイメージがあるため，3K（きつい，汚い，危険）ではないが，肉体労働が多く，労働集約的な職場を想像させるかもしれない。また事業規模が小さくなればなるほど，そうしたイメージが強くなるかもしれない。

伝統工芸品に代表されるような生産現場では，自ら販売する力がないため，産地の魅力が低下し，さらに産地が消失しかかっている地域が増えている。そこで生産される商品自体が，時代の流れと乖離している商品があるかもしれない。しかし，顧客への訴求次第では市場や産地が維持される可能性は残っている。そこでは電子商取引（EC）への期待もあるが，やはりこうした産地と消費地・使用地を架橋する中小卸売業者が力を発揮する面が残っているだろう。

図表11-4　卸売業によるリテール・サポート

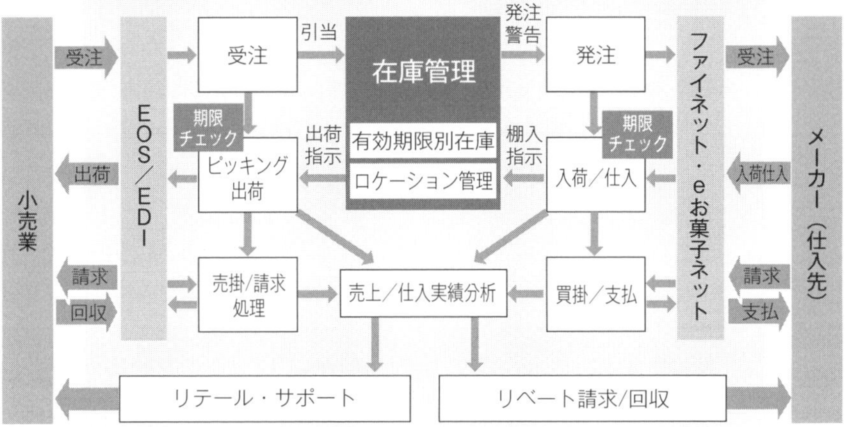

（出所）㈱アスコットウェブサイト：https://www.ascot.co.jp/ascot/products/industry/food/02.html（一部改）

2）卸売業における流通機能の変化

現在では，卸売業者の遂行する機能も以前とは変化している。以前は在庫を持ち，リスクを負担していたが，リスクは生産者に転嫁，あるいは川下の小売業者や産業用使用者に転嫁し，商流や物流機能も遂行せず，情報流のみを担当する卸売業者も増加している。こうした卸売業は，売り手と買い手の取引を結びつけることに特化した卸売業である。こうした機能は，中小規模の卸売業でも担当が可能である。

中小零細規模の卸売業者は，共同活動によってその将来を模索する方向があるだろう。つまり，卸売業の共同活動とは，仕入，商品開発，販売促進，物流，情報システムなどの分野において見出される。個別の卸売業者が，これらの活動を単独で行おうとすれば，大きなコストがそれぞれに発生するだけではなく，無駄も発生する。そのため，こうした活動の共同化を試みることにより，無駄なコストの発生と共同の利益が発生することにもなろう。

卸売業者はその規模によらず，川上に位置する生産者や川下に位置する小売業者や産業用使用者，さらに社会からの期待を考える必要がある。それは卸売業の源流を辿ることになるが，やはり物流機能の充実に生き残りの方向性が見出せよう。物流コストをいかに抑制し，必要なときに必要な場所に理想的な状態で商品を届けられるかという期待である。他方，卸売業者の川下に位置する小売業者には，自ら事業を構想し，顧客サービスを充実させることができない事業者も存在する。そうした小売業者への支援（リテール・サポート）が求められている。

図表11-4は，菓子を主に扱う卸売業者のリテール・サポートの位置づけを示している。これからわかるように単にある部分だけの支援ではなく，取引先の小売業全体の業務活動支援が重要である。

おわりに

本章では，卸売市場について，そこでの取引の仕組み，中央卸売市場と地方卸売市場の相違，さらに卸売市場法改正の背景についてふれた。とくに卸売市場法は，社会的な変化に合わせるかたちで改正が行われたことについて説明した。また卸売業の変化について，その規模や取扱商品など，大きな時代の変化の中におけるマクロ的な変化に言及した。

また卸売業者を経由した流通構造が変化していることから，それを数字として表現するための流通迂回率について説明した。そして，社会的変化の中において，これまでわが国の卸売業自身が有していた特徴や，革新的な行動にもふれた。その上で，中小規模の卸売業者の今後についても現状を踏まえ，その方向性について取り上げた。

第12章

生産者と商業・流通

はじめに

生産という活動は，自給自足，物々交換，モノと貨幣との交換へと展開し，その目的も変化した。自らの生命維持から，次第に富の蓄積も目的とするようになった。そして，交換に商人が介在するようになると，生産者はいかに商人に商品を理解し，評価してもらうかに腐心するようになった。

また生産者は，消費者に商品が受容されることも考えるようになった。アメリカでは，19世紀の終わりに余剰農産物が問題となった。その保存技術の向上だけでなく，加工して多様な商品を生産し，さらに消費者に受容される商品生産に傾注するようになった。マーケティング活動の開始である。本章では，生産者のマーケティング活動の背景や商品のマーケティング・チャネル対応，生産者や流通業者の規模による関係変化について取り上げる。

第1節　生産者によるマーケティング活動

(1)　需給関係の逆転

1）需給のアンバランス

生産者が生産するモノの量や種類が少なく，消費者が必要とするそれらが圧倒的に多い時代，つまり，需要量が供給量を圧倒的に上回っていた時代には，生産者は自らの生活に必要なモノを生産し，余剰を交換していたに過ぎなかった。次第に生産量が増加し，その種類も増加すると，供給量が需要量を上回るモノが生まれた。その時代からモノの生産量が増加し，その種類が増加するようになった。

ただ世界中どこも同様であったわけではない。現在，先進国では供給量が需要量を上回る状態が多くの商品分野で起こっている。しかし，中進国や発展途上国では，需要量が供給量を上回る商品もある。他方，商品は供給されても，それらを購買する経済力がなく，世界人口の３分の１は飢えに苦しんでいる。

こうした商品供給と需要のアンバランスは，なぜ起きるのだろうか。かつては多くの国や地域で，需要量が供給を上回り，世界中が飢えていた。食品だけではなく，日用品や衣料品，医薬品などに至るまで，さまざまな種類の商品が不足していた。この状態は，生産者が大規模化し，大量生産が行われ，解消されていったが，相変わらず，以前のような状態が続いている国や地域があるのは問題である。

２）供給量増加への対応

さまざまな商品分野において，生産量が増加した背景は相違している。農産物の生産量が増加したのは，農業の機械化の進捗と農薬や肥料の低価格化，自然災害や害虫に強い作物の品種改良による。自動車の生産量が増加したのは，以前は手作業で組み立てられていたが，ベルトコンベアによる流れ作業が大規模工場で開始されたためであった。また衣料品は，かつては各家庭で布や糸を購入し，家庭内で必要な衣類をつくっていたが，ミシンが開発され，さらに大規模工場で仕事を分担し，流れ作業を行うと飛躍的に生産量が増加した。

こうした生産量増加の背景には，生産過程の機械化があり，工場にヒトが集められ，分業が開始され，作業効率が向上したことが大きい。農産物の大量生産も機械化が影響したが，農薬や肥料，品種改良など別の要素も影響している。水産業では，漁獲する場合は魚網の巻き取り作業などの機械化や魚群探知機などが進み，他方で漁獲するだけでなく，養殖の開始や拡大など別の要素も影響している。つまり，さまざまなモノの生産現場では，以前とは異なり，イノベーションが行われてきたことが，その生産量の増加に影響している。

⑵　過剰生産物の市場対応

１）過剰農産物の加工

生産量の増加は，需要量が変化しなければ，市場における商品価格の低下を招く。アメリカには先住民がいたが，ヨーロッパからの貧しい移民によって現在の基盤が形成された。彼らの夢は，農業生産での成功や金鉱の発見であった。農産物の生産量を増やすため，農地を開拓し，大規模な農地で穀物を中心にその生産量を増加させた。

移民は，開拓者としての努力が実り，農業生産性が向上した。しかし，次第に生産される農産物を吸収する市場が消失した。そこで農業生産者は，麦やトウモロコシなどの穀物の保存方法を工夫するだけでなく，加工し，加工食品として，販売することを試行し始めた。オレンジなどの農産物は，缶詰やジュースに加工し，市場に供給するようになった。こうして農業生産者だけでなく，生産された農産物を買い取り，加工する製造業者（メーカー）が誕生し，次第にその規模を拡大させた。

２）工業生産物の増加

現在，アメリカに存在する大規模食品メーカーの多くは，余剰農産物の市場対応のために農産物の加工から事業を開始した企業である。20世紀になる頃には，農産物だけでなく，工業製品を製造する生産者も現れ，アメリカは次第に工業国へと変貌した。20世紀初頭には，ヨーロッパで生まれた自動車を大量生産する企業がアメリカで誕生した。創業者のフォード（Ford, H.）は，Model-Tをベルトコンベアによる流れ作業による大量生産を軌道に乗せた。

フォードは，自動車の大量生産による経験効果により，その生産技術を向上させた。そして，同社の生産したModel-Tは，発売当初の1908年の価格から15年後にはその価格を３分の１以下にまで低下した。ただModel-Tは，すべて同じ型で黒色のみであった。当初，経済力のなかったアメリカ国民にとって，自動車が安価に入手できたのは大きな喜びであった。しかし，経済的に豊かになるに従い，安価なModel-Tはその魅力を低下させていった（**写真12-１**）。

写真12-１／フォード Model-T

3）工業製品のマーケティング

Model-Tの魅力を低下させたのは，フォードのライバル企業であったGeneral Motors（GM）によるマーケティング政策にあった。GMは，フォードが同じ型・色により，価格訴求をしたことを逆手にとった。多様な型と多くの色の自動車を市場に提示した。GMが生産した自動車は，Model-Tより価格は高かったが，経済力の上昇した国民は，GMの自動車を購入するようになった。こうしてGMは，フォードの市場シェアを上回った。

生産物が過剰になり，それをいかに市場に吸収させるかという農産物加工からマーケティング活動は開始された。それは単に農産物を原料として加工食品を製造するだけでなく，これまで商品を入手できなかった消費者にいかに商品を届けようとするかという流通面での課題解決も図られた。他方で，新しい商品を発売しても，その存在を標的とする消費者に知ってもらわなければならない。そこで情報伝達を広告という手段を用いて行うようになった。

(3) わが国へのマーケティングの紹介

1）顧客対応としてのマーケティング

前段で取り上げた生産者の活動は，いかに市場に商品を受容してもらうかという活動である。それが整理され，計画的に行うマーケティング活動が，新たな市場対応手段として認識されるようになった。つまり，マーケティングは「市場対応」であり，市場とは消費者を代表とする「顧客」という言葉に置き換えられる。そのため，市場対応は「顧客対応」とも言い換えられる。

わが国でも，いかに顧客対応するかという活動は，かなり以前から行われていた。第1章でふれた越後屋呉服店（現在の三越伊勢丹）は，17世紀半ばに江戸で店舗を開業した際，「店先売り」「現銀掛け値なし」という手法を用いた。これはそれ以前に呉服屋が行っていた販売方法とは異なっていた。また20世紀にファミリービジネスから企業へと飛躍した森永製菓，キッコーマン，資生堂，松下電器（パナソニック）などの消費財メーカーもマーケティング活動を行っていた（マーケティング史研究会編（2010））。

2）わが国へのマーケティングの本格的導入

公式的にわが国にマーケティングが紹介されたのは，1955年に日本生産性本部がアメリカへマーケティング視察に行った際であった。これ以降，わが国では一気にマーケティングという言葉が流行し，マーケティングを導入しようとする企業が増加した。

他方，わが国でのマーケティング研究は，アメリカよりもかなり遅れていた。アメリカでは，20世紀初頭にマーケティングという言葉が使用され，大学ではmarketingを冠した講義も行われていた。しかし，わが国では，商学，商業学（論）が講じられていた。その後，配給論，流通論が講じられ始め，次第にマーケティング論が取り入れられるようになった。わが国では，商学や商業学の研究者が，マーケティング研究も視野に入れるようになったため，マーケティング・プロパーといえる研究者は，当初ほとんど存在しなかった。

アメリカやわが国でも，生産量の増加に対し，いかにその市場対応を行うかという生産者の課題解決のため，マーケティング活動が開始された。わが国では，商業（取引）の歴史が長く，独特な取引形態があった。そのため，次第に大規模化した生産者が，商業（流通）過程にいかに介入し，自らの生産物（商品）を販売するかという問題が常につきまとうことになった。

第2節　生産者によるチャネル関与

(1)　生産者のチャネルへの関心

1）売り手と買い手の関心の相違

マーケティング活動の形成において，生産者の大規模化によって大量流通が必要になり，生産者は，自身の商品のマーケティング・チャネルへの関心を強めた。それ以前は，生産者の規模は小規模であり，生産者は生産活動に専念するのみであり，その流通は商業者（流通業者）に委ねられていた。

ただ売り手である生産者と買い手である流通業者の意思は正反対である。売り手は，わずかでも高く販売することを望み，買い手はわずかでも安く購入することを望むためである。この状況は，買い手がまた売り手となりというふうに立場が変わるとまた変化する。

したがって，生産者はその規模が小さく，生産する商品量がわずかな時期には，売り手としての希望はあったが，その流通過程に関心を持ち，その流通過程に何らかの対応をすることは難しかった。一方，流通業者もできる限り安価に商品を仕入れ，できる限り高く再販売することに集中し，それが繰り返され，消費者などの最終需要者まで販売された。

2）生産者による流通過程管理

生産者が大規模化し，商品の生産量が大量になると，その流通過程に関心を持つようになり，その流通過程の設計を自ら行い，その過程を管理しようという意識が芽生えた。生産者が流通過程を自ら設計することをチャネル設計という。チャネル設計では，その長さ，広さ，占有度などが主な要素となる。

①チャネルの長さは，商品流通のために介在する流通業者数が課題となる。第３章でも取り上げたが，生産者が直接消費者に販売する場合（直接流通），生産者と消費者間に小売業者が介在する場合，生産者と消費者間に卸売業者と小売業者が介在する場合，さらに卸売業者が複数介在する場合がある。

②チャネルの広さは，市場カバレッジに関する問題である。特定地域において，ある生産者の商品を販売する流通業者をどの程度配置するかである。流通業者が多いほど広いチャネルとなり，限定されると狭いチャネルとなる。チャネルの広狭は，**図表12-1**のように集約的チャネル（最も広いチャネルであり，可能な限り多くの流通業者に商品を扱ってもらう），選択的チャネル（集約的チャネルと独占的チャネルの中間であり，流通業者が選択される），そして独占的チャネル（最も狭いチャネルであり，一定地域内で商品を取り扱う流通業者を１つに絞る）ものである（青木(2014)）。

図表12-1 チャネル政策

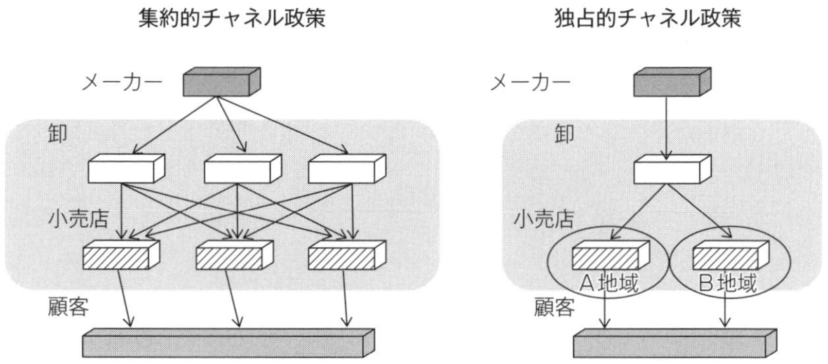

③チャネルの占有度は，チャネルにおける生産者のシェアである。通常，チャネルの構成員である流通業者が，当該商品を専売とするのか，別の生産者の商品も一緒に販売する（併売する）かによる。チャネルの占有度は，生産者によるチャネルのコントロールにも関係する（青木（2014））。流通業者に特定の生産者の商品しか販売させない場合は，生産者によるチャネルのコントロールが強いといえる。

(2)　マーケティング・チャネル管理

1）マーケティング・チャネル管理の要点

生産者が自社のマーケティング・チャネルに関心を持ち，何らかの意思によってチャネルを自らにとって都合のよい状態に維持しようとすることがマーケティング・チャネル管理である。管理というと「処理」「取り仕切る」などの意味があるが，よい状態に維持するという意味が，この場合には適合するだろう。マーケティング・チャネル管理という場合，生産者にとって都合のよい状態を維持するということはいうまでもない。

生産者によるマーケティング・チャネル管理では，生産者はチャネルに参加する流通業者の教育から開始する。そして，生産者自身が設立した販売会社（卸売業）や直営店（小売店）でない場合，自社のマーケティング・チャネルに参加する流通業者が，自社のマーケティング方針に協力的であるかどうかを評価する必要がある。評価の結果，基準を上回った流通業者には経済的支援を充実させ，下回った流通業者には再指導や再教育をする必要がある。

2）マーケティング・チャネルの管理方法

マーケティング・チャネル管理では，生産者の目標に従った行動が，チャネル参加者には期待される。そのため，生産者が流通業者に対して，自社の方針に従ってもらうため，いくつかの方法が実行される。建値制とリベートの供与がその代表である（**図表12-2**）。

①建値制は，生産者が自社商品の流通過程における標準的価格を決定し，小売価格（メーカー希望小売価格）を100とし，各流通段階を遡り，各流通業者が受領する粗利益率を引き算しながら決定し，それを基準として取引する方法である。建値制（たてねせい）は，生産者から各流通業者に対して，一定の利益が分配されるため，流通業者からの協力は得やすい。ただ価格競争が起こ

図表12-2 建値制

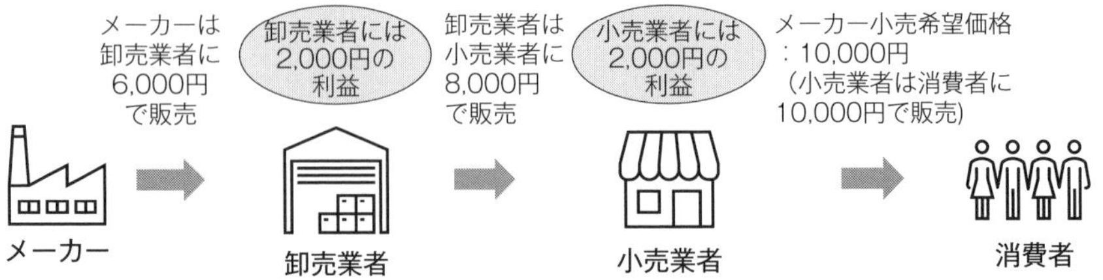
メーカーは
卸売業者に
6,000円
で販売
卸売業者には
2,000円の
利益
卸売業者は
小売業者に
8,000円
で販売
小売業者には
2,000円の
利益
メーカー小売希望価格
：10,000円
（小売業者は消費者に
10,000円で販売）
メーカー
卸売業者
小売業者
消費者

りにくく，消費者の支払価格の低下は期待できない面がある。

②リベート供与は，取引が行われた後，生産者が流通業者にその支払価格の一部を戻すことである。そのため売上戻しともいわれ，販売価格を修正する意味がある。リベートには，基本リベート（仕入金額に応じて支給），現金割引リベート（現金支払に対して支給），数量割引リベート（仕入量などにより累進的に支給），目標達成リベート（販売目標達成に対して支給）などがある。

以上，マーケティング・チャネル管理方法の代表的なものを2つ取り上げた。これら以外にも生産者による自社のマーケティング・チャネルの管理は多様に行われている。それらは業界でも異なっており，その流通に関与する流通業者の数によっても異なる。さらに最終需要者である消費者数や産業用使用者数，購買頻度などによっても異なる。

第3節　生産者と流通業者の関係変化

(1)　流通チャネルにおける力関係

1）流通チャネルのコントロール

かつてのように生産者，卸売業者，（産業用使用者），小売業者，（消費者）がそれぞれ独立し，各々の目標によって行動していた時代には，伝統的流通チャネルによる商品流通が一般的であった。こうした伝統的流通チャネルでは，これに参加する機関はどこも他の参加者をコントロールできない。現在でも，生産者だけでなく，流通業者もコントロールできない流通チャネルは多い。

近年では生産者，卸売業者，小売業者がある程度統合されたシステムとして

図表12-3 垂直的マーケティングシステム

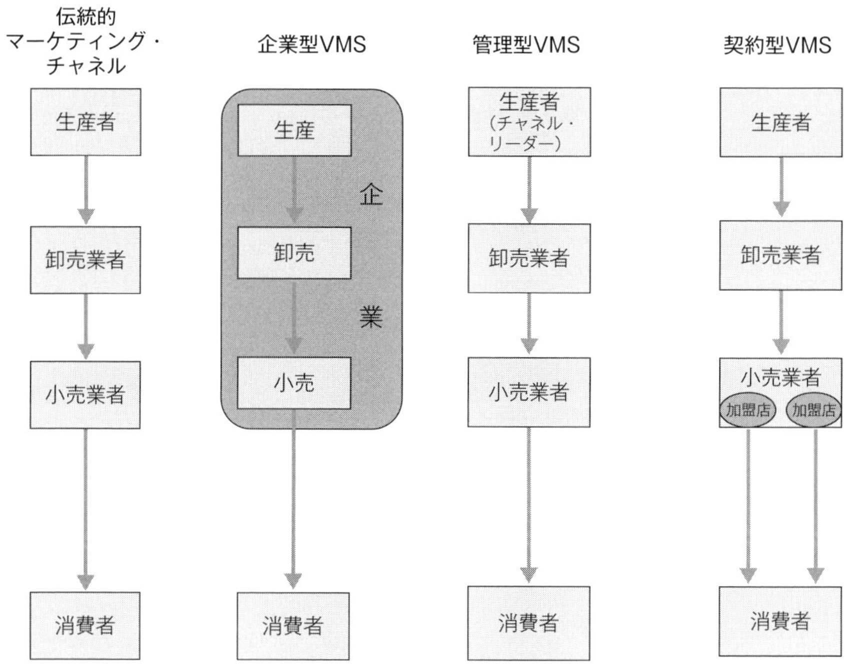

行動することが一般的となった。こうした流通チャネルでは，そのチャネルを主導するチャネル・リーダーが強い力を発揮する。リーダーには，生産者，卸売業者，小売業者のいずれかがなる場合がある。伝統的流通チャネルでは，そのチャネルへの参加者間ではさまざまな摩擦が起こる。しかし，統合されたシステムでは，チャネル・リーダーが摩擦を回避したり，できる限り小さくしたりしようとする努力がみられる。

2）垂直的流通チャネル・システム

こうした生産者から卸売業者，小売業者，そして消費者という垂直的流通チャネル・システム（Vertical Marketing System：VMS）では，規模，交渉力，重複サービスを排除することで経済効果を達成しようとする。その形態として，企業型VMS，管理型VMS，契約型VMSの３類型がある（**図表12-3**）。

①企業型VMSは，生産から小売まですべて自社で行うものである。すべて

自社内での活動のため，各流通段階を高い水準でコントロールすることが可能である。②管理型VMSは，チャネル・リーダーのもとに協力企業が集まり，流通段階において協力・調整するものである。ここでは，市場シェアや知名度の高い企業がリーダーとなる場合が多い。③契約型VMSは，フランチャイズ契約やボランタリーチェーンのように，独立した企業が契約を締結し，単独では達成できない経済効果や販売成果を得るために統合されるものである。

3）水平的流通チャネル・システム

垂直的流通チャネル・システムだけでなく，水平的流通チャネル・システムもある。これは小売段階などにおいて，消費者に対するサービスを充実させるため，コンビニエンスストア（コンビニ）とドラッグストアの共同出店などにみられる。ここでは各企業には，資本，ノウハウ，生産資源やマーケティング資源の不足やリスク回避などの意図がある。そのため一時期，あるいは長期的にジョイント・ベンチャーを設立することもある（Kotler and Keller（2007））。

(2) 流通系列化

1）流通系列化の背景

わが国では，大規模な消費財メーカーの誕生以前は，小規模生産者がその生産を手がけていた。そのため化粧品や医薬品，家電製品分野では，乱売（安売り競争）が日常化していた。そこでは製品（商品）差別化競争ではなく，価格競争が行われた。価格競争は，経営資源のある者しか生き残れないため破滅的である。そこで価格競争に巻き込まれないようにするため，生産者のマーケティング・チャネルに対する関心が高まった。

生産者による流通系列化は，生産した商品を川上から川下まで確実に流通させ，そのチャネルに参加する卸売業者や小売業者の協力を維持し，自らの利益確保が目標とされた。他方，生産者はチャネル参加者である流通業者の利益も確保し，チャネルにおける利益を最大化しようとした。つまり，生産者が自社のマーケティング・チャネル政策を川下まで浸透させようとする。そこで生産者は，自社商品を扱う卸売業者や小売業者に多様な支援を行い，自社との関係強化を求め，流通系列化が行われるようになった。

2）流通系列化の象徴

生産者が，流通系列化によってマーケティング・チャネルをコントロールするようになると，価格や販売管理がしやすくなる。ただ最近は，わが国の生産者による流通系列化は，市場への新規参入を阻むため，1980年代後半からアメリカを中心に強い批判を受けるようになった。そのため，自動車や楽器などごく一部の商品分野を除き，流通系列化は現在では弱体化した。流通系列化を象徴する制度では，専売制，テリトリー制，店会制（てんかいせい），一店一帳合制（いちてんいちちょうあいせい）がある。

①専売制は，生産者が自社商品のみを扱う契約を流通業者と締結し，商品供給を行う制度である。そのため，流通業者は他社商品の取り扱い（販売）が制限される。自動車や楽器などにみられる。

②テリトリー制は，生産者がその商品の販売地域を設定し，流通業者にその地域での独占的販売権を与えるものである。そのため，その地域には同じ生産者の商品を販売する流通業者は現れないが，テリトリーとして生産者から与えられた地域を越えて販売できない。やはり自動車などにみられる。

③店会制は，流通業者を「店会」に加入させ，組織化するものである。わが国では家電販売において，松下電器が中小小売店を組織化した。また他の家電メーカーもこれに追随した。そのほか化粧品などにみられる。

④一店一帳合制は，生産者が小売業者に対し，特定の卸売業者からしか商品の仕入ができないようにする制度である。小売業者には取引する卸売業者が固定化される。これにより生産者は，卸売業者，小売業者までのマーケティング・チャネルを掌握し，再販売価格維持の可能性が上昇する。ただ一店一帳合制を再販売価格の維持として用いると，公正競争の阻害となり，違法となる。

3）流通系列化の変化

流通系列化は，生産者には価格・販売管理がしやすくなるだけでなく，生産から販売まで基盤を強力に築けるため，競合企業や新規参入企業が自社の市場に入りにくくなる。そのため，わが国では多くの企業が流通系列化を志向してきた。しかし，小売業が大規模化し，バイイング・パワーを発揮して価格主導権を握ると，商圏も当初生産者が設定したテリトリーを越えるようになった。また電子商取引の発達が流通全体に与えた影響は大きく，テリトリーの意味がなくなった。

流通業者にとって，商品の品揃えや価格設定が制限される流通系列化は，小売環境には適合しない面がある。現在も自動車や楽器，タイヤ業界などでは残ってはいるが，1970年代や1980年代に比べてその有効性は大きく低下した。そのため，海外からも流通系列化が問題視されることも少なくなってきた。

(3) チャネル・コンフリクトによる協調・競争

1）パワー・コンフリクト論

生産者のマーケティング・チャネルでは，それをコントロールする力（パワー）とチャネル内で起こる参加者間の衝突（コンフリクト）の発生回避も考慮する必要がある。こうした議論は，パワー・コンフリクト論と呼ばれる（Stern *et al.*（1969））。

流通チャネルでは，それに参加する生産者，卸売業者，小売業者が資本的に独立していても，他者に従うことがある。これは現在もみられる現象である。こうしたことが流通チャネルで観察できるのは，さまざまなパワーが働いているためである。

そのパワーには，①報酬（経済的利益の供与），②制裁（経済的な不利益を行使），③正当性（法的・倫理的な拘束），④一体性（他の参加者が一体化したいと感じる組織の魅力や信用などの保有），⑤専門性（生産者による専門的な店舗運営手法）⑥情報（商品や技術，顧客情報など企業経営に関する専門的な知識やノウハウの保有），がある（高橋（1995））。

2）コンフリクトの発生と回避

流通チャネルでは，それに参加する者がこれらのパワーの行使により，チャネルをコントロールする。他方，生産者がマーケティング・チャネルを設計・管理しても，独立した流通業者間では，利害が一致せず，さまざまな摩擦が起こることもある。こうした摩擦をコンフリクトという。これには行為者の組み合わせにより３種類あり，各々特徴的なコンフリクトがある。

①垂直的チャネル・コンフリクトは，同じチャネル内で段階の異なる参加者間で起こる。生産者と卸売業者間では，価格設定や販売促進方針などについて起こる。②水平的チャネル・コンフリクトは，チャネル内の同段階にある参加者間で起こる。小売業者間ではフランチャイジー同士の関係などで起こる。③マルチチャネル・コンフリクトは，生産者が同じ市場において複数チャネルを

利用した場合などに起こる。実店舗での販売と生産者のダイレクト・チャネルでの価格設定などにみられる。

コンフリクトは，チャネルがうまく設計，管理されていても，チャネル参加者間での利害が一致しなければ発生する。コンフリクトの解消では，チャネル・リーダーの果たす役割が大きい。チャネル全体での共通目標達成には，チャネルの効率的な管理と内部での利害対立の緩和が必要である。そのためリーダーは，チャネル協調できる土壌を常に意識し，コミュニケーションを密にする必要がある。

第4節　ナショナル・ブランドとプライベート・ブランド

(1)　生産者によるブランディング

1）ブランディングの要点

現在では，ほとんどの商品にブランドが付与されている。いわゆるサービスにもブランドが付与されるのが当然となった。かつての生産者は，自ら生産した商品にブランドを付与したのはごく一部であった。他方，わが国では近世において問屋が，収集した商品に卸売業者のブランドを付して販売していた。

商品にブランドを付すことは，品質保証の意味もあり，顧客には商品差別化の要素がある。アメリカマーケティング協会（AMA）は，ブランドを「ある売り手の製品やサービスを他の売り手のものとは別のものとして識別する，名称，言葉，デザイン，シンボルもしくはその他の特徴（https://marketing-dictionary.org/b/brand)」としている。

2）ブランドの機能

ブランドは，生産者だけではなく，買い手（販売相手）を強く意識している。それは商品供給が過剰となり，生産者同士の競争が激しくなると，生産者は販売相手にその商品をいち早く記憶してもらう必要がある。そこではブランドが商品の基本価値を訴求するだけでなく，買い手が商品を記憶する拠りどころとなる。こうしたブランドの創造過程をブランディングという。

生産者がブランディング活動を行う際には，自らの商品の「らしさ」を生み出すだけでなく，よく似た商品（競争商品）と比較した上での「らしさ」を創造しなければならない。これはブランド・アイデンティティを明確にすることでもある。ブランド・アイデンティティは，ブランドの基盤であるブランド・フィロソフィー，そのブランドが顧客に提供できるベネフィット，その具体的根拠となる商品の「属性」，それらを顧客や社会に伝える際には文脈となる「パーソナリティ」により構成される（阿久津・石田（2002））。

このように生産者が，自社商品をブランディングするには，そのブランドの機能を考慮する必要がある。そして，ブランドが多くの顧客に記憶され，それを拠りどころとして購買され続ける努力をすることになる。こうした生産者が自社の生産（製造）する商品に付したブランドをナショナル・ブランド（national brand：NB）という。わが国の生産者は，これまでNB商品を顧客に訴求してきた面が強い。

⑵　PB商品の増加

１）PBの増加

わが国では，生産者が付したブランドであるNB商品が長い間，一般的であった。テレビCMでも，NBを消費者に訴求するものがほとんどであり，現在も同じ状況である。しかし，われわれがコンビニやスーパーマーケット（スーパー）に行き，商品を手に取ると，生産者が付したブランドではない商品が多く品揃えされていることに気づく。現在では，コンビニの約４割の商品は，生産者が付したNB商品ではなくなっている。

セブン-イレブンやイトーヨーカ堂では「セブンプレミアム」，AEONでは「トップバリュ」，ローソンでは「ローソンセレクト」が多く並べられている。また，別のスーパーに行くと，「CGC」というブランドを見かけることがある。これらは，生産者が自ら生産した商品に付したブランドではない。特定の流通業者やそのグループの店舗において販売される商品に付与されているプライベート・ブランド（private brand：PB）と呼ばれるものである。

２）PBの増加背景

われわれは，なぜこうしたPB商品を目にすることが多くなったのだろうか。先進国のスーパーでは，わが国よりも早くからPB商品が多く品揃えされていた。流通業，とくに小売業者が自ら商品を企画・開発し，販売する場合，生産

図表12-4　NBとPBの価格構造

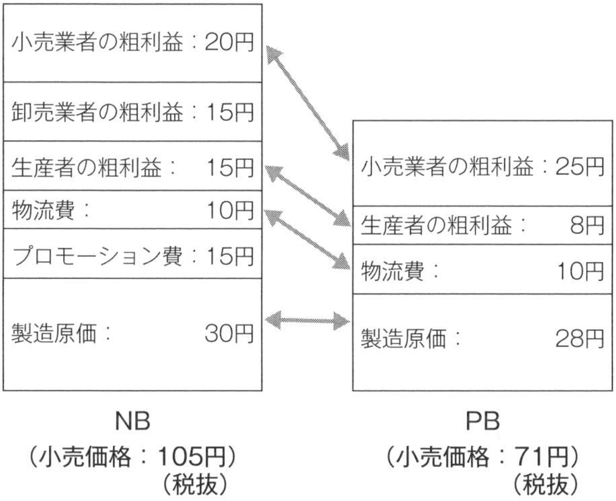

者や卸売業者と共同で開発する場合や，小売業者への納入業者（ベンダー）が提案する商品をPBとして採用する場合がある。小売業者がPBの品揃えを増やすのは，高い利益率を確保するためである（**図表12-4**）。

小売業者が利益率を確保しようとするのは，PBの低コスト化を実現し，高い利益率が確保できるためである。これは供給業者（ベンダー）の営業費用や広告費の節約，原材料や商品機能を見直し，低コスト商品の開発，品種のバラエティを抑制し，大ロットでの効率的な生産による。生産者にとっては，小売業者との間でPBの継続的な取引が構築されるため，生産設備への投資がしやすく，生産コスト削減に貢献する（高嶋・髙橋（2020））。

もう１つは，利益率の確保は，品揃えの差別化にもよっている。これは通常のPBよりも高品質で高価格の高付加価値型PBにみられる。PBの品揃えによる品揃えの差別化は，非価格競争での１つの有効な競争手段となる。NB商品の販売は，競争企業でも可能であるが，同じ生産者が生産してもPBによる差別化が可能となる。PBによる差別化が達成されると，消費者が品揃えの魅力により高いロイヤルティを持つようになり，結果として小売業者は高い利益率を確保できる（高嶋・髙橋（2020））。

このようにPBは，小売業者のマーケティング戦略上，重要な位置を占めるようになった。それに対して多くの有力な生産者が，PBを特定の小売業者に対して生産するのには理由がある。かつてのように小規模な小売業者の分散ではなく，小売業者が大規模化し，自らのマーチャンダイジング戦略を強く意識し，利益戦略と品揃え戦略の中でPBが必要不可欠になったためである。またそれに生産者が協力するのは，一部の大規模小売業者の地位が上昇したことに他ならない。

おわりに

本章では，まず生産者によるマーケティング活動が誕生した背景について説明した。そこではそれまでの需給関係が大きく変化したことがあった。そして，わが国にマーケティングが紹介され，わが国の生産者の市場に対する見方も徐々に変化したことにふれた。さらに生産者が自らのマーケティング・チャネルに関心を持ち，さまざまなチャネル管理を行う形態について説明した。

また生産者と流通業者の関係が，とくに小売業者の大規模化により次第に変化している。そのためかつて広く行われていた流通系列化について説明し，それが大きく変化していることにもふれた。他方で，チャネルにおいて発生するコンフリクトにも言及した。そして，生産者と流通業者の関係変化の代表的事例としてNBとPBについても取り上げた。

第13章
消費者と商業・流通

はじめに

商業や流通の終点は，消費者だけではなく，産業用使用者や公的機関であることも多い。通常，消費財の終点は消費者である。最近は，産業財流通も取り上げられるが，相変わらず流通で問題となるのは消費財流通が圧倒的に多い。

商業や流通では，商人や流通業者の活動が中心に取り上げられてきた。これらの活動対象は，消費者の場合が多いが，消費者自身にはほとんど言及されなかった。しかし，生産者のマーケティング活動に焦点が集まると，その標的である消費者の行動が注目されるようになった。ただ商学や商業学，流通論として，消費者に対する独自のアプローチはほとんどない。本章では，消費者自身を取り巻く問題を中心に，消費者が有する権利，消費者問題とその解決，消費者と流通業者との関係について取り上げる。

第１節　消費者の権利

(1)　消費者主権

１）消費者の権利の明確化

生産者と消費者の間には，社会的分業によって物理的懸隔が発生するようになった。それが消費者問題を発生させる原因ともなった。ただ生産活動をしている生産者も，ある面では消費者である。消費者もある面では，生産するモノは異なるが，生産者の面を有していることもある。他方，全く生産や流通活動に関わっていないヒトも消費活動は常に行っている。

アメリカでは「消費者は王様」といわれ，すべてにおいて消費者であるヒトが優先されてきた。ただわが国ではどうであろうか。そこには，アメリカとは異なる面があった。世界的に消費者の権利が明確にされたのは，1962年に当時のケネディ（Kennedy, J. F.）アメリカ大統領が連邦議会に提出した「消費者の利益保護に関する大統領特別教書」であった。ここでは，①安全である権利，②知らされる権利，③選択する権利，④意見が聴かれる権利，という4つの権利が明確にされた。

2）消費者主権

日常行われている経済活動は，すべて消費者のためである。そのため，あらゆる経済活動は，究極的には消費者ニーズの充足に向けられ，生産を究極的に決定するのは消費者であることを消費者主権という。したがって，消費者ニーズが企業行動に反映される体制が整備されている場合，消費者主権が確立されているといえよう。しかし，独占市場や寡占市場では，企業による誇大広告や不当表示，消極的な価格競争など，消費者不在ともいえる企業活動もみられる。本来の経済運営は，消費者主権の下で行われるべきであるが，実際のところは企業が主導している。

⑵　消費者問題

1）消費者問題の発生

消費者という概念は，生産者に対する概念として捉えられる。しかし，消費者問題や消費問題は，生産（者）と消費（者）という関係だけでなく，それを社会的に架橋する流通面からも捉えなければならない。消費者問題は，主に生産者である企業とその顧客としての消費者だけでなく，消費者に関与する行政も関係した問題として存在する。そのため，生産者，消費者，行政という三角形でも捉える必要がある。

消費者問題は，消費者として購入した商品およびその取引過程において生じる消費者の被害や不利益の発生に関する問題である。主な消費者問題としては，①安全性，健康，生命に関わる問題，②取引や契約に関わる問題，③価格や品質に関わる問題，④広告や宣伝に関わる問題，⑤表示に関わる問題，⑥消費者信用に関わる問題，の6つである（小木編（1994））。

2）消費者問題の要因

こうした消費者問題の発生要因は，生産者と消費者，商業者（流通業者）と消費者間におけるコミュニケーションに起因することが多い。それは生産者や流通業者が保有している情報と消費者が獲得できる情報量や質が異なっているためである。他方で，生産者や流通業者自身の中にとどめておかなければならない企業秘密もある。

わが国のような資本主義社会では，完全情報の下（売り手も買い手も同量の情報を持ち），自由競争が行われ，価格は需要と供給が一致するところで決定することが前提とされる。また消費者は，商品を自由に選択し，利益を得ることが前提である。そのため，自由競争が制限された場合，その害を被るのは消費者である。ただ現在の社会では，果たして完全情報の下において自由競争が行われているだろうか。そして消費者は，自由競争による恩恵に浴しているのだろうか。

消費者問題は，消費者の内部要因と外部要因により発生する。消費者を取り巻く環境全体を外部要因とすれば，その要因は何層にもなっていることがわかる。それらが直接・間接にさまざまな消費者問題を発生させる土壌となっている。

消費者問題が発生する内部要因としては，①生身の人間の弱さ（商品を消費するのは生身の人間であり，企業は取引による損失を被ることはあっても健康や生命に関わる被害を受けない），②知識や技術の不足（消費者がある特定分野の専門家である場合はあるが，すべての商品やサービスの専門家ではない），③人間性の弱点（消費者は衝動買いをするなど人間性の弱さによって心理上の弱点を持つ），があげられる（米川（1994））。こうした内部要因は，消費者個人によっても，大きく異なっている。

このように消費者問題の発生には，外部要因と内部要因がある。現在のように現実（リアル）と仮想（バーチャル）が入り交じるようになり，消費者の商品購入時に実店舗とバーチャル店舗を比較することが当然となった社会では，消費者問題が発生する土壌は以前よりも増えている。

人間（消費者）は，多方面から考えると弱い存在である。そのため，保護される必要がある。しかし，単に保護されるだけでは，自分自身を守ることはできない。消費者自身も消費者問題についてきちんと学習し，情報武装することが最低限必要である。こうした消費者を保護するためには，行政もさまざまな啓発活動を継続しなければならない。

第２節　消費者関連法

(1)　消費者関連法の制定

１）消費者対応関連部署の設置

消費者問題は，わが国でもかなり以前から存在したが，社会問題として取り上げられるようになったのは高度成長期においてであった。これは海外での消費者運動やコンシューマリズムなどにも刺激された。これに対応して薬事法，特定商取引に関する法律など消費者保護のための法律が制定された。消費者対応の行政機関として，農林水産省消費経済課，通商産業省消費経済課，経済企画庁国民生活局が設置された。

2009年には，各省庁に分散していた消費者関連部署が統合し，消費者庁が設置され，消費者対応の一元化が図られるようになった。そして消費者関連法として，消費生活分野をはじめ，家庭用品品質表示法，不当景品類および不当表示防止法，特定商取引に関する法律などは，社会情勢によってしばしば見直されている。

２）消費者問題の要点

消費者関連法という場合，どこまでをその対象とすればよいかというのは難しい。消費者を対象とする法律をすべて消費者関連法とするとかなりの数にのぼる。ここでは，消費者の取引に関する法律を中心に取り上げる。**図表13-１**は，消費者庁が発足し，制定または改正された法律の一覧である。消費者庁が発足したことにより，一元的に管理されるようになったことが注目されよう。

消費者問題の解決では，まず特別法である特定商取引法やその他特別法での解決を考える。その後，消費者契約法，一般法である民法の順に解決を模索する。特別法は，特定のヒト・場所・事柄に適用される法律である。そして特定商取引法や割賦販売法などの特別な事柄についてのルールを定めている。一般法は，ヒト・場所・事柄を特定せず，適用される。民法は取引などに関わる基本的なルールを定めた一般法である（上田・鈴木（2020））。

図表13-1　消費者庁設置後の消費者関連法の制定・改正

消費者安全法
○平成24年改正：①消費者安全調査委員会の設置
　　　　　　　　②消費者の財産被害に係るすき間事案への行政措置の導入
○平成26年改正：①地域の見守りネットワークの構築
　　　　　　　　②消費生活相談員・資格試験を法定化

消費者基本法　※議員立法
○平成24年改正：政府が講じた消費者行政の実施状況報告書を国会に提出することを義務付

特定商取引に関する法律
○平成24年改正：取引類型として訪問購入を追加
○平成28年改正：悪質事業者への対応の強化等（業務停止を命じられた法人の役員等に対する業務禁止命令の新設等）

不当景品類及び不当表示防止法
○平成26年６月改正：①表示に関するコンプライアンス体制の確立
　　　　　　　　　　②監視指導体制の強化
○平成26年11月改正：課徴金制度の導入

消費者契約法
○平成28年改正：①過量契約の取消し
　　　　　　　　②消費者の解除権を放棄させる条項の無効等の規定追加
○平成29年改正：適格消費者団体の認定の有効期間の延長
○平成30年改正：①不安をあおる行為等による契約の取消し
　　　　　　　　②消費者の後見等を理由とする解除条項の無効等の規定追加

食品表示法
○平成25年に成立
【趣旨】食品表示に関する制度の一元化
○平成30年改正：食品を回収する食品関連事業者等へ回収に着手した旨及び回収の状況の届出を義務付け

消費者教育の推進に関する法律　※議員立法
○平成24年に成立
【趣旨】消費者教育の総合的・一体的な推進

独立行政法人国民生活センター法
○平成29年改正：国民生活センターの業務として仮差押命令の担保業務の追加

消費者の財産的被害の集団的な回復のための民事の裁判手続の特例に関する法律
○平成25年に成立
【趣旨】特定適格消費者団体による被害回復裁判手続の導入

食品ロスの削減の推進に関する法律　※議員立法
○令和元年に成立
【趣旨】食品ロスの削減の総合的な推進

（出所）消費者庁ウェブサイト：
https://www.caa.go.jp/policies/policy/consumer_research/white_paper/2019/white_paper_summary_09.html

(2) 消費者関連法

1）消費生活分野

①消費者基本法は，1968年制定の消費者保護基本法を改正し，2004年に公布・施行された。同法は，消費者と事業者間の情報の質および量ならびに交渉力などの格差や消費者利益の擁護および増進（消費者政策）に関し，消費者の権利の尊重およびその自立支援などを基本理念としている。また同法は，国，地方公共団体および事業者の責務などを明確化し，施策の基本となる事項を決定し，消費者利益の擁護および増進に関する総合的施策の推進（消費者基本計画）を図り，国民の生活の安定および向上確保を目的とする。

行政が実施すべき施策では，安全の確保，消費者契約の適正化，計量・規格・表示の適正化，啓発活動および教育の推進，消費者の意見の反映・施策策定の過程透明性の確保，苦情処理・紛争解決の促進などがある。また法律目的達成のため，必要な関係法令の制定・改正を行わなければならない。

②特定商取引法（特定取引に関する法律）は，1976年に制定され，事業者による違法・悪質な勧誘行為などを防止し，消費者利益を守ることを目的とする。同法は，訪問販売や通信販売，電話勧誘販売，連鎖販売取引，特定継続的役務提供，業務提供誘引販売取引，訪問購入などである。同法は，

消費者トラブルが生じやすい取引類型を対象とし，事業者が守るべきルールとクーリング・オフなど消費者を守るルールを定めている。前者は，行政規制として氏名等の明示義務付け，不当な勧誘行為の禁止，広告規制，書面交付義務がある。後者は，民事ルールとして，クーリング・オフ，意思表示の取消しを認め，損害賠償等の額の制限（消費者が中途解約する際に事業者が請求できる損害賠償額に上限を設定），を行っている。

③製造物責任法は，1995年に施行され，対象となる製造物の欠陥により，生命，身体または財産に被害（拡大被害）を被ったことを証明した場合，被害者が生産者（製造業者）などに損害賠償を求められる。具体的には，生産者などが自ら製造，加工，輸入または一定の表示をし，引き渡した製造物の欠陥で他人の生命，身体または財産を侵害したときは，過失有無によらず，これにより生じた損害を賠償する責任（無過失責任）を定めている。

④消費者契約法は，2001年に施行され，消費者と事業者との間に情報の質や量，交渉力に大きな格差があるため，不当な勧誘や契約条項から消費者を保護することを目的とする。消費者契約とは，消費者と事業者間で締結される契約をいう。労働契約を除くすべての消費者契約に消費者契約法が適用される。消費者が事業者の不当な勧誘により，誤認や困惑し，つけ込まれて契約した場合，契約を取り消すことができる。取消権行使の期間は，誤認に気付き，困惑状態から脱したときから１年間，最長で契約締結から５年間である（上田・鈴木（2020））。

２）食生活分野

①食品衛生法は，1948年に施行され，食に関する問題や社会情勢に合わせて改正されてきた。同法は，食品の安全性確保のため，公衆衛生の見地から必要な規制や措置を講じ，飲食に起因する衛生上の危害発生を防止し，国民の健康保護を図ることを目的とする。また国や地方自治体の責務として，教育活動を通じて正しい知識の普及，情報収集・整理・分析・提供，研究推進，検査能力の向上などがある。

②農林物資の規格化及び品質表示の適正化に関する法律（JAS法）は，1950年に施行された農林物資規格法から1970年に同法名に改められた。同法は適正かつ合理的な農林物資の規格を制定し，これを普及させることにより，農林物資の品質の改善，生産の合理化，取引の単純公正化および使用また

は消費の合理化を図ることを目的とする。また農林物資の品質に関する適正な表示を行わせることによって一般消費者の選択に資し，農林物資の生産および流通の円滑化，消費者の需要に即した農業生産などの振興ならびに消費者の利益の保護に寄与することも目的とする。

3）電気・家庭用品分野

①家庭用品品質表示法は，1961年に制定され，消費者が日常使用する家庭用品を対象としている。同法は，商品の品質について，事業者が表示すべき事項や表示方法を規定し，これによって消費者が商品の購入をする際に適切な情報提供を受けられることを目的とする。

②消費生活用製品安全法は，1973年に制定され，消費生活用製品による消費者の生命または身体に対する危害防止を図るため，特定製品の製造・輸入および販売を規制し，情報収集などの措置を講じることを目的とする。消費者の生命や身体にとくに危害を及ぼすおそれが多い製品は，国が定めた技術上の基準に適合した旨のPSCマークがなければ販売できない。消費生活用製品により，死亡事故，重傷病事故，後遺障害事故，一酸化炭素中毒事故や火災等の重要製品事故が発生した場合，事故製品の製造・輸入事業者は，事故発生を知った日から10日以内に国に報告する義務がある。

4）医薬品・医療分野

①医師法は，1948年に制定され，医師が医療と保健指導を司り，公衆衛生の向上と増進に寄与し，国民の健康的な生活を確保するため，医師としての業務，義務を規定している。

②薬事法は，1960年に国民皆保険を基本とする健康保険制度を発足させるために施行された。同法は何度か改正されたのち，2014年には「医薬品，医療機器等の品質，有効性及び安全性の確保等に関する法律（略称：医薬品医療機器等法，薬機法)」に変更，施行された。

薬機法は，医薬品，医療機器等の品質と有効性および安全性を確保し，保健衛生上の危害の発生および拡大の防止，指定薬物の規制，医薬品，医療機器および再生医療など製品の研究開発の促進に加え，医薬品や医療機器だけでなく，医薬部外品，化粧品なども定義し，健康食品の規制にも活用される。これらの製造・表示・販売・流通・広告などを細かく規定している。薬事法が薬機法に改められた背景には，医薬品，医療機器など安全対策の強化，医療機器の特性を踏まえた規制の構築，再生医療など製品の特性を踏まえた規制構築があった。

5）公正取引分野

不当景品類及び不当表示防止法（景品表示法）は，1962年に制定され，不当な表示や不当な景品から消費者の利益を保護することを目的とする。その対象は，食品を含むすべての商品（サービスを含む）である。同法は，表示について消費者に誤認される不当な表示を禁止し，景品について過大な景品類の提供を禁止している。表示は顧客誘引手段として，事業者が自己の商品の品質，企画，その他の内容や価格等の取引条件について，消費者に知らせる広告や表示全般を指している。

6）金融分野

①利息制限法は，1954年に制定され，金銭の貸主による暴利や搾取から債務者である消費者を保護するため，金銭消費貸借における利息や遅延損害金の利率を一定限度に制限することを目的とする。同法では，金銭を目的とする消費貸借での利息の契約は，その利息は元本額が10万円未満の場合は年２割，元本額が10万円以上100万円未満の場合は年１割８分，元本額が100万円以上の場合は年１割５分を超えるときは，その超過部分を無効としている。

②出資の受入れ，預り金及び金利等の取締りに関する法律（出資法）は，1954年に制定され，出資金の受入れ，預り金，浮貸し（金融機関の役員や職員などが自分または第三者の利益を図るため，その地位・職務を利用して不正に貸し付けなどを行うこと），金銭貸借の媒介手数料，金利などを規制することを目的とする。貸金業者の上限金利などを定めている。

③割賦販売法は，1961年に制定され，割賦販売にかかる取引を公正化し，その健全な発達を図り，購入者等の利益を保護し，商品などの流通および役務の提供を円滑化し，国民経済の発展に寄与することを目的とする。割賦販売とは販売業者が自社の商品などを分割払いで消費者に販売する（２者間契約）である。主にクレジット取引を対象とし，事業者が守るべきルールであるが，規制対象は割賦販売，信用購入斡旋（消費者が販売業者から

購入する商品などの代金をクレジット業者が立て替えて販売業者に支払い，消費者はクレジット業者に後払いする（3者間契約））などである。信用購入斡旋は，翌月一括（1回）は適用対象外であるが，2カ月を超える後払いであれば，1回払いでも割賦販売法の対象となる。

④貸金業の規制等に関する法律（貸金業法）は，1983年に制定され，貸金業者について登録制度を実施し，その事業に必要な規制をし，貸金業者の組織する団体を認可する制度を設けている。同法は，その適正な活動を促進するため貸金業者の業務の適正な運営を確保し，資金需要者などの利益の保護を図り，国民経済の適切な運営を行うことを目的とする。ここでの貸金業とは，金銭の貸し付けまたは金銭貸借の媒介を行う者である。

7）情報保護分野

個人情報の保護に関する法律（個人情報保護法）は，2003年に制定され，個人の権利，利益の保護と個人情報の有用性のバランスを図ることを目的とする。すべての民間事業者の個人情報について取扱いを規定している。ここでの個人情報は，生存する個人に関する情報であり，特定の個人が識別できる氏名，生年月日，顔写真，個別識別符号などである。また国および地方公共団体の責務などについても明らかにしている。

第3節　消費者と情報非対称性

(1)　情報の非対称性と消費者

市場経済下では，最適な市場の結果をもたらし，消費者利益を最大化しなければならない。そのために市場では，売り手と買い手間では完全競争が行われなければならない。そこで市場で取引する経済主体は，互いに情報を共有し，同じ量の情報を共有する必要がある。売り手と買い手どちらかの経済主体（売り手である企業など）が有する情報を他の経済主体（買い手である消費者など）が有していないという情報の偏在があってはならない（**図表13-2**）。

現在，証券取引所に株式を上場している企業などが公開前の企業情報を利用し，その企業の株式を売買して利益を得たり，損失を逃れたりするインサイダー取引は禁止されている。それは情報が偏在することにより，完全市場とし

図表13-2　情報の非対称性

情報の非対称状態から情報の対称状態へ

て機能せず，市場の失敗を招き，市場機能が歪められるためである。

このように売り手と買い手間において，取引しようとする際に有する情報の量が異なることを情報の非対称性という。通常，これはどちらかの経済主体が別の経済主体よりも多く情報を持つことによって起こる。この状態は，各経済主体に完全に情報が行き渡らないため，情報不完全性ともいう。現在の市場状況をみると，こうした現象が起こっている場合が多くある。

⑵　商業・流通における情報の非対称性

情報の非対称性は，ノーベル経済学賞を受賞したアカロフ（Akerlof, G.A.）が，中古車（レモン：隠された欠陥のある中古車の問題）により説明した。中古車品質は，新車とは異なり，千差万別である。そのため，中古車の販売者は，自ら販売している中古車の品質をよく知っている（知らない場合もある）が，見込みの買い手はその中古車を見ただけでは品質の判断ができない。買い手がその中古車の品質を判断することができないため，その価格は市場で流通している商品の平均品質を反映して決定される（**図表13-3**）。

そうすると平均品質よりも高い品質の中古車の販売業者は，市場から退出してしまう。その結果，販売される中古車の平均品質が低下し，それに連動して市場価格も下落し，品質が高い順に販売業者は中古車市場から退出する。これは悪貨が良貨を駆逐する現象であり，逆選択という（Akerlof（1970））。

こうした品質に関する危険は，短期的利益を求めて市場に参入する販売業者によりもたらされる。そのため守るべき評判を持ち，長期的視野に立つ販売業者（商人・流通業者）は，自らの長期的利益の源泉は品質を維持することにある点を理解している（Heal（1976））。まさに単発あるいは短期的な取引ではな

図表13-3 逆選択の起こる仕組み

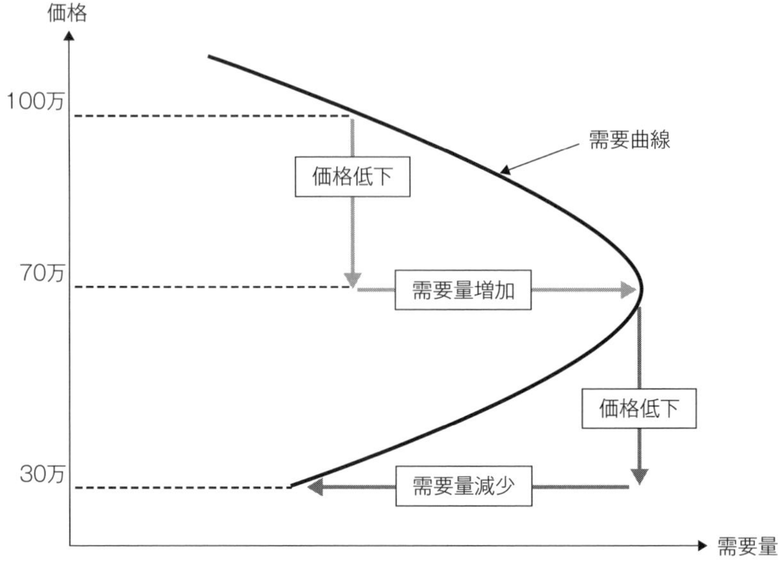

く，複数回で長期にわたる取引を志向する背景ともなる。

買い手における商品の品質情報の不完全性（非対称性）は，買い手の経験をもとにした売り手の評判によって埋め合わされ，企業間競争は広い意味における評判や暖簾（のれん）（無形資産）を求めて行われる（Hayek（1948））。つまり，企業名や商品に付されたブランドによる競争となる。

⑶ 消費者の情報蓄積

売り手である生産者や流通業者などと，買い手である消費者間での情報は，主に商品情報や価格情報である。第12章でふれたように，わが国では1950年代半ばにマーケティングが紹介され，1950年代後半からの高度経済成長期において，生産者（製造業者）が主導するマス・マーケティングが可能であった。その背景には，売り手と買い手間における情報非対称性による生産者の優位性が働いていた。わが国では，高度経済成長期に消費者が三種の神器（冷蔵庫・洗濯機・白黒テレビ）やその後の３Ｃ（自動車・クーラー・カラーテレビ）を次々に購入していったのは，企業のシナリオ通りであった（**写真13-1**）。

写真13-1／三種の神器

わが国で消費が成熟したとされる1980年代になると，消費者はそれまで商品を購入し，使用した経験からさまざまな商品情報を蓄積するようになった。その結果，売り手である生産者や流通業者と買い手である消費者間での情報の非対称性は，次第に低下していった。そして情報非対称性の低下を決定づけたのがインターネットの普及であった（郵政省（1997））。インターネットにより，消費者の情報取得が容易化していった。

第４節　消費者と流通業者との関係変化

(1)　消費者がつくり出す流行

１）情報非対称性の変化

消費者は，購入しようとする商品の情報を収集しようとすれば，かつては実店舗まで足を運び，販売員から入手したり，その商品についてよく知っている友人や知人などから入手したりするしかなかった。また販売員から得られる情報は，販売促進のための情報が中心であり，その商品についてのネガティブな情報はほとんど入手できなかった。

しかし，現在ではどうであろうか。スマートフォン（スマホ）さえあれば，すぐに購買しようとしている商品についての詳細を入手できる。またどの店舗で購入すれば最も安価に入手できたり，最も早く入手できたりするのかなど，

1990年代半ばまでには思いもつかなかったことができるようになった。

他方で消費者は，販売員から得られる商品の販売促進情報だけではなく，ネガティブな情報も得られる。それはわれわれと同じ消費者から得る。これまでは売り手と買い手，つまり，小売業者と消費者間における情報流通ではなく，同じ買い手である消費者同士のコミュニケーションができるようになった。これにより販売促進情報の伝達方法も変化した。大手のEC（電子商取引）サイトでは，同じ商品を購入した消費者の情報やその消費者が比較検討した商品や閲覧した商品も提示されている。

2）現在における情報非対称性

この状況を考えると，これまで流通業者しか有していなかった情報を消費者も容易に入手できるようになった。一方，流通業者にも，これまで消費者についてなかなか入手しにくかった情報を得られるようになった。そのため前節で取り上げた情報の非対称性は，解消されたかのように見える面もある。果たしてそうであろうか。情報の非対称性は解消されたのであろうか。

われわれの生活を考えてみると，相変わらず情報の非対称性は存在している。かつては隠蔽されたかもしれない情報が20世紀の終わりから明るみに出るようになった。それでもなお，社会を驚かせるニュースが出て，多くの消費者が驚くということは，相変わらず情報の非対称性が存在しているためであろう。商品の産地偽装や流通チャネル過程で隠蔽された情報は数知れない。最近は，これらに対して規制が厳しくなったため，情報公開は進んでいるが，こうした規制や公開は，問題が発生した後である。

つまり，情報の非対称性に関する問題が明るみに出て初めて対応されることになる。そのため情報の非対称性は解消されないままである。反対に消費者が有している情報量が非常に大きくなり，生産者や流通業者がそれに追いつけない，フォローしきれない面もある。そこではどこまで消費者の情報をフォローすればよいのかという問題となっている。

3）消費者による情報発信

少し以前まで衣料品など消費者が実際に目で見て，場合によっては試着して初めて購入を決定するような商品にECはなじまないとされた。衣料品だけでなく，家具や靴などもそうである。しかし，とくに若年層は全く実店舗で購入することにこだわらず，ECサイトを利用している。それは流通業者が，交換やそのための送料を負担するようになったからかもしれない。

これまで生産者や流通業者が流行をつくり出していたが，最近は消費者の微妙な行動や一部消費者の行動は，消費者同士の間でSNSなどを通じて拡散され，それに生産者や流通業者が対応するという動きも一般的になっている。つまり，流行は生産者や流通業者がつくり出すのではなく，消費者自身がつくり出している。この場面でも消費者と流通業者との関係には大きな変化が起きた。

(2)　消費者の保有情報の変化

これまで生産者と消費者，流通業者と消費者間にあった情報量の格差は，解消されているのだろうか。現在では，消費者はさまざまな情報にアクセスすることが容易になった。しかし，消費者は自らに情報を蓄積しているのだろうか。消費者は，自らの頭の中に記憶しているのであろうか。以前は，われわれは自動車を運転するときには地図を見ながら，その道路を覚えようとした。近年は，カーナビゲーション（カーナビ）が道案内をしてくれる。しかも道が少し狭くなるとか子どもが飛び出しやすいなど，かなり細かな情報提供がされる。

こうした地図情報は，かつては自動車の運転者は覚えようとした。しかし，現在は覚えなくても，常に情報提供をしてくれる。しかも道路工事や渋滞など，消費者には見えない情報も提供されると，運転者はカーナビに頼り切ってしまう。こうしたことは他にもないだろうか。おそらくは電車の乗り換えなどは，かつては非常に大変だったが，最近は最短距離，最短の時間，さらには最低の運賃のルートを教えてくれる。やはり，以前はどこかにメモや記憶していたが，最近はしなくなった。

このような例をあげただけでも，消費者の保有情報は地図情報や乗り換え情報に関しては，以前と比べて少なくなっていることがわかる。他の場面を考えてみると，以前は多くの消費者が知っていた情報を知らない消費者が増加した。こうした情報を積極的に自らのものとしない消費者について考えると，自ら情報処理をし，記憶にとどめない消費者の増加が推測される。

消費者は，必要な情報はきちんと情報を取得し，それを処理し，記憶して，必要に応じて引き出しながら，生活しなければならない。そうしなければ，生活力はどんどん低下するばかりである。情報は自身以外から引き出してくるものでもあるが，自身の中から引き出すものでもあろう。

(3) インターネット上での情報特性と責任

現在における情報の非対称性の変化や，情報処理を回避する消費者の姿を考えると，やはりインターネットが関係している。インターネット上での情報には，信憑性の問題がある。企業情報や商品情報だけでなく，消費者情報の漏洩問題もある。そこではインターネット上での消費者保護の問題もあろう。

インターネット上での情報の特性は，①個人の情報発信が容易である反面，マスメディアとは異なり，発信者にプロの職業倫理が働かない面がある。②発信者に匿名性があるため，無責任な情報発信や違法行為が心理的に容易にできる。③違法な情報があるサーバーから削除されても別のサーバーにコピーされるため，情報が流通し続ける可能性が高い。④国により，情報流通に対する規制が異なる。⑤特定のプロバイダーが，違法な情報発信や違法な情報へのアクセスを制限しても他のプロバイダーからは可能な場合がある，ことが指摘されている（郵政省（1997））。

インターネット上での情報発信者は，情報伝達に関する責任を明確化しなければならない。情報発信者が，インターネットによる情報発信がマスメディアの発する情報とは異なり，不特定多数に向けての自由かつ容易な情報発信手段である。そこでは特に発信情報に関する法的責任を負うことを認識しなければならない。

おわりに

本章では，まず消費財流通の終点でありながら取り上げられることが少なかった消費者の権利についてふれた。その上で，多様な消費者問題が発生する要因について説明し，消費者を主に保護する消費者関連法を各分野に分けて，各々明示しながら各法律の目的などについて説明した。

また消費者が取引を行う際，その売り手である流通業者や生産者間における情報の非対称性に言及した。さらに情報の非対称性の変化にもふれた。最近の消費者と流通業者との関係変化は，かつて受け身であった消費者像ではなく，積極的に行動する消費者像へと変化していることにある。消費者が情報発信をすることが容易になった現在，その果たすべき責任についても取り上げた。

第14章
社会と商業・流通

はじめに

売り手と買い手が売買取引を行うことは，当事者だけの問題ではない。それが他人から見て不公正はないかなど，社会性を求められることがある。生産者と消費者間に商人（流通業者）が介在する場合，流通業者は生産者と消費者を社会的に架橋する機関であるため，やはり社会性が求められる。このように商業や流通は，生成時から社会性を帯びた現象である。

現在の社会において，商業や流通がいかに機能するかは，これまで見てきた通りである。そこで社会的視点からこれらを観察すると，そのあるべき姿である政策的視点を見出せる。現在，商業や流通は，人々が暮らす「まち」に対しても機能，貢献する必要がある。本章では，政策の必要性や商業や流通の理想的なかたちを見据え，それらがまちづくりや社会形成にいかに貢献するかを取り上げる。

第1節　商業・流通のあるべき姿

(1)　商業政策の必要性

1）元来の商業政策

わが国の商業政策研究は，商品流通を研究対象とする社会経済的研究に端を発している。とくに対外商業とされる外国貿易政策への実践的要求から開始された（平野（1967））。これは第二次世界大戦時のドイツ経済学の影響を受け，わが国では商業政策といえば，対外商業政策であり，貿易政策であった。

このように商業政策は，当初は社会経済的視点から外国貿易に対してわが国の商業を可能な限り保護と干渉をし，国民経済の望ましいとする方向を提示するものであった。そこでは商業政策は，国内商業の保護だけではなく，国際収支の均衡維持による外国為替の安定を図るため，輸出入貿易全体に対して保護や干渉を加えてきた（佐藤（1997））。

そこで国内商業は，産業発展を図るため，その活動の自由を制限する制度は撤廃され，営業自由の原則が確立された。そのため商業活動は，基本的に自由に活動することが保証され，自由競争が基本とされた。他方，政府による商業に対する支援政策は，商品取引所の整備と公設市場の開設が中心であった（佐藤（1997））。

2）第二次世界大戦後の商業政策

第二次世界大戦後，戦前の経済状態に戻ったのは約10年が経過してからであった。経済復興は，主に生産部門が主導した。ただ生産活動だけでなく，商業の近代化により次第に国民生活が豊かになった。そこで国や地方公共団体は，1960年代になると商業部門の近代化を実現させるため，中小零細商業の近代化政策に着手した。それは当時大型商業（大規模小売店）といえば，百貨店が存在する程度であり，スーパーマーケット（スーパー）も誕生していたが，その規模はまだそれほど大きくなかったためである。

また政府は，商業の近代化を図るために物価の安定，物資の円滑な流通，社会的環境の整備，競争の促進と調整などさまざまな課題に取り組む必要があった（宮下（1989））。したがって，中小零細商業をいかに近代化させるかという面と，商業全体を取り巻く環境をいかに整備するかという面について，高度経済成長が次第に軌道に乗る中で考慮しなければならなかった。

3）政策の目的

政策決定では，それを実行する経済主体によって変化するため，政策主体の政策に対する選好は分かれる。そこでは主体による的確な把握が重要となる（佐藤（1997））。経済主体には，狭義の国家（政府のみ），広義の国家（政府および狭義の公共団体），主体拡大（政府公共団体の他に私人および私人の団体）に分類できる（加藤（1979））。

政策の目的は，理想を掲げて向かう目標ではなく，その時々の生活における問題を具体的に解決するものである。通常，政策では複数目的が設定され，これらの目的は相互に排除せず，階層的，序列的関係にある場合が多い。そのため，目的を同列に扱わず，多元的に目標を設定し，これらの目標による異質的な価値を多様な視点や基準によって，調整，実施することが重要になる。

政策手段とは，政策目的を達成する方法であり，その選択には技術的合理性だけでなく，社会的合理性も求められる。つまり，政策目的に適応した実行可能な政策手段によって，合理的に選択する必要がある。経済社会の高度化により，政策手段も多様化しているため，政策体系との整合性も考慮しなければならない（熊谷・篠原編（1986））。ただ社会的合理性や政策手段の多様化と政策体系の整合性を気にすると，インパクトのない政策となる面もある。

⑵　商業政策の対象

１）商業政策の位置づけ

通常，経済政策は，工業，農業，商業など産業を基盤に形成される。そのため商業政策は，経済政策の一分野であり，一国の商業の完全な発達を目的とする国家あるいは国民の施策の総称である（津村（1911））。商業政策の主体は，政府であり，対象は当然であるが，商業（活動）である。それゆえ商業政策は，個別企業の利益を目的とする経営政策やマーケティング政策とは異なる。国民経済全体の利益を目的とし，社会や人類の福祉を招来するように立案・運用される必要がある（田中（1988））。

２）流通政策の形成

近年は，商業政策よりも流通政策という言葉が多く使われる。商業は，商人の介在する売買取引を意味するが，流通は生産と消費の懸隔を社会的に架橋することである。そのため，商業政策と流通政策では，その目的や対象，範囲については異なる部分がある。商業政策では，商業，金融業，保険業，物流業，通信業，マスコミ業，広告業，リース・レンタル業，旅行業など多様に売買取引に関する業種が対象となる。これらの多くは，所有権移転という流通機能の中心機能を支援する業種が多い。これらに対する政策が商業政策である。

また商業政策と流通政策の相違について，貿易政策の包含を問題にする場合がある。先にあげたように，元来の商業政策は対外商業である貿易政策であった。しかし，通常の流通政策では，貿易政策は大きな位置を占めていない。つまり，国境を越える所有権移転については通常取り上げることは少ない。そのため，次節以降，貿易政策にはふれず，国内における所有権移転を促進・維持させることを中心とする流通政策を取り上げる。

第２節　商業・流通政策と社会

(1)　流通政策とは

１）流通政策の位置づけ

流通政策は，経済政策の一部門として，さまざまな流通要素が生産から消費に至るまで移転する際における機能や活動を対象とする。そして，流通政策の目的は，「望ましい流通状態」を達成することにある。

流通政策は，経済政策の一部門であるが，流通政策でも市場機能の完全性が前提となる。市場が完全に働く条件として，完全競争と市場の普遍性がある。つまり，すべての商品に所有権が確立し，その取引がすべて市場を介して行われる。売り手は長期的な利潤拡大化原理によって行動し，買い手は効用関数によって行動することが前提である。ただ市場機能の作用を歪める要因や市場機能だけでは解決できない要因があり，これらの条件を満たすことは難しい（渡辺（2003））。

２）流通政策の分類

流通政策は，政策主体，対象，活動によって分類できる。流通政策の主体は，わが国の国レベルの組織として，経済産業省，農林水産省，厚生労働省，中小企業庁，国税庁，公正取引委員会などが関係している。これらの組織は，法律，政令・省令，規則・告示，通達，行政指導などによって政策を実行する。またこれらの組織の下では，地方公共団体が独自に政策を実行する場合もある。これらは条例，要綱，行政指導により政策を実行している（渡辺（2003））。

(2)　流通政策方法に基づく政策体系

１）政策視点と方法による分類

流通政策は，政策方法の視点により，禁止型政策（一定のルールからの逸脱禁止），振興型政策（特定の流通機能や流通活動の振興），調整型政策（複数主体の利害関係や需給関係の調整），に区分できる。

また政策方法によって，**図表14-1**のように政策体系は６つに分けられる。政策方法に対応する政策体系は複数存在する。禁止政策は，①競争政策（競争

図表14-1　流通政策の方法に基づく体系化

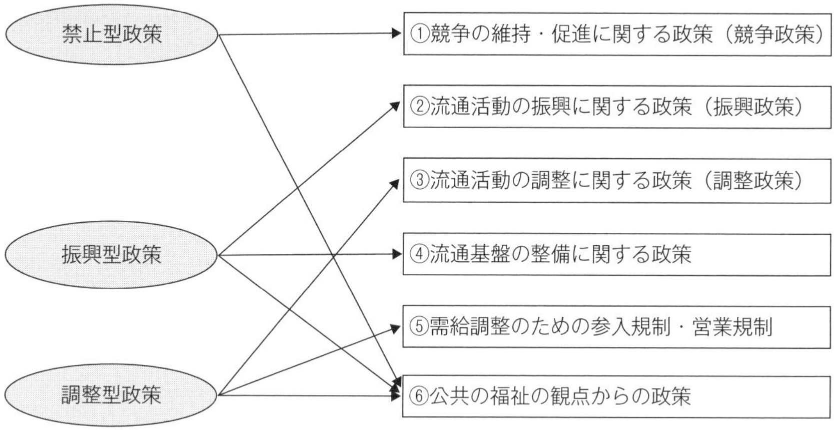

（出所）渡辺（2007）31頁

の維持・促進に関する政策）と⑥公共の福祉の観点からの政策がある。振興政策は，②振興政策（流通活動の振興に関する政策），④流通基盤の整備に関する政策，⑥公共の福祉の観点からの政策がある。調整型政策は，③調整政策（流通活動の調整に関する政策），⑤需給調整のための参入規制・営業規制，⑥公共の福祉の観点からの政策，に分けられる。流通政策は経済政策であるため，公共の福祉の観点からの政策はすべての政策方法に関係する（渡辺（2003））。

2）競争政策

一般に市場競争により，市場原理が働くと消費者利益につながる。それは集中の弊害を排除し，競争促進により，消費者利益を最大化するためである。①競争政策は，個別取引による消費者権利の保護を直接目的とはしないが，その実現が結果として消費者利益に結びつく（実方（1977））。つまり，競争政策は，市場原理を機能させるために公正な競争ルールにより，競争秩序を維持するための政策である。

競争政策を代表する法律が，「私的独占の禁止及び公正取引の確保に関する法律（独占禁止法）」である。同法は，固有の目的である市場の公正かつ自由な競争促進より，事業者の創意を発揮させ，事業活動を盛んにし，雇用および国民実所得の水準を向上させることを目的とする。また第二次世界大戦後の経済民主化政策として，アメリカの反トラスト法をもとに1947年に制定された。

独占禁止法の中心規定は，私的独占の禁止（ある事業者が他事業者を人為的にある市場から排除，それを支配し，市場における競争を実質的に制限してはならない），不当な取引制限の禁止（事業者型の事業者と協働して対価を決め，維持，もしくは引き上げ，または数量，技術，設備もしくは取引の相手方を制限するなど相互にその事業活動の制限，または遂行をし，公共の利益に反し，一定の取引分野での競争を実質的に制限してはならない），不公正な取引方法の禁止（公正な競争を阻害する取引形態を禁止），をあげている。

３）振興政策

中小流通業者の事業環境は次第に厳しくなっている。こうした状況下でも中小流通業者が，経営合理化や近代化を進め，大規模流通業者と共存し，環境対応，活性化を図る必要がある。そのための施策には，商店街振興組合法，中小小売商業振興法がある。

商店街振興組合法は，1962年に制定され，商店街のある地域で，小売商業またはサービス業に属する事業その他事業を営む者などが，協同して経済事業をし，当該地域の環境整備改善を図るための事業を行うために必要な組織などについて定めている。これにより，これら事業者による事業の健全な発展に寄与し，公共の福祉の増進に資することを目的とする。

中小小売商業振興法は，1973年に制定され，商店街の整備，店舗の集団化，共同店舗など整備事業の実施を円滑にし，中小小売商業者の経営の近代化を促進，中小小売商業の振興を図ることで国民経済の健全な発展に寄与することを目的とする。同法は，中小小売商業者の集積である商店街整備，店舗共同化など主にハード面の高度化事業により，中小小売商業者の経営近代化を図ってきた。そこで集団化や協業化による構造の高度化を図ろうとする高度化事業の認定，フランチャイズ事業など特定連鎖化事業の運営などで構成される。

４）調整政策

市場原理が過度に働くと，資本力の脆弱な中小流通業者はやがて淘汰される。ただ中小零細流通業者は，消費者の生活維持に貢献し，自らは家業により，生活してきた。こうした状況では，完全に競争原理を導入するとその副作用が大きくなる。そこで大規模流通業者の圧力を緩和し，中小零細流通業者の事業機会を確保しなければならない。そのため調整政策は，大規模流通業者と中小零細規模との競争を調整しようとする。代表的なものは小売商業調整特別措置法（商調法）と2000年に廃止された大規模小売店舗法（大店法）であった。

小売商業調整特別措置法は，小売商の事業活動の機会を適正に確保し，および小売商業の正常な秩序を阻害する要因を除去し，国民経済の健全な発展に寄与することを目的とする。この法律には，西日本地区において小売市場が多く存在し，周辺の中小零細流通業の経営を圧迫し，市場開設者とテナント間での紛争が多発した背景があった。そこで同法は，小売業を開業する際，その店舗面積が大店法の規定よりも小さいものでも，規模に関係なく，中小小売商の業種別団体や知事に事前調査や調整を申し出て，知事が出店に勧告や命令ができることとした（小宮路（1999））。

5）流通基盤整備・需給調整と公共の福祉の観点

わが国は資本主義国であるため，商業や流通活動は基本的に自由である。しかし，すべてが自由になると公共の福祉の観点から制約が課せられることもある。そこで，流通基盤の整備と需給調整のための参入規制・営業規制が行われている。参入規制では，特定業種の商業の開業や特定品目の販売について規制される。参入規制は，流通上の問題というよりも，取扱品目による保健，衛生，税収の確保，治安などを目的とする場合が多い（鈴木（2004））。また参入規制や営業規制は，法律によって，免許制，許可制，認可制，届出制によって行われる。これには酒税法，たばこ事業法，薬機法などがある。

流通基盤の整備に関する法律は，流通活動が自由，円滑に行われるために共通した基盤を整備し，流通活動の高度化や効率化を図ることを目的とする。これには流通システムの合理化や，流通システム化の推進，道路など流通の社会基盤（インフラ）の条件整備などがある。

公共の福祉の観点による政策は，流通活動によって公共の福祉が脅かされないようにし，さらにそれを増進するためのルールを定めている。公共の福祉とは，人権相互の矛盾・衝突を調整するための実質的公平の原理である。言い換えれば，すべての人権がバランスよく保障されるように，人権と人権の衝突を調整することである。そのため消費者保護政策などはこれに含めることもできる。主に消費者基本法，食品衛生法，製造物責任法，消費者契約法などがある。

第3節　商業・流通とまちづくり

(1)　まちづくりの現代化

現在も世界中でかつて商人が居住していた地名が残っている。わが国でも数多く残る問屋町や特定の商品名がつけられた場所は多い。こうした場所では，特定商人が集まることで集積の効率性が向上し，商業が盛んに行われていたことが想像される。これらの地域では，独特なルールも形成されていただろう。そして，そのルール形成には商人が積極的に関与し，まちづくりに深く関わっていたようだ。

現在は，商人が主導して町（まち）を形成し，その経営をすることは少ない。いわゆる商店街などは，商店街組合などが形成され，単に実店舗運営を行うだけの組織ではなく，地域の行事や防犯，ボランティア活動などを行う組織もある。ただ商人によるまちの運営に期待するだけでは，そのまちの存続や隆盛は覚束ない面もある。また，商人に任せるだけではなく，まちを形成・運営するには，明確な政策により，責任ある組織運営をしなければならない面もあろう。

1980年代から「街作り」の言葉が使われはじめ，それが平仮名表記の「まちづくり」となり，その範囲が拡大され，より大きな社会課題として捉えられるようになった。そのため，まちづくりに関する政策は，20世紀末から相次いで関連法が制定され，状況に合わせて改正されている。都市計画法，中心市街地活性化法，大規模小売店舗立地法をあわせて，「まちづくり三法」として，まちづくりに多角的に取り組まれるようになった（**図表14-2**）。

(2)　都市計画法

都市計画法は，1968年に制定され，都市計画の内容およびその決定手続，都市計画制限，都市計画事業その他都市計画に関し必要な事項を定め，都市の健全な発展と秩序ある整備を図り，国土の均衡ある発展と公共の福祉の増進に寄与することを目的とする。

まちづくりに関しては，1997年に都市計画中央審議会がそれまでの新市街地整備による量的拡大から既成市街地の社会資本の充実による質的転換を答申した。そこでは大型店立地の可否が，都市計画体系の中であらかじめ細かく設定

図表14-2 まちづくり三法

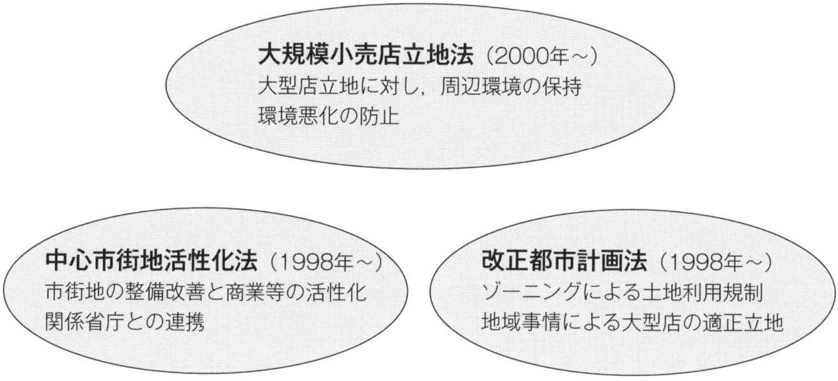

大規模小売店立地法（2000年～）
大型店立地に対し，周辺環境の保持
環境悪化の防止
中心市街地活性化法（1998年～）
市街地の整備改善と商業等の活性化
関係省庁との連携
改正都市計画法（1998年～）
ゾーニングによる土地利用規制
地域事情による大型店の適正立地

できるように，用途規制を地域の実情や特性に応じ，柔軟かつ機動的なものとなるよう法改正の必要性が明確にされた。これにより，1998年に改正都市計画法が施行され，地域の実情によるまちづくりが推進されることになった。そこでは地方公共団体，中小小売商業地区，大型店地区などを指定し，出店規制が可能となった（石川（1999））。

1998年の改正都市計画法施行後，土地利用などの問題があり，2006年にまた改正され，延べ床面積１万㎡を超える大規模集客施設の郊外立地を商業，近隣商業，準工業地域の３つに限定した。さらに当初，市街化調整区域で認めていた原則20ha以上の大規模開発の例外規定も廃止したが，規制地域でも大規模集客施設の立地を認める開発整備促進地域を設けた。こうした変更は，空間を用途別に分けて配置するゾーニングによって秩序あるまちづくりを目指すことが基底にある。

⑶　中心市街地活性化法

１）中心市街地活性化法の目的

中心市街地には，住居，商業，業務，交通，公共サービス機関等の都市機能が存在し，ヒト，モノ，カネ，情報が集積・交流する拠点としての役割がある。中心市街地を活性化するには，環境と調和し，高齢者らに優しい生活環境の実現，文化や伝統を継承・発展させる地域づくり，新規産業創出や新規事業展開の苗床としての機能を維持・向上させる意義がある。こうした状況に基づいて

1998年に中心市街地活性化法が施行された。

中心市街地活性化法では，国が基本方針を作成した上で市町村が基本方針に則して，市街地の整備改善，および商業などの活性化を中心とする基本計画を作成する。これに国および都道府県が助言を行うという枠組みである。市町村の基本計画により中小小売商業の高度化を推進する機関として，タウンマネジメント機関（town management organization：TMO）・民間事業者などが作成する商店街整備や中核的商業施設整備などに関する事業計画を国が認定，支援することとした。国による支援は，商業・サービス業の立地促進，TMOを中心とする商店街などの整備，都市型新事業の立地促進であった（中小企業庁編（1998））。

2）中心市街地活性化法の改正

中心市街地活性化法施行後も中心市街地の衰退は続いた。そこで2006年には「中心市街地の活性化に関する法律（改正中心市街地活性化法）」が施行され，国が積極的に中心市街地活性化に取り組む市町村を選択，集中的に支援を行う仕組みとした。市町村が，この支援を受けるために新たな基本方針に基づく中心市街地活性化基本計画を策定し，中心市街地活性化本部（本部：内閣府，本部長：内閣総理大臣）の認定を受ける必要が出てきた。その計画策定では，中心市街地活性化協議会を設置し，意見を聞くことが定められた。

市町村では，まちづくり関係者（地域住民，関連事業者など）が相互に密接な連携を図りながら協議する必要が出てきた。そこで基本計画策定の各段階で要望や意見を十分に伝え，地域住民や民間事業者らが自主的かつ自立的に取り組むまちづくり活動を調整し，地域における社会的，経済的，文化的活動の拠点として，魅力ある中心市街地の形成を進めることとなった（**図表14-3**）。

さらに2014年の同法改正では，少子高齢化や都市機能の郊外移転により，中心市街地の公機能の衰退や空き店舗，未利用地の増加に歯止めがかからないため，「日本再興戦略」で定められたコンパクトシティ実現に向けた改正が行われた。そこでは，民間投資を喚起する新たな重点支援制度の創設や，中心市街地活性化を図る措置の拡充（小売業の顧客増加や小売業者の経営効率化を支援するソフト事業（民間中心市街地商業活性化事業）を経済産業大臣が認定する制度の創設）が行われた。

図表14-3　中心市街地活性化法の枠組み

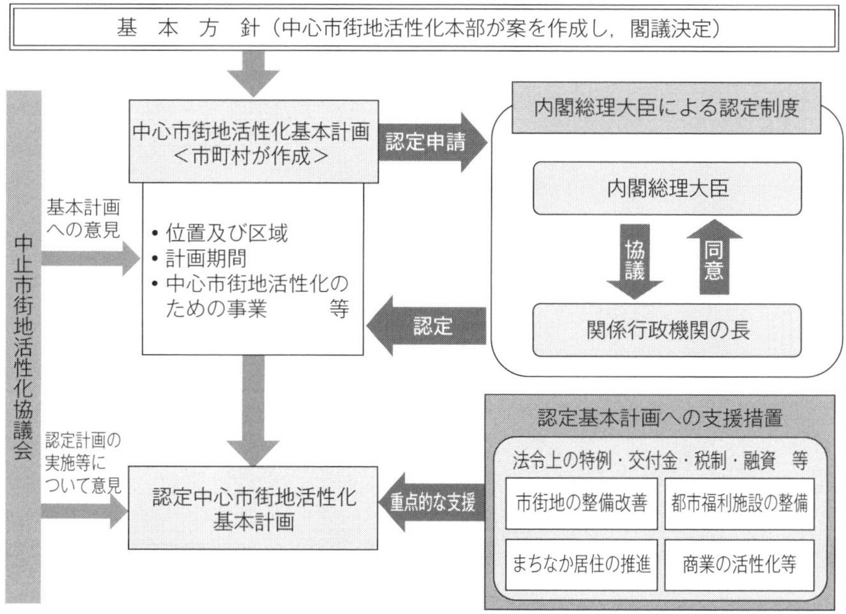

（出所）国土交通省ウェブサイト：https://www.mlit.go.jp/crd/index/pamphlet/06/index.html

⑶　大規模小売店舗立地法

1）大規模小売店舗立地法の目的

大規模小売店舗立地法（大店立地法）は，大規模小売店舗法（大店法）が廃止された翌月の2000年6月から施行された。大型店が地域社会と調和するには，来店顧客や商品配送のトラックなど，物流による交通や環境問題など周辺の生活環境への影響に注意を払う必要がある。大店立地法は，地域住民の意見を反映し，地方自治体が大型店とその周辺の生活環境の調和を図るために適切な対応をすることを目的としている。

大店法は，中小零細小売業者と大型店との利害調整がその目的とされた。しかし大店立地法は，大規模店と周辺の生活環境の調和を第一義とし，大規模店に対する認識が大きく変化した。大店立地法が対象とする大型店は，店舗面積1,000㎡超の小売店舗である。調整対象事項は，①駐車需要の充足その他による周辺地域住民の利便性および商業その他業務の利便性確保のために配慮すべ

図表14-4 **大規模小売店舗立地法による届け出手続きの流れ**

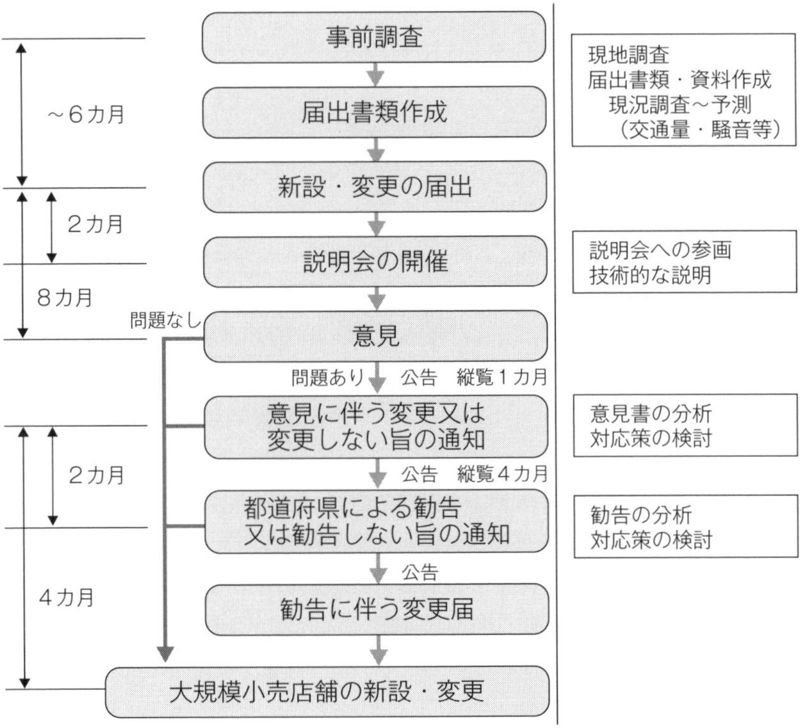

き事項（交通渋滞，駐車・駐輪，交通安全その他），②騒音の発生その他による周辺生活環境の悪化防止のために配慮すべき事項，である。

２）大規模小売店舗立地法の運用

大店立地法の運用主体は，都道府県，政令指定都市であるが，同時に市町村の意思を反映し，広く住民の意思表明の機会確保も意識している。大店立地法による基本的な手続きは**図表14-4**の通りである。大店立地法は，大店法とはその目的が大きく変わったことから，大型店を出店しようとする小売業者には当初大きな戸惑いがあった。しかし，図示したように出店手続きを行うことで，手続きが不透明で時間のかかった大店法時代よりは，出店が容易になったといえる。ただ以前のように大型店が相変わらず必要な時代なのだろうか。

第４節　商人による社会づくり

(1)　まちづくりに関与する商人

１）まちの状況変化

前節で取り上げたように，かつての「町（街）作り」という漢字表記から，一部が平仮名表記の「街づくり」に変わり，現在では「まちづくり」と平仮名表記されるようになった。こうした表記の変遷には，「まちづくり」について人々の認識変化もあった。また政策を主導する国や地方公共団体の考え方にも変化がみられる。「まちづくり」では，アーケードや舗装，街灯，集会施設などの「ハコモノ」を建設するハード施策から，人が集まり，購買が集中し，楽しめる「まち」をつくることを主導する人やイベントなど，ソフト事業の重要性を認識し始めたことがある。

わが国は，第二次世界大戦の敗戦からその復興に約10年の時間を要した。その後，所得倍増計画，高度経済成長の言葉が示す通り，わが国経済は右肩上がりの時代を経験した。同時に人口も増加し続けた。小売商業に関しては，高度経済成長期に入る直前期には，大型店といえば百貨店が存在し，スーパーが生成し始めた頃であった。大部分の小売業者は，零細小売業者であった。そしてこれらの小売業者は，いわゆる商店街に軒を連ね，肩を寄せ合うようにして商業活動を継続していた。また小売業だけではなく，理容業者，銭湯，食堂などいわゆるサービス業者も軒を連ねていた。

２）小売業経営の環境変化

高度経済成長の時代まで存在していた小売店舗やサービス店舗は，次第に減少した。商店街の中に大型店が出店することが表明され，零細小売業者らは自らの商業活動が脅かされるため，出店反対を叫び始めた。この中から大規模小売店舗法（大店法）がかつての百貨店という大型店のみを対象とした法律からスーパーを念頭においた大型店対策の色彩を濃くしていった。現在は，郊外の大型店へは自動車で移動できるが，モータリゼーション以前の時代は，スーパーなども商店街やその近隣に出店するしかなかった。こうした環境は，中小零細小売業者だけでなくスーパーなど大規模小売業者ともに不幸にした。

わが国では，スーパーという小売業態の誕生以降，コンビニエンスストア（コンビニ），ディスカウントストア，ホームセンター，ドラッグストアなどの小売業態がアメリカを中心として紹介され，大規模化した。コンビニやドラッグストアの多くは，中小零細規模の業種店からの転換が多かった。しかし，ディスカウントストアやホームセンターなどは，大規模小売業者による他業態展開の面もあった。郊外地域との相性のよい小売業態の増加は，古くからの商店街から顧客を奪っていった。

3）まちへの商人の貢献

大店法は，大型店と中小零細規模小売業者との利害を調整することを目的としていた。調整といえば聞こえはよいが，後者を守ろうとした法律であった。しかし現実は，大店法が厳しかった時期でさえ，中小零細規模の小売店舗は減少し続けた。つまり，大店法は中小小売業者の延命支援とはならなかった。こうした状況になって中小小売商業者が集積する商店街へ，集客装置としての大型店を出店させようとするのは虫がよすぎる。なぜ当初から大型店と中小零細店の共存を図る政策を打ち出せなかったのかという疑問が残る。

他方，郊外の大型店に自ら自動車を運転して出向き，大型店の店舗内で自由に買物ができる時期は限られる。自動車運転がままならなくなり，歩行することが難しくなってはじめて近隣に商店街があれば，と望むのは消費者の身勝手である。かつてのように，徒歩や自転車で買物ができる場所があれば，と望むようになった時期にはもう商店街はシャッターを下ろしてしまっている。

こうした状況は，地方だけの問題ではなく，東京都内でも同様の現象がみられる。そして近隣で食品購入が難しい「食の砂漠（food desert）」となった地域は多い。最近では，生鮮食品でもインターネットを経由した販売が行われ，スーパーと連携した移動販売車がそうした地域を巡回する状況もみられる。ただいつでも自由に多くの種類の商品の実物を見ながら買物をする，かつては当然であったことが当然ではなくなっている。消費者の買物行動が変化したといえば，その通りであるが，自由にいつでも買物ができていた時代と比較すると不便になったことは否めない。商人（流通業者）はこうした状況にも対応する必要があろう。

⑵　商人の社会性

1）三方よしの経営

「三方よし」とは，近世から近代にかけて活躍した近江商人が，その行動理念とした言葉である。三方とは，売り手・買い手・世間（社会）を指している。つまり，商業や流通という事業活動は，売り手と買い手だけ利得があればよいのではなく，その売り手と買い手の取引によって社会が潤わなければならない。これは商業取引や流通という活動だけではなく，生産活動でも同様であろう。ただ近江商人が，「三方よし」を行動理念とし，活動していたことは，商人のイメージを変えるものである。

現在も，商人というとそのイメージはよいといえない。それはなぜか。商人というと，言葉巧みに品質の良くない商品を販売し，低価格で仕入れた商品に多くの利益を付加し，過大な利益を得ているとイメージがつきまとう。そのようなことがこれまでに行われてきたことは否めない。しかし，大部分の商人はそのような行動はしていない。

イトーヨーカ堂の創業者伊藤雅俊の母は，息子（雅俊）に対して「お客様は来てくださらないもの」「銀行はお金を貸してくださらないもの」ということを教え続けたという（伊藤（2003））。仕入資金が不足する中，仕入れた商品にわずかの利益を乗せて消費者に販売した。消費者に喜んでもらえることが商人の喜びでもあった。それを繰り返し続けることにより，顧客の信用を得て，次第に仕入量を増やし，商品の品揃えを増やし，店舗を拡大し，店舗数を増やすことができた。

大方の小売業者の成長には，こうした日々の営みの上に現在の小売企業としての地位がある。「商い」とは「飽きない」に通じる部分も指摘されている。日々に商品の仕入れをし，それを店に並べ，販売し，販売したお金でまた仕入れをすることの繰り返しである。そこでは一瞬で暴利を得，顧客を騙すことなどはできない仕組みである。しかし，世間のイメージは，むしろその心ない一部の例外のイメージが残っている。まことに悲しい限りである。

2）商人の担うまちづくり

商人によるこうした日々の営みの大切さは，現在も変わらない。EC（電子商取引）事業者や販売される商品数・種類も増えているが，多くは実店舗である。実店舗はある場所に店舗を構え，商圏内の顧客に対応してきた。その中から単に顧客だけではなく，「世間よし」の発想が生まれ，商人が存立する地域や社会に貢献する商人が生まれ，拡大していった。

まさに商人によるまちづくりは，長い歴史があり，かなり多分野にわたる。今後，商人の活動について単に取引という側面だけではなく，別の側面からも見直す必要があろう。商人の社会づくりへの貢献が発見できるはずである。

おわりに

本章では，まず商業や流通のあるべき姿について取り上げた。そこでは商業政策の必要性やその元来の目的とするところや対象について言及した。また商業政策と並び，近年，しばしば使用されることが増えた流通政策について，その範囲を中心に説明した。そこでは流通政策方法に基づく政策体系にも言及した。

商業や流通は，「まちづくり」に関係している面が多いことから，かつての「街作り」から「まちづくり」への変化について，関連法制を紐解きながら言及し，その目的や対象なども大きく変化してきたことを説明した。そして，商人が関係する「社会づくり」にもふれ，商人の社会性などを鳥瞰的に取り上げた。

参考文献

＜第１章＞

Barnard, C. I. (1938), *The functions of the executive*, Cambridge, MA: Harvard University Press（山本安次郎・田杉競・飯野春樹訳『経営者の役割』ダイヤモンド社，1956年）

石井寛治（2003）『日本流通史』有斐閣

豊田武・児玉幸多編（1969）『流通史Ⅰ』山川出版社

林周二（1999）『現代の商学』有斐閣

水野良象（1987）『商品学読本（第２版）』東洋経済新報社

宮本又次（1954）『日本商業史概論』世界思想社

＜第２章＞

Kotler, P., and G. Armstrong (2001), *Principles of Marketing*, 9th (ed), Prentice-Hall,（和田充夫監訳『マーケティング原理―基礎理論から実践戦略まで（第９版）』ダイヤモンド社，2003年）

石川和男（2020）『現代マーケティング論―モノもコトも一緒に考える』同文舘出版

上田貞次郎（1930）『商工経営』千倉書房

尾崎朔（1967）『体系商学総論』中央経済社

加護野忠男（1997）「「鋭い刃物」が切り残すもの」『経済セミナー』No.505，日本評論社

久保村隆祐・荒川祐吉監修，鈴木安昭・白石善章編（2002）『最新商業辞典（改訂版）』同文舘出版

黒田重雄（2000）「商学の概念と体系」黒田重雄・佐藤芳彰・坂本英樹『現代商学原論―交換や取引の方式を考える』千倉書房

田村正紀（2001）『流通原理』千倉書房

林周二（1999）『現代の商学』有斐閣

福田敬太郎（1950）『商学入門』廣文社

福田敬太郎（1973）「商業概念に関する論争」久保村隆祐・原田俊夫編『商業学を学ぶ』有斐閣

向井鹿松（1963）『流通総論―マーケティングの原理』中央経済社

＜第３章＞

Shaw, A. W. (1915), *Some Problems in Market Distribution*, Cambridge, Massachusetts, Harvard University Press（丹下博文訳『市場流通に関する諸問題』白桃書房，1992年）

Weld, L. D. H. (1916), The Marketing of Farm Products, *Journal of Political*

Economy, Vol.29, New York: Macmillan
尾崎久仁博（1993）「F.E.クラーク―帰納的アプローチの集大成」マーケティング史研究会編『マーケティング学説史〈アメリカ編〉』同文舘出版
兼村栄哲（2000）『現代の流通と取引』同文舘出版
田村正紀（2001）『流通原理』千倉書房

＜第４章＞
柏木重秋（1991）『現代商学総論（３版）』同文舘出版
雲英道夫（1995）『新講　商学総論』多賀出版
金森久雄・荒憲治郎・森口親司編（1986）『有斐閣経済辞典（新版）』有斐閣
国際商業会議所 日本委員会（ICC JAPAN）ウェブサイト：http://www.iccjapan.org/（2021.2.1）
浜谷源蔵（1995）『最新　貿易実務（増補２版）』同文舘出版
デンソーウェーブウェブサイト：https://www.denso-wave.com/（2021.2.2）

＜第５章＞
Bowersox, D. J. & D. J. Closs（1974）, *Logistical Management: The Integrated Supply Chain Process*, McGraw-Hill
Wood, D. F., A. Barone, P. Murphy & D. L. Wardlow（1995）, *International Logistics*, Springer
尾崎久仁博（1998）『流通パートナーシップ論』中央経済社
㈱オンザリンクスウェブサイト：https://www.onzalinx.co.jp/
神戸大学海事科学部ウェブサイト：http://www.edu.kobe-u.ac.jp/fmsc-logistics/index.html（2021.2.5）
鈴木安昭（2004）『新・流通と商業（第３版）』有斐閣
（株）スズテックウェブサイト：https://www.suzutec.co.jp/company（2021.2.5）
田村正紀（2001）『流通原理』千倉書房
中田信哉（1993）『商業学の講義』白桃書房
橋本雅隆（2002）「物的流通」宮原義友編著『商学概論』同文舘出版
日立物流ウェブサイト：https://www.hitachi-transportsystem.com/jp/（2021.2.7）
宮下國生（2002）『日本物流業のグローバル競争』千倉書房
矢作敏行（1996）『現代流通―理論とケースで学ぶ』有斐閣
湯浅和夫・内田明美子・芝田稔子（2020）『図解でわかる物流とロジスティクス―いちばん最初に読む本』アニモ出版

＜第６章＞
Report of the Definitions Committee（1948）Committee Reports, *Journal of Marketing*, XIII, No.2
Welcome Designウェブサイト：https://www.e-welcom.com/doc4/2jigen_what.

htm（2021.2.10）
浅野恭右（1990）『流通VANの実際』日本経済新聞社
岩本勇（2000）「流通情報システム」小宮路雅博編著『現代の流通と取引』同文舘出版
法政大学産業情報センター・小川孔輔編（1993）『POSとマーケティング戦略』有斐閣
オムロン（株）ウェブサイト：https://www.fa.omron.co.jp/（2021.2.15）
恩藏直人（2001）「コミュニケーション対応」和田充夫・恩藏直人・三浦俊彦『マーケティング戦略（新版）』有斐閣
㈱近畿システムサービスウェブサイト：http://www.k-s-s.co.jp/（2021.2.15）
サトーホールディングス㈱ウェブサイト：https://www.sato.co.jp/（2021.2.17）
鈴木安昭（2004）『新・流通と商業（第３版）』有斐閣
出牛正芳（1990）『市場調査入門（第16版）』同文舘出版

<第７章>

（一社）日本クレジット協会ウェブサイト：https://www.j-credit.or.jp/（2021.2.20）
上田和勇（1997）「私たちの生活を取り巻く危険」鈴木辰紀編著『保険論（第７版）』成文堂
加藤一郎・吉原省三編（1991）『銀行取引―銀行と取引先のための法律知識（第６版）』有斐閣
㈱東京商品取引所ウェブサイト：https://www.tocom.or.jp/jp/（2021.2.20）
雲英道夫（1995）『新講商学総論』多賀出版
（公）生命保険文化センターウェブサイト：https://www.jili.or.jp/（2021.2.22）
河内隆史・尾崎安央（2006）『商品取引所法（４訂版）』商事法務

<第８章>

Hartly, R. F.（1983）, *Marketing Fundamentals*, Harper & Row
Kolter, P.（1991）, *Marketing Management* 7th ed. Prentice-Hall（村田昭治監修，小坂恕・疋田聡・三村優美子訳『マーケティング・マネジメント（第７版）』プレジデント社，1996年）
The American Marketing Association（1960）
青木均（2020）『小売営業形態成立の理論と歴史―日本におけるスーパーマーケットの展開』同文舘出版
石川和男（2016）「業態・フォーマット研究の先行研究レビュー」原田保・三浦俊彦編著『小売&サービス業のフォーマットデザイン』同文舘出版
小原博（1987）『マーケティング生成史論』税務経理協会
篠原一壽（2002）「小売機構」宮原義友編著『商学概論』同文舘出版
鈴木安昭（2004）『新・流通と商業（第４版）』有斐閣
関根孝（1996）「小売機構と小売業」久保村隆祐編『商学通論（三訂５版）』同文舘出

版
徳永豊（1992）『アメリカ流通業の歴史に学ぶ（第２版）』中央経済社
三家英治（1994）『要説　商業とは何か』晃洋書房

＜第９章＞

Davidson,W. R., A. D. Bates & S. J. Bass (1976), "The Retail Life Cycle," *Harvard Business Review*, Vol.54, November/December, pp.89-96
Hollander, S. C. (1960), The Wheel of Retailing, *Journal of Marketing*, July pp.37-42
McNair, M. P. (1958), Significant Trends and Developments in the Postwar Period, in *Competitive Distribution in a Free High-Level Economy and Its Implications for the University*, Smith, A.D. (ed) University of Pittsburgh Press
Nielsen, O. (1966),Development in retailing, Reading in *Danish Theory of Marketing*, pp.101-105
青木均（2008）『小売業態の国際移転の研究―国際移転に伴う小売業態の変容を中心に』成文堂
経済産業省経済産業政策局調査統計部編（2006）「2005　我が国の商業」経済産業省
鈴木安昭（2004）『新・流通と商業（第３版）』有斐閣
高嶋克義・髙橋郁夫（2020）『小売経営論』有斐閣
田口冬樹（2001）『体系流通論』白桃書房
田村正紀（2008）『業態の盛衰―現代流通の激流』千倉書房
崔容熏・原頼利・東伸一（2014）『はじめての流通』有斐閣
野口智雄（2019）『入門・現代流通論』日本評論社
向山雅夫（2002）「流通活動空間の広がり」原田英生・向山雅夫・渡辺達朗『ベーシック流通と商業』有斐閣

＜第10章＞

佐々木聡（2019）『中部地域有力卸売企業・伊藤伊の展開―多段階取引から小売直販への移行と全国卸あらたへの道』ミネルヴァ書房
鈴木孝（2002）「卸売機構」宮原義友編著『商学概論』同文舘出版
鈴木保良（1967）『商業学』東洋経済新報社
高橋秀雄（1995）『マーケティング・チャネル管理論』税務経理協会
田口冬樹（2001）『体系流通論』白桃書房
西谷能雄（1981）『出版流通機構試論―取次店・書店・大学生協』未来社
二宮麻里（2016）『酒類流通システムのダイナミズム』有斐閣
野口智雄（2019）『入門・現代流通論』日本評論社
林周二（1999）『現代の商学』有斐閣
宮下正房（2002）『商業入門』中央経済社
渡辺達朗・久保知一・原頼利（2011）『流通チャネル論―新制度派アプローチによる新展開』有斐閣

<第11章>

青山楚一（1964）『増補版　商業通論』税務経理協会

㈱アスコットウェブサイト：https://www.ascot.co.jp/ascot/products/industry/food/02.html（2021.3.1）

雲英道夫（1995）『新講　商学総論』多賀出版

久保村隆祐編（2014）『商学通論（８訂版）』同文舘出版

経済産業省経済産業政策局調査統計部編（2006）「2005　我が国の商業」経済産業省

佐々木聡（2019）『中部地域有力卸売企業・伊藤伊の展開―多段階取引から小売直販への移行と全国卸あらたへの道』ミネルヴァ書房

髙嶋克義・南知惠子（2006）『生産財マーケティング』有斐閣

中小企業庁（2020）『中小企業白書・小規模企業白書（2020年版）』中小企業庁

福田敬太郎（1950）『市場論』春秋社

<第12章>

Koller, P. and K. L. Keller（2007）, *A Framework for Marketing Management*, 3rd.ed., Prentice-Hall（恩藏直人監修，月谷真紀訳『コトラー＆ケラーのマーケティング・マネジメント　基本編（第３版）』ピアソン・エデュケーション，2008年）

Porter, M. E.（1985）, *Competitive Advantage*, The Free Press（土岐坤・中辻萬治・小野寺武夫訳『競争優位の戦略―いかに高業績を持続させるか』ダイヤモンド社，1985年）

Stern, L.W. and R. H. Gorman（1969）, Conflict in Distribution Channels: An Exploration, In Stern, L.W.（ed）, *Distribution Channels : Behavioral Dimensions*, Houghton-Mifflin Company, pp.156-175

Stern, L.W., B. Sternthal and C. S. Craig（1973）, Managing Conflict in Distribution Channels: A Laboratory Study, *Journal of Marketing Research*, 10（２）, pp.169-179

青木均（2014）「生産者と流通」青木均・石川和男・尾碕眞・濱満久『新流通論（改訂版）』創成社

阿久津聡・石田茂（2002）『ブランド戦略シナリオ―コンテクスト・ブランディング』ダイヤモンド社

髙嶋克義・髙橋郁夫（2020）『小売経営論』有斐閣

髙橋秀雄（2014）「マーケティング・チャネルの統制・管理に関する研究動向について」『中京企業研究』第36号，81-93頁

マーケティング史研究会編（2010）『日本企業のマーケティング』同文舘出版

渡辺達朗・久保知一・原頼利（2011）『流通チャネル論―新制度派アプローチによる新展開』有斐閣

<第13章>

Akerlof, G. A.（1970）, The Market for Lemons : Quality Uncertainty and the

Market Mechanism, *Quarterly Journal of Economics*, Vol.84, No.3, pp.488-500
Hayek, F. A. (1948), The Meaning of Competition, in F.A.Hayek, *Individualism and Economic Order*, The University of Chicago Press
Heal, G. (1976), Do Bad Products Drive Out Goods?, *Quarterly Journal of Economics*, Vol.90, No.3, pp.499-502
上田孝治・鈴木真由子監修（2020）「消費者教育に役立つ　消費者法ガイド」大阪府消費生活センター
小木紀之編（1994）『放送大学教材　消費者問題論』放送大学教育振興会
米川五郎（1994）「今日の消費者問題」米川五郎・高橋明子・小木紀之編『消費者教育のすすめ―消費者の自立をめざして（新版）』有斐閣
郵政省電気通信局監修，電気通信における利用環境整備に関する研究会編著（1997）『インターネットと消費者保護―インターネット時代における電気通信利用環境の整備に』クリエイト・クルーズ

＜第14章＞

石川和男（1999）「これからの商業集積と街づくり―流通行政の新しい枠組みを中心として」『日本産業科学学会研究論叢』日本産業科学学会，第４号，1-5頁
石井淳蔵（2017）『中内功―理想に燃えた流通革命の先導者』PHP研究所
伊藤雅俊（2003）『伊藤雅俊の商いのこころ』日本経済新聞社
加藤誠一（1979）『経済政策総論』税務経理協会
熊谷尚夫・篠原三代平編集（1986）『経済学大辞典（全３巻）』東洋経済新報社
経済産業省ウェブサイト：https://www.meti.go.jp/（2021.3.15）
国土交通省ウェブサイト：https://www.mlit.go.jp/（2021.3.15）
小宮路雅博（1999）「流通政策と現代流通」兼村栄哲・青木均・林一雄・鈴木孝・小宮路雅博『現代流通論』八千代書房
佐藤稔（1997）『現代商業の政策課題』白桃書房
鈴木安昭（2004）『新　流通と商業（第３版）』有斐閣
実方謙二（1977）『独占禁止法と現代経済』成文堂
田中由多加・蔵谷哲也・野口智雄・篠原一寿・岩永忠康（1988）『入門商業政策』中央経済社
中小企業庁編（1998）『平成10年度版　中小企業施策総覧（資料編）』㈶中小企業総合研究機構
津村秀松（1911）『商業政策　上巻』寶文館
平野常治（1966）『商業政策概論』三和書房
宮下正房（1989）「政府の流通政策」清水滋・宮下正房・原田一郎・住谷宏『流通入門（新版）』有斐閣
渡辺達朗（2003）『流通政策入門』中央経済社

索　引

英数

あ行

か行

さ行

た行

な行

は行

ま行

や行

著者紹介

石川 和男（いしかわ　かずお）

専修大学商学部教授。博士（経営学）。
1968年愛媛県生まれ。中央大学商学部卒業，中央大学大学院商学研究科博士前期課程修了，同大学同大学院博士後期課程単位取得退学，東北大学大学院経済学研究科博士課程後期修了。
1997年相模女子大学短期大学部専任講師，2000年同助教授。2001年専修大学商学部専任講師，2003年同助（准）教授を経て，2009年より現職。

主要業績

『自動車のマーケティング・チャネル戦略史』（単著）芙蓉書房出版，2009年
『わが国自動車流通のダイナミクス』（単著）専修大学出版局，2011年
『新版　地域マーケティングの核心』（共著）同友館，2016年
『基礎からの商業と流通（第４版）』（単著）中央経済社，2018年
『地域デザインモデルの研究』（共著）学文社，2020年
『現代マーケティング論』（単著）同文舘出版，2020年

商学入門

2021年９月10日　第１版第１刷発行
2023年９月15日　第１版第３刷発行

著　者　石　川　和　男
発行者　山　本　　継
発行所　㈱ 中 央 経 済 社
発売元　㈱中央経済グループ
パ ブ リ ッ シ ン グ
〒101-0051　東京都千代田区神田神保町１-35
電話　03（3293）3371（編集代表）
03（3293）3381（営業代表）
https://www.chuokeizai.co.jp
印刷／㈱ 堀 内 印 刷 所
製本／㈲ 井 上 製 本 所

ISBN978-4-502-39481-2　C3034